怎样把课讲好

大学数学教学随笔

王方汉 著

哈爾濱工業大學出版社
HARBIN INSTITUTE OF TECHNOLOGY PRESS

内 容 简 介

本书是一本关于中学数学教学的短文集，作者用随笔的形式，以独特的视角，一事一议，写别人之未写，轻松活泼，朴实自然. 本书分为五章，包括何为好课，教学杂议，专题荟萃，解题点滴，答疑解惑.

本书可供中小学教师、教研员以及师范院校的学生参考阅读.

图书在版编目(CIP)数据

怎样把课讲好：大罕数学教学随笔/王方汉著. —哈尔滨：哈尔滨工业大学出版社，2022.3

ISBN 978-7-5603-4396-9

Ⅰ.①怎… Ⅱ.①王… Ⅲ.①中学数学课—教学研究—文集 Ⅳ.①G633.602-53

中国版本图书馆 CIP 数据核字(2021)第 154378 号

策划编辑 刘培杰 张永芹
责任编辑 刘家琳
封面设计 孙茵艾
封面书画 周世震
出版发行 哈尔滨工业大学出版社
社 址 哈尔滨市南岗区复华四道街 10 号 邮编 150006
传 真 0451－86414749
网 址 http://hitpress.hit.edu.cn
印 刷 哈尔滨市工大节能印刷厂
开 本 720 mm×1 000 mm 1/16 印张 16.25 字数 307 千字
版 次 2022 年 3 月第 1 版 2022 年 3 月第 1 次印刷
书 号 ISBN 978-7-5603-4396-9
定 价 58.00 元

序

要想当一名称职的数学教师，不仅要有事业心，还要有一定的数学修养、教学经验、学习意志和研究能力. 数学修养，体现在课堂教学中，能将知识教得尽善尽美，数学语言准确到位，思路和书写严谨，逻辑清晰无误. 王方汉老师，无论是在一线从事教学，还是任职培训年轻教师，又或者是从事《数学通讯》杂志编辑工作，都称得上是武汉市中学数学教师的榜样. 当年武汉市中学数学教育的繁荣昌盛，离不开他的贡献，那一段历史记载着他曾经的辉煌.

“希赛当年谁坐庄，楚天拥出汉阳王. 本来规尺存偏见，欲画方圆看主张. 声播四方宾满座，词吟九鼎韵回梁. 钱塘众里九头鸟，捧奖高台我借光.”(参见《大罕数学诗文》，哈尔滨工业大学出版社，2018，第1版，p. 80)这首诗是著名特级教师万尔遐对工作在武汉市汉阳区的王方汉老师最贴切的评价. 王方汉老师的这本新书(以下简称《随笔》)，就是他一生从事一线数学教学经验的结晶，书中记录着他对数学教材和教法的真知灼见. 例如，评价一堂课，先要区分“好课”与“课讲得好”两个概念. 前者偏重于内容；后者偏重于讲授. 偏题、怪题进入课堂，一般来说，这样的课不会是好课；超纲、超进度授课，以考代讲，以题代学，这样的讲授不可能叫课讲得好.

又如，判断“数”与“形”，前者要看它的本质属性，有时需要化简来看；后者要看它的原形、外形，但不能进行变形. 这样使用不同标准，其合理性在于最大可能地避免了无谓的争论. 再如理解一个数学问题，“一个条件就是一个路标，N 个路标就是指向终点的路条.”“一道道数学题就是一个个局，懂局的人沉着应对，见招拆招.”“只要把定理、公式娴熟于心，质朴无华却身段窈窕. 数学变换恰似气象万千，四季轮回相逢一笑.”等.

《随笔》为中学师生提供了一个正确理解和把握中学数学的内容、方法和思想的指南，可以帮助广大中学数学教师提高专业素质、教学水平和指导课外活动的能力，并帮助广大中学师生搞清对数学概念的认识，提高分析问题和解决问题的能力.

例如，在《随笔》一书中王老师回答了中学师生急切想要了解的一些问题，诸如：学者型教师不等于教书匠；听课简评及新教师上课必备的条件；数学诗与顺口溜、数学口诀的区别；写数学文章避免成为标题党；培训机构的利弊；如何看待“家教”；初高中数学的联系、区别及衔接；奥数、希数和普数的关系与区别等问题，对此王老师都有明确的观点和看法，为读者排惑解困.

《随笔》收集了他总结课堂教学经验的文章，其中不乏独到的见解，精彩纷呈.例如，极限教学能够把极限理论通俗化，给高中生讲明白，绝对需要“功夫”，很难.书中让读者真切领略到他的“功夫”，颇具启发性.又如立体几何教学，“空间想象能力”集中体现在如何识图、画图以及将空间问题转化为平面问题的能力上，而培养学生的空间想象能力，首先要在图上下功夫.再如初二年级讲“变量与函数”，首先，变量要分别讲“变”和“量”两个方面，然后归结到“变量”概念；对一道数学题的评价，“好的数学题，其面貌是清秀的，面貌模糊的不是好的数学题”；对数学教材中，应该使用“图像”还是“图象”，作者先讲了这两个词用法的前世今生，最后讲到他的观点，“数学教材中应用‘图像’，不用‘图象’”，等等.

关于解题，《随笔》一书列举了一些经典的数学题，记录着作者通过解答数学问题得到的思想上的收获，和对数学本质的认识.例如：

“作为一个数学教师，会解题，更要会讲题，要把题讲得清楚、明白”.

“兴趣探索与深入钻研是两种不同需要下产生的行为，可以说是两种不同的境界.有兴趣才去探索，再深入钻研就是研究了.”

“你知道对数(指数)函数的‘显底线’吗？大罕(王方汉老师的网名)独创的数学名词——显底线！这样一条直线其作用就是显示底数，一经画出，底数立马显示，故称为显底线.这样教，学生印象深……”

“方程的根与方程的解的意义，在教材中只是一带而过.如果我们要研究它们之间的区别，还应遵循‘约定俗成’的原则.‘根’一般指函数的零点；‘解’一般指获得解决时的那个‘结果’.”

“数学作为一种文化，如同语文一样，表达要准确、鲜明，这可是基本功.我们数学老师，不要成为文化界的‘大老粗’，不懂得分寸，胡乱表达，体现不了你的文化素养.”

《随笔》中的一事一议的短文，大多是作者与中学师生互动中提出的问题，由作者一一回答而写成，内容涉及中学数学教学的方方面面，回答都是他个人独特的见解，言之有物，有理有据，对广大中学师生进行数学教学，具有一定的启发性和实用性. 本书对在职的数学教师、教研人员都有一定的参考价值. 尤其是刚参加工作的年轻教师，常常感觉到个人的知识有局限，在备课、授课、答疑和进修中，经常会碰到一些不能解决的问题. 王方汉老师的《随笔》这本书，将为你雪中送炭，解决一些燃眉之急的问题.

汪跃中①

2021 年 2 月

于武汉市马房山

① 汪跃中，武汉市教育科学研究院数学科原主任，特级教师. 湖北省暨武汉市数学会理事、中学数学学部委员. 武汉市中学数学学科带头人. 武汉市中学数学教学研究会常务副会长兼秘书长.

自　　序

教育是国之大计，教育教学是学校最主要的工作.课堂教学既是一门科学，也是一门艺术，是教师从事的一种创造性的劳动.把每一堂课讲好，是教师的神圣职责，是终生追求的目标.

本书《怎样把课讲好——大罕数学教学随笔》写的是如何把中学数学课讲好，它既不是中学数学教学论，也不是数学教育学，而是关于对中学数学教学的一事一议的短文集.书中的文章虽然并不成系统，且相互独立，但是有一条线把它们相连，那就是如何把课讲好.

本书从好课的标准、要素、注意事项谈起，涉及中学数学教学的方方面面，比如专题议论、疑点诠释、习题探索等，具体来说分为5章：

第1章　何为好课(好题好在哪，揣摩费思量).

第2章　教学杂议(教学纵横谈，捉笔写篇章).

第3章　专题荟萃(千虑有一得，专题品味尝).

第4章　解题点滴(点滴绘初心，题海新风尚).

第5章　答疑解惑(疑义相与析，回复献计囊).

琢磨高考题，评议千百酿.

随笔不随意，纸短意也长.

无关宏旨文，信马任由缰.

从数学的角度，就中学数学而言，本书的内容确实不够“高深”.其实，内容的取舍，完全由问题的需要而设置，“酌奇而不失其真，玩华而不坠其实”(刘勰《文心雕龙·辨骚》).

从文学性的角度，本书的笔调确实不如许多散文那么优美.本书是数学教学的专著，用的是理性的文字，不能离开逻辑去“形象思维”.

本书力求短小精悍，生动活泼，言之有物，言之得体，不鹦鹉学舌，不人云亦云，发个人独特之见解，写别人未写之写.

由于个人水平有限和视野狭隘，书中难免存在疏漏之处，可能有个别问题尚无定论，书中的说法立此存照，欢迎读者提出宝贵意见.

王方汉

2021 年 2 月 27 日

于上海

目　　录

第1章　何为好课

1.1　此言一出竟成“奇葩”

一位老师在微信朋友圈发了一个很有意思的帖子.他写道:“听了许多中国著名数学教授在夏令营里讲的数学竞赛培训课.这些教授在中国数学界确实名气很大.我这种数学‘小P民’,有幸听了他们的很多节课,根本就没资格评价这些课.但我对这些课确实有一些感想,说说体会应该是允许的吧!

这些著名数学教授,大部分老师讲课感觉是就题论题,而且讲题前很少有铺垫,讲完题很少有总结,题目排序有点乱,难易程度没规律,有些老师上一道题讲了数论,下一道题就讲不等式,再下一道题就讲组合.

可能因为他们都是名家了,讲课不需要铺垫、顺序.可是我觉得,听课者都是学生或中学老师,这些人对新事物的认知都遵循基本的规律,这个我应该没说错吧?如果对人的认知规律都不去考虑,那么这样的课能是好课吗?”

对上面的这几段内容,笔者做如下点评:

首先,中学老师与大学老师的讲课是有很大区别的.中学老师会根据学生的年龄特点、认知规律,在知识层面和思想方法层面,因势利导地展开教学,每教一个概念、定理和法则,都要让学生明白它的来龙去脉,在教学过程和进度上,会把握好分寸,既不能大幅度跳跃,又不能磨蹭.

大学教师讲课,对象是成年人,一次上四节课,要讲完一章或几章的内容,不可能像中学老师那样细致入微地进行教学,只能提纲挈领、画龙点睛式地讲授.而知识的掌握和能力的培养,主要靠学生自己完成.

其次,数学竞赛讲座是更高层次的授课.夏令营的课,尤其是国家级的夏令营,都是针对基础特别好、脑子特别灵活的优秀学生的,所以每节课的容量特别大,往往是很少铺垫而单刀直入的，且有些地方只是点到为止.

顾名思义，“讲课”与“讲座”是不完全相同的. 讲课侧重于基础性、系统性，面向全体学生，讲授知识的发生、发展，以普及为主；而讲座侧重于专门性、深刻性，面向特殊群体，内容相对独立开放，观点强于知识，以提高为主.

综上所述，我们很难评价夏令营的教授们的课讲得是好还是不好. 但是，我们可以这样说，如果在选择课题上很有逻辑性，讲授时适当照顾听众进入角色的滞后性，那么授课的效果肯定会锦上添花.

大学教授中讲课讲得好的，其实有很多. 同时，讲课讲得不怎么好的，也并非个案.

有一个极端的例子，有人曾听一位著名大学数学教授在一个公开的场合做报告，教授说：“我上的数学分析课，期末考试有很多学生无法及格，主要原因就是你们中学数学老师没教好.”众所周知，大学老师教的课让学生及格是最简单的事情. 某网红教授说：“我上的课的考试从来没有不及格的学生. 因为自己命的题自己去评分，给及格乃举手之劳”. 前面那位教授不给学生及格，当然是可以的. 不过，问题在于把责任推给中学老师，这可是冤案啊. 因此，此言一出，竟成“奇葩”！

1.2　概说历届全国初数大会

“全国初等数学研究学术交流大会”(以下简称为“初数大会”)，首届于 1991 年 8 月在天津师范大学召开，以后大抵每三四年一届，至 2017 年已经召开十届了. 笔者参加了除首届以外的所有各届大会.

大会的重要议程是邀请数学名家做专题报告，以每届听 6 场报告计，笔者至少听了 50 场报告，听了报告，评价如何？不能说差，也不能说好. 总体来说，这些报告就是平淡，闪光点不多，倘若要评课，不能评为好课.

报告中也有讲得很精彩的. 在深圳举行的第七届初数大会上，北京师范大学张英伯教授的报告受到好评. 她讲的是“五点共圆问题与 Clifford 链定理”(Clifford，英国数学家，1845—1879)，延长任意五边形的各边于五边形外相交，得五个三角形，各个三角形的外接圆在五边形外有五个交点，这五个点共圆，此圆叫作“密克圆”. 她把五边形密克圆问题娓娓道来，用复数工具轻松解决，再加以推广. 报告简短，开阔了与会者的眼界，富有说服力.

讲报告要有备而来，不要应景之作，要有干货，临时想个题目，随便讲讲，应付一下，肯定不受欢迎. 选题最重要，要选那些中学老师熟悉又陌生的题材，源于“生活”又高于“生活”,例如五点圆.

参加初数大会,最重要的不是听专家做报告,而是参加会议的过程.纵观十届大会,可谓届届精彩,如数家珍.

第一届大会在天津师范大学举行,1991 年 8 月,参会 130 人;

第二届大会在湖南师范大学举行,1993 年 8 月,参会 170 人;

第三届大会在福州二十四中举行,1996 年 8 月,参会 130 人;

第四届大会在首都师范大学举行,2000 年 8 月,参会 160 人;

第五届大会在赣南师范学院举行,2003 年 8 月,参会 84 人;

第六届大会在湖北大学举行,2006 年 8 月,参会 170 人;

第七届大会在深圳市委党校举行,2009 年 8 月,参会 152 人;

第八届大会在厦门双十中学举行,2012 年 8 月,参会 150 人;

第九届大会在合肥师范学院举行,2014 年 7 月,参会 98 人;

第十届大会在华南师范大学附属中学举行,2017 年 2 月,参会 200 人.

还有两次会议值得提及,一是 2013 年 8 月在贵州省黔西县举办的第三届第二次常务理事会;二是 2015 年 7 月在北京丰台区举办的第三届第四次常务理事会.这两次理事会办得很精彩.

从 1991 年至 2017 年,这 27 年间,伴随着中国改革开放的进程,在初等数学研究这一领域,连续召开了十次“全国初等数学研究学术交流大会”,多么难得.十届大会的参会论文,反映了初等数学研究的最新成果,十分珍贵.

在大会筹备和召开期间,所有的参会人员本着对数学学科的热爱、对教育事业的忠诚,不为名、不为利,只为中国初等数学研究的蓬勃发展,这是一支多么可爱的队伍!

令人不解的是,迄今为止,“全国初等数学研究学术交流大会”向民政部申报“全国初等数学研究会”的资格,一直未得以批准,据悉官方的理由是学术性不够.实际上,自从 1991 年第一届初数大会召开以来,中国初等数学研究取得了丰硕成果,比如不等式的研究达到了国际先进的水平.这里再次呼吁,请相关部门重视这个由一批埋头苦干的人组成的并取得了傲人成绩的民间团体,把历届的论文集拿来看看,审视其学术性到底如何,够还是不够.

据悉,第十一届大会的筹办,困难重重,但愿第十届大会不是落幕之会.

1.3 常萍老师

大学老师中有很多讲课精彩的，河南大学常萍老师就是突出的一位.她是一位传奇般的老师，传奇在于：一是讲课极为精彩；二是为人极为低调.

有学生这样形容："她的课能带给我们心灵的震撼，常常有妙语出现，充满人生智慧."

2014年，于丹在央视《百家讲坛》开讲"论语"，曾经红极一时.当时就有河南大学的学生把常萍与于丹作比较，学生都说："她（常萍）讲的课比于丹讲得还要好."

常萍老师讲课时激情澎湃、才气横溢、广征博引、妙语连珠，板书龙飞凤舞，配以挥舞手臂的动作，煞有力度，瞬间把学生震撼了.前来蹭课的人很多，使得她的课堂堂爆满，要想抢到座位，则要提前一个小时到达，没占到位置的就站着听课，教室里挤满了，听课人就站到走廊里，还有外校的学生来听课，这样火爆的场面真是少见，蔚为壮观啊！

有学生写道："常萍老师讲李白时，仿佛她就是李白，激情万丈、潇洒狂放；她讲王维时，仿佛她就是王维，宁静淡远、通透旷达；她讲苏轼时，仿佛她就是苏轼，才华横溢，如万斛泉涌、不择地而出."

有学生则称："艰涩难懂的古代文学课，经过常萍老师的灵动演绎，整个课堂瞬间变成一个简单且明快的诗意道场，让人心旷神怡."

常先生（学生对她的尊称）做人很低调，除认真上好自己的课外，任何事情都不争不抢，从天而降的好事她也不稀罕.央视《百家讲坛》栏目曾两次邀请她去试讲，她却拒绝了.事后，她轻描淡写地说："也不算是啥拒绝，就是让我去试讲，我没有去."

她自束很严，婉拒了许多媒体对她的采访，实在拗不过就写个短信回复.常萍老师曾在拒绝一名记者采访时回复称："我不是矫情，只是想安安静静地做一个没有虚饰的人.我不喜欢喧嚣，不喜欢自己无法掌控的局面，不喜欢做自己不想做的事.我希望回归到本然，没有好与坏、优秀与低劣，在无论断的状态里自由自在地活着."

更令人不解的是，常萍老师从教三十多年，不写论文，不出书，不申报职称，因其不愿意"为职称而职称".这位"三不"讲师，在2015年退休三个月后，学校隆重邀请她返聘，并授予她副教授职称.

在聘任仪式现场，河南大学副校长说："这个聘书不仅仅是发给常萍个人的，实际上是发给以常萍为代表，长期耕耘在教学一线，长期潜心研究教学，全身心投入教学，同时又得到师生高度认可的教师的.”

是的，作为一名教师，把课教好是这个职业对他（她）的基本要求，也是最高要求.

1.4　热爱教师职业

笔者进入学校当老师，是“文化大革命”后期(1972 年)，那还是称知识分子为“臭老九”的年代.那个年代，知识分子的社会地位低，收入不高，年轻男教师找个对象都很难.虽然如此，我从来没想过“跳槽”(换一个工作单位)，而且，那个年代也跳不了槽，从一所学校调到另一所学校都很困难.

有一种说法：教师是天底下最崇高的职业，把教师职业捧进神坛，我不认可.难道政府官员不是最崇高的职业吗？他们可关乎千家万户老百姓的生死福祸呢！

“干一行，爱一行”，不是媚俗，不是陈词滥调，而是为人处事的准则.当教师，一辈子与年轻人打交道，会永葆青春.热爱学生，才会认同教师职业.喜欢当老师，又喜欢学生，就会把教师职业当成事业，就会把一切献给教师职业，而不是把教书作为一种纯粹赚钱的谋生手段.有的教师牢骚满腹，嫌这嫌那，不安心于课堂，一心想“鸿鹄将至”，这是不行的.

以下是我从教 44 周年时写的诗：

《今天是教师节》

今天是教师节，我发现一个不解的情结.
想当年，误打误撞，加入教师行列.
教了一辈子的书，越来越喜欢这个职业.
几十个春夏秋冬，付出了全部心血.
捧着初升的太阳，把最美的画卷书写.
与孩子们厮混，疲惫会瞬间泯灭.
一张张稚嫩单纯的脸，映射出无法不接收的温暖和亲切.
花儿为什么这样红，因为他们是上天派来的使节.
心态为什么这么年轻，这是孩子们的馈赠与回谢.
其实我一无所有，但是我拥有天下最好的体贴.
所以我骄傲，脚步不会停歇.

1.5　什么是好课

什么是好课，是指什么样的课是一堂好课.

教学有法，教无定法.

“教学有法”里的“法”，指的是规律. 教学是有规律的，这个规律就是教育规律，也是人们认识自然的规律. 一堂好课，首先必须是符合教育规律的.

“教无定法”里的“法”，指的是具体的教学方法. 每一位教师因年龄、能力、学力、经验、阅历、学科，甚至兴趣的不同，他们的教学方法都会有所不同.

关于好课，没有绝对的标准，仁者见仁，智者见智.

有人说：“一堂好课，要符合五个实：扎实、充实、丰实、平实、真实.”

有人说：“一堂好课，要有六个度：参与度、亲和度、自由度、整合度、练习度、延展度.”

有人说：“一堂好课，要折射出先进的教育理念，而不是缺少灵魂的形式的翻新.”

有人说：“一堂好课，要看学生能否在课堂教学中进行积极有效的学习.”

有人说：“一堂好课，要看教师是否教得轻松，学生是否学得愉快.”

有人说：“一堂好课主要看学生的客观反应.”

有人说：“一堂好课主要看教师的自我感觉.”

……

上面的说法都有道理，从不同的角度看待好课，当然有不同的标准. 不过，评判一堂课算不算好课，标准应该是实在的、具体的，只有这样才容易操作、容易实施.

我评断好课的基本标准是：

(1) 目标合适. 教学目标要明确，也要恰当，不可“任性”；

(2) 精心组织. 教学过程中哪些内容讲授、提问、演板，都要有设计；

(3) 不犯错误. 不要犯科学上的错误；

(4) 学生配合. 师生要互动，要让学生融入课堂，学生不是被动地听课；

(5) 完成任务. 要完成教学任务，达成教学目标.

做到了这几条，就算是好课.

如果在以上内容的基础上，更有突出的表现，例如教学语言鲜明、生动，板书工整、有序，多媒体尤为出色，等等，这堂课就算精彩的课了.

听课和评课不能一概而论，要看什么类型的学校、哪个年段、什么学生，不同的对象，好课的具体评判标准也应有所不同.

好与不好，说到底是看效果. 效果好，就是好课；效果一般，就是一般的课；效果不好，就是不好的课.

一千个人心中有一千个哈姆雷特. 生活之树常青，教学是一条流淌的河.

1.6　好讲的课与课讲得好

好讲的课与课讲得好，两者既有联系又不相同.

课的内容比较单一，或者思路比较平直，或者难点不多，这样的课好讲，称为好讲的课.

讲课人的授课能力强，准备充分，临场发挥不错，把课讲出彩了，称为课讲得好.

好讲的课强调的是课，指客观条件；课讲得好强调的是人，指主观条件. 好讲的课容易讲好，讲得好的课不一定好讲.

我们作一个类比，好唱的歌与歌唱得好，两者既有联系又不相同. 好唱的歌，除旋律优美外，音域相对不宽、节奏比较稳当、歌词朗朗上口，也是重要原因. 歌唱得好，则不限于好唱的歌. 歌唱家能把不好唱的歌也唱得好，而不好唱的歌让业余者来唱很可能唱不好.

分辨好讲的课与课讲得好，对于青年教师来说是有益的. 在教学研究活动中，我们经常要听别人的课和自己的课被别人听. 好讲的课与不好讲的课，课讲得好与课讲得不好，在我们心里就有一个标尺加以衡量.

有的教师故意选择好讲的课让别人来听，这是一种应付的态度. 教师把不好讲的课题作为公开课来讲，对自己来说是一次尝试，对听课人来说是一次研究，啃硬骨头、打攻坚战，经受重大考验，才能更快地进步、成长.

数学里哪些课是好讲的课呢？ 练习课、考题讲评、性质的应用等，课题目标单一，程式化强，相对比较好讲. 概念的发生与建立、解题思想的提炼、解题方法的归纳，这些课题需要教师对学生有深入的了解，需要教师有独特的见解，相对比较难讲.

好讲的课讲得好，那不算真本事；不好讲的课讲得好，那才是真本领.

1.7 不教何以学好

在高中数学教学中,受片面追求升学率的影响,为谋求"高效、节能"的最佳效果,一种畸形的教学模式——"不教而学、以考代讲"应运而生.这样的教学模式也普遍存在于各个中小学中.

"不教",指教师不讲概念的发生过程、不讲公式的推导过程、不讲解题的思考过程,只是把知识点草草过一遍,把解题步骤跑一遍,就让学生直接做题,然后进入"做题→讲题→再做题→再讲题"的循环之中.这样的"不教",美其名曰"在游泳中学习游泳".

考后评讲,应该且必须,问题是不能一味地"以考代讲",执迷于"不教而学".

"不战而屈人之兵"(《孙子兵法·谋攻》)是战争的最高境界.三国时诸葛亮使用空城计吓退司马懿,1949年中国人民解放军和平解放北京,都是不战而胜的典型例子.

"不教"等同于"不战"吗?当然不可同日而语.须知,"不战"的背后是强大的实力、充分的准备、运筹帷幄的雄才大略.用在教学上,"不教"能让学生学好吗?

这样的模式,仍能让一部分学生考得好!分以下几种情况:

(1)学生反复做题,机械地掌握了解题技能;

(2)学生拼命补课,"堤内损失,堤外补了";

(3)学生天资条件好.

要强调的是,虽然"考得好"是"学得好"的标志之一,但是"考得好"不等于"学得好",因为它并不是"学得好"的全部.

为什么这么说?这要从数学教育的目的说起.数学教育的目的,一般不在于把学生培养成数学家,而在于培养学生具备基本的数学思想和数学能力.这一目的的实现,必须通过规范的数学教学来促成,而非"不教"就能天成的.这说明"不教而学"不符合教育目标的要求.

现代教育家叶圣陶有一句名言:"教是为了不教".所谓教,不仅是传授知识,更是启发、诱导和培养能力.学生入门了、上路了,拥有了自学能力、钻研意识、治学习惯,才能达到"不教"的目的.授人以鱼,不如授人以渔.摒弃了"教",执意"不教",就是舍本逐末.也就是说,"不教而学"违背了教育的规律.

数学起源于生产活动,起源于自身内部发展的需要.数学是最讲理的学科."不教"就是不讲"理",既然不讲"理",那么做数学题就是机械地完成任务.死记硬背地学数学，依葫芦画瓢式的学数学，把生动鲜活、富于变化的数学弄成了枯燥乏味的学科，怎么可能把数学学好呢？

有一个关于"不讲理"的小故事，袁隆平院士说过："我最喜欢外语、地理、化学，最不喜欢数学，因为在学习正负数的时候，我搞不清为什么负负相乘得正数，就去问老师，老师说'你记住就行了'；学习几何时，我对一个定理有疑义，去问老师，老师还是一样的回答．我由此得出结论，数学不讲理，于是就不再理会，对数学兴趣不大，成绩不好"，可见讲"理"的重要性．

学数学不知"理"，只会在题海里沉浮，这是形式化、低效化的教学．学生成为解题机器，想象力、创造力无从培养，说到底，既考不好数学，更学不好数学．

1.8　讲课要深入浅出

老师讲课可呈现四种不同的境界：第一种是深入浅出，把深奥的内容讲得通俗易懂；第二种是深入深出，把深奥的学问讲得玄乎其玄；第三种是浅入浅出，把浅显的内容讲得很肤浅；第四种是浅入深出，把浅显的内容讲得高深莫测．

讲课讲得深入浅出，当然是最受学生欢迎的．那么，怎样做到深入浅出呢？

第一，把难点内容条分缕析，就能化难为易，做到深入浅出．

在基本初等函数的图像中，幂函数的图像是难点，由于头绪较多，一些学生对纷至沓来的图像颇感应接不暇．如何攻破这个难点？只要把幂函数的分类彻底弄清楚，各种情形条分缕析，才能抓住要领，掌握门道，做到以不变应万变，万变不离其宗．

首先，把幂函数 $y=x^n$（n 是有理数）分为三种类型，并且明确给出图像的名称，即当 $n>0$ 时，图像属于抛物线型；当 $n<0$ 时，图像属于双曲线型；当 $n=0$ 时，图像属于直线型．

其次，在 $n\neq 0$ 的情况下，再把函数分成三大类，即偶函数、奇函数和非奇非偶函数，图像的对称性就应运而生了．

于是，学生在图像问题面前就可以响亮地提出两个问题：

(1) 图像是抛物线型还是双曲线型？（它由 $n>0$ 或 $n<0$ 决定．）

(2) 函数的奇偶性如何？（在 $n=\dfrac{q}{p}$ 中，若分母 p 为偶数，则奇偶性"免谈"；若分母 p 为奇数，则看分子 q，q 奇则奇，q 偶则偶．）

第二，分散难点，细化过程，做到深入浅出．

如讲二项式定理的运用时，计算$\left(x^2-\frac{1}{2x}\right)^9$的展开式中含$x^9$的系数，我给基础差的学生是这样讲的，分四步完成：

第一步，现套公式：$T_{r+1}=(-1)^r C_9^r (x^2)^{9-r}\left(\frac{1}{2x}\right)^r$；

第二步，初步整理得$(-1)^r\left(\frac{1}{2}\right)^r C_9^r x^{2(9-r)}(x^{-1})^r$；

第三步，继续整理得$\left(-\frac{1}{2}\right)^r C_9^r x^{18-2r}\cdot x^{-r}$；

第四步，终极整理得$\left(-\frac{1}{2}\right)^r C_9^r x^{18-3r}$.

现套公式、初步整理、继续整理、终极整理，动作分解了，过程细化了，再差的学生也不觉得难了.

第三，吃透实质，借助直观性，运用通俗易懂的语言，释难解惑，做到深入浅出.

数学的抽象性是学好数学的障碍. 对于一些理论性较强或较抽象的知识点，学生往往不容易听明白，若能揭示数学概念的实质，借用恰当的比喻，化抽象为直观，则可使其通俗易懂.

比如函数的$\varepsilon-\delta$定义：设函数$f(x)$在点x_0的某一中心邻域内有定义，如果存在常数A，对于给定任意小的正数ε，总存在正数δ，使得当x满足不等式$0<|x-x_0|<\delta$时，对应的函数值$f(x)$都满足不等式$0<|f(x)-A|<\varepsilon$，那么常数A就叫作函数$f(x)$当$x\to x_0$时的极限，记作$\lim\limits_{x\to x_0}f(x)=A$.

这是高中数学课程的一个难点. 如果照本宣科地讲，必然是深入深出，学生听起来一头雾水，不知所云，很难接受这个概念.

如何做到深入浅出呢？

我们可以这样讲解：这个定义描述的是当自变量x无限接近x_0时，函数值$f(x)$无限接近一个常数A的一种现象.

"无限接近"的说法其实是很形象的，这个定义叫"描述性定义"，其缺点是没有精确地量化，故不能用来计算或证明. 数学概念仅停留在描述性上，数学岂不成为文学了！

上面这段文字是我授课时的核心想法，至于具体地如何讲"$\varepsilon-\delta$定义"，另辟专文讨论，这里不说了.

总的来说，授课要做到深入浅出，首先是对数学内容要有透彻的理解，其次要充分了解受众的心理及难点在何处，最后琢磨一套讲授的方法和运用什么样的生动活泼的形式来讲解.深入是相对的,浅出也是相对的.

1.9　重视概念教学

先看一个例子:

例1　(1)已知函数 $y=\log_2(x^2-ax-a)$ 的定义域为 $\mathbf{R}$,求实数 a 的取值范围;(2)已知函数 $y=\log_2(x^2-ax-a)$ 的值域为 $\mathbf{R}$,求实数 a 的取值范围.

分析　(1)定义域的意义是由函数的基本概念所给出的,它是自变量 x 的取值范围,又因为含对数的函数的真数部分必须为正,所以函数 $y=\log_2(x^2-ax-a)$ 的定义域为 $\mathbf{R}$ 等价于 $x^2-ax-a>0$ 对 $x\in\mathbf{R}$ 恒成立.令 $f(x)=x^2-ax-a$,则有上式等价于抛物线 $y=f(x)$ 恒在 x 轴上方,且等价于抛物线 $y=f(x)$ 的开口向上,与 x 轴无交点,如图1.1所示,故 $\Delta=a^2+4a<0$,所以 $-4<a<0$.

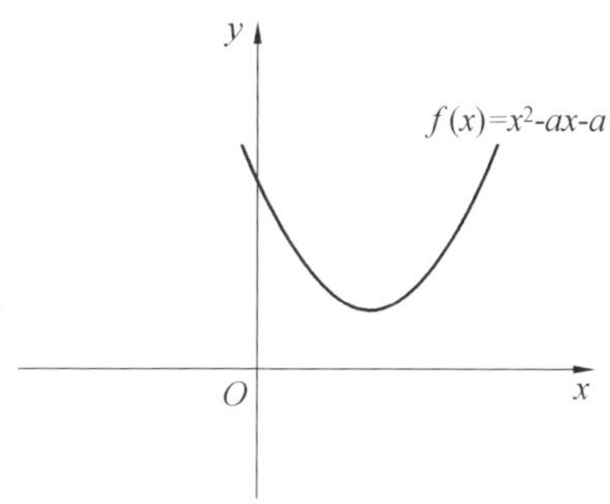

图1.1

(2)值域的意义是函数的基本概念所给出的,它是函数值 y 的取值范围,又因为对数函数的函数值取遍所有实数时只需其自变量取遍所有正数,所以函数的值域为 $\mathbf{R}$ 等价于 x^2-ax-a 取遍所有正数,于是又等价于抛物线 $y=f(x)$ 的图像与 x 轴有交点,如图1.2所示,故 $\Delta=a^2+4a\geqslant 0$,所以 $a\leqslant -4$ 或 $a\geqslant 0$.

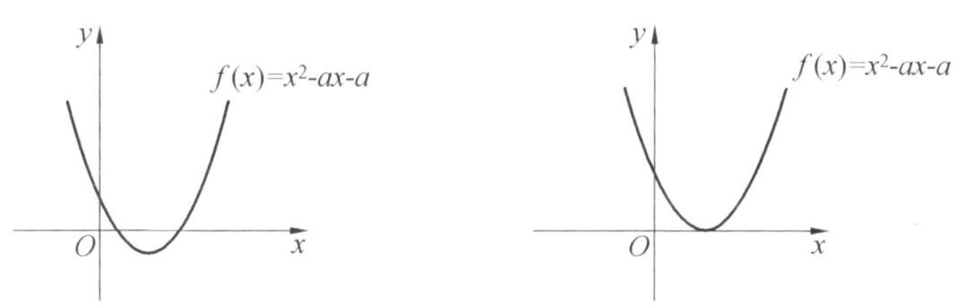

图1.2

上面例题的正确解答,关键在于定义域和值域的概念.忽视对数学概念的准确理解,会导致概念模糊,概念模糊就会把题做错.而且,在解数学题的过程中出现的许多毛病和错误,往往是因为概念不清造成的.

概念是对客观事物本质属性的概括和反映.数学概念是推导数学定理、公式的基础,正确理解数学概念是学好数学的前提.

我们看到，在数学教学中普遍存在急功近利、揠苗助长的现象，比如摈弃概念的发生经过、忽略定理的推导过程、无视公式的适用范围、没有铺垫的高难度题、不讲算理只讲算法的解题技巧，等等，这些鲁莽的教学方式违反了教育学、心理学的规律，不仅达不到快速提分的效果，适得其反，还加重了学生的学习负担.

重视概念教学与夯实数学基础，它们之间存在密切的关系. 重视概念教学有利于夯实数学基础，夯实数学基础能帮助学生理解数学概念.

重视概念教学，夯实数学基础，可以采用以下几种方式：

(1) 变式教学，夯实基础.

有的学生只适应在熟悉场景下解题，换了场景就失去方向，不知所措，为了克服这一缺点，就要加强变式教学.

例如有一道十分简单的题，但因对数列"前 n 项和"的概念掌握不牢而不会做，如下：

例 2 数列$\{a_n\}$中，若 $a_1+a_2+a_3+\cdots+a_n=2^n-1$，求 $a_1^2+a_2^2+a_3^2+\cdots+a_n^2$ 的值.

分析 若把上面题目的条件写成：数列$\{a_n\}$中，$S_n=2^n-1$，学生会做，如下：

当 $n=1$ 时，$a_1=S_1=2^1-1=1$；

当 $n>1$ 时，$a_n=S_n-S_{n-1}=(2^n-1)-(2^{n-1}-1)=2^{n-1}$，它适于 $n=1$；

所以 $a_n=2^{n-1}$，…

在教学中我们总是用这样的方式进行训练. 奇怪的是，若把条件换成"若 $a_1+a_2+a_3+\cdots+a_n=2^n-1$"就不会做了！"$a_1+a_2+a_3+\cdots+a_n=2^n-1$"与"$S_n=2^n-1$"不是一回事吗？

单独看"$S_n=a_1+a_2+a_3+\cdots+a_n$"没有疑义，分开用就有疑义了！说明我们在做题过程中，没有严格审视"前 n 项和"这个概念，存在一种错误的思维定式，从而引起误解.

(2) 逆向思维，夯实基础.

有的学生往往只适应正向思维，如果遇到用正向思维解题过程较难的情况，他们就束手无策了.

解题时不会主动转换思维方式，从而找到最佳解决方案，其原因说到底是对概念的理解陷入僵化，仅记住概念的形式，没有抓住实质；只知道顺势而为，不晓得逆风飞翔.

例 3 求等差数列：$200, 199+\dfrac{2}{3}, \cdots, -100$ 的后 200 项的和.

这是一道基础题,却能“考倒”一批学生.

正确的思路是:

从前往后看,数列是:$200,199+\frac{2}{3},\cdots,-100$,这是首项为200,公差为$-\frac{1}{3}$的等差数列,要求的是“后200项的和”;

从后往前看,数列是:$-100,-100+\frac{1}{3},\cdots,200$,这是首项为$-100$,公差为$\frac{1}{3}$的等差数列,要求的是“前200项的和”.

因此,从后往前看,可求得

$$S_{200}=200\times(-100)+\frac{1}{3}\times\frac{200\times 199}{2}=-100\left(200-\frac{199}{3}\right)=-\frac{40\,100}{3}$$

如果坚持从前算到后,那就比较麻烦了.

“有穷等差数列,顺读、逆读均等差”,把握了等差数列这一概念的实质,自然会有这一认识.

(3) 一题多解,夯实基础.

一题多解不是追求技巧,不是小题大做,而是通过多角度地审视题目、挖掘题目的内在规律而得到不同的解法,既巩固了数学概念,复习了数学知识,又夯实了数学基础,同时还发散了思维.

如下例题,通过一题多解,会加深对平均值不等式的理解,促进思维的灵活性.

例 4　已知 $x+y=1$,求 x^2+y^2 的最小值.

解法 1　把 $y=1-x$ 代入到 $z=x^2+y^2$ 中,得

$$z=x^2+(1-x)^2=2x^2-2x+1=2\left(x-\frac{1}{2}\right)^2+\frac{1}{2}\geqslant\frac{1}{2}$$

所以 x^2+y^2 的最小值为$\frac{1}{2}$.

解法 2　由

$$x+y=1\Rightarrow x^2+y^2+2xy=1$$

因为

$$2xy\leqslant x^2+y^2$$

所以上式可化为

$$1=x^2+y^2+2xy\leqslant 2(x^2+y^2)$$

所以

$$x^2+y^2\geqslant\frac{1}{2}$$

所以 x^2+y^2 的最小值为$\frac{1}{2}$.

解法 3 设 $z=x^2+y^2$,因为

$$x+y=1$$

所以

$$z=x^2+y^2-x-y+1=\left(x-\frac{1}{2}\right)^2+\left(y-\frac{1}{2}\right)^2+\frac{1}{2}\geqslant\frac{1}{2}$$

所以 x^2+y^2 的最小值为$\frac{1}{2}$.

解法 4 设 $x=\cos^2\theta, y=\sin^2\theta$,所以

$$\begin{aligned}x^2+y^2&=\cos^4\theta+\sin^4\theta=(\cos^2\theta+\sin^2\theta)^2-2\sin^2\theta\cos^2\theta\\&=1-\frac{1}{2}\sin^2 2\theta\geqslant 1-\frac{1}{2}=\frac{1}{2}\end{aligned}$$

所以 x^2+y^2 的最小值为$\frac{1}{2}$.

解法 5 如图 1.3 所示,设 $x+y=1$ 对应直线 l,则 x^2+y^2 表示原点到直线 l 上的点 $P(x,y)$ 的距离的平方,即 $x^2+y^2=|PO|^2$,其中以原点到直线 l 的距离最短,此时 $d=\frac{|0+0-1|}{\sqrt{2}}$,

即

$$(\sqrt{x^2+y^2})_{\min}=\frac{1}{\sqrt{2}}$$

所以

$$x^2+y^2\geqslant\frac{1}{2}$$

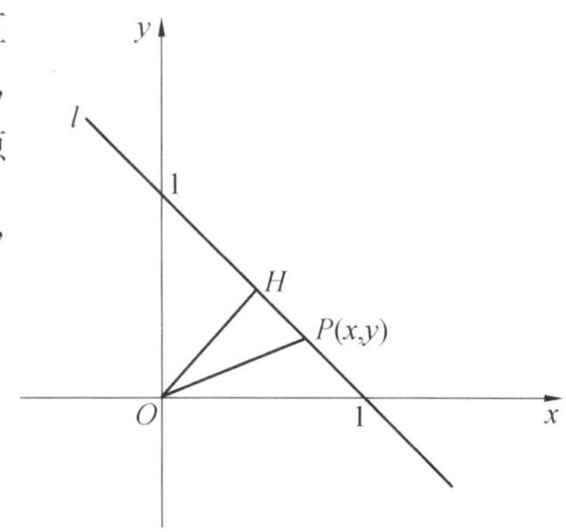

图 1.3

所以 x^2+y^2 的最小值为$\frac{1}{2}$.

总之,数学概念是数学中最基本的内容,也是最重要的内容,我们在教学中应给予足够的重视. 学好概念,夯实基础,只有这样,我们才能从根本上提高数学素养.

1.10　好的开场白

一进入课堂，开口第一句话就开始了这节课的导入. 简短精彩的开端，往往是成功的一半.

好的导入，可以吸引学生的注意力，激发学生的求知欲望，引起学生的学习兴趣，确立教学目的，奠定全课基调和沟通师生情感.

问题情境是《数学新课程标准》倡导的教学模式，也应作为设计导入方式的指导思想.

问题情境是指什么呢？指的是教师在课堂上提出的问题与学生知识经验储备有一定程度的冲突，从而引起学生最强烈的思考动机和最佳的思维定向的这样一种情境，让学生在现实情境和已有的生活、知识经验的基础上，有激情地学习和理解数学.

什么样的问题情境是最合适的？可谓八仙过海，各显神通.

有人提出方案：(1) 以疑激思，创设矛盾情境；(2) 以惑促思，创设悬念情境；(3) 设置障碍，创设质疑情境；(4) 设计陷阱，创设试错情境；(5) 深化认知结构，创设冲突情境；(6) 培养应用意识，创设问题情境.

还有人提出方案：(1) 通过读文章、讲故事，创设情境；(2) 利用科技成果，创设情境；(3) 联系社会、生产、生活，创设情境；(4) 利用数学史，创设情境；(5) 着眼开放性和发散性，创设情境；(6) 利用实验性活动，创设情境，等等，不一以足，均值得称道.

不过，理想很丰满，现实很骨感，一年以 360 节课计，除公开课外，不可能堂堂课都劳神费力地精心创设情境.

一般来说，问题情境多数是从数学内部来寻觅的. 例如三角函数线的导入，就是纯粹数学的知识. 你无论如何也找不到一个故事来引进三角函数线吧！

生活中与数学密切相关的故事有很多，例如几何画板生成的动态图、电脑里画出的 APP 图、电影片断等都是问题导入的极好方法.

最高端的食材往往只需要最简单的烹饪方法.

课堂导入，就是开场白. 开场白，不要拖泥带水，更不要啰里啰唆.

“上一节课我们讲了集合的概念，这一节课我们讲集合的运算”. 这样的开场白，直去直来，干净利落，乍一看好像过于简单. 我们注意到，数学学科的特点是逻辑性和系统性，新知识是旧知识的发展和深入. 由于集合的概念与运算，二者之间有紧密的联系，具有知识点上的连贯性，也可以看作是一次合乎逻辑的迁移，因此，这样的开场白既顺理又成章，是无可挑剔的.

总之，创设问题情境，不是摆花架子，不是加在教师头上的额外负担. 只要我们体会到这一教学模式具有事半功倍的效果，就能使这种教学模式成为一种自觉的、自然的行动.

创设问题情境，说到底就是营造一种让学生感到“好奇”“困惑”“有趣”的场景，以充分调动学生的的积极性，只要是这样做了，就是良好的创设情境了.

1.11 教学板书

在传统的课堂教学中，除教师的口语外，最常用的是板书. 板书是教师为完成教学任务，配合口头讲授，而在黑板上运用文字、符号、图表等传递教学信息的书面表达形式，它有力地辅助课堂教学任务的完成.

板书不是内容的堆砌和拼凑，更不是在黑板上的随意涂鸦. 板书是一门艺术整体. 它要求教师把教学的主要内容浓缩成具有逻辑联系的、符合学生认知特点的文字、图表，使学生能从整体上把握教材，促进学生对教材全面、深入地记忆和理解. 优秀的板书，在授课结束后，留在黑板上的是全课的梗概，是一幅艺术作品，赏心悦目.

板书的最大优势就是直观性，精心构思的板书，能反映课堂内容，条理分明，重点突出，难点鲜明. 板书的设计和实施是教师必须具备的教学基本功之一，也是衡量教师素质高低的一个重要标准. 板书有如下特性：

第一，要有明确的目的性. 课题是目的性的集中体现，没有课题的板书就是画龙不点睛，几个大标题的设计，应有明确的目标指向.

第二，要有高度的概括性. 概括性是指将教学内容加以提炼给出的言简意赅的表述，让学生“管中窥豹”般简明扼要地抓住文章的“内核”. 板书应是提纯的金，琢成的玉. 优化设计的板书，能让学生一目了然. 以最干练的语言传达丰富的信息，板书才能发挥以简驭繁，提纲挈领的作用.

第三，要有鲜明的条理性. 条理性是指将教材内容的主干从逻辑上加以排序，成为一个有机的整体，从中可以看出重点、难点和思路.

第四，要有较强的艺术性. 板书设计是建构在视觉心理基础之上的，因此，它既要符合规范、科学的实效性，又要追求美的视觉和美的感受. 板书不是文字与线条的简单组合，而是一种教育艺术，是教师通过对教材中精华的提炼而精心设计并画出的直观图形，它既要有助于实现课堂的教学目标，又要有利于让学生从板书中得到美的感受，提高学生的审美情趣．设计具有审美价值的板书，要充分考虑到板书的布局美、语言美、字体美、色彩美、符号美，等等．布局方面，既要照顾内容安排的有序合理，如对板书位置、大小、疏密的统一安排，也要考虑到板书层次的分明．

关于板书内容的设计：一般可分为主板书（系统性板书）和副板书（辅助性板书）两种类型．

主板书又分为：

(1) 序列式板书：全面概括本课的内容，是板书内容构成的基本形式；

(2) 强调式板书：起强调作用，具有较强的针对性；

(3) 设问式板书：启发学生思考．

评判一节课讲得好不好，标准之一就是板书的好坏．

板书好不好，反映了一位教师的基本功．板书反映了一位教师的计划性，是教师的逻辑思维能力的一种表现．简洁、美观的板书会让学生感觉轻松．板书写得又好又快，学生会对教师产生钦佩感．

1.12　教育的艺术

有人问郭思乐教授：什么是教学？郭先生的回答是："如果你告诉学生：'3 乘以 5 等于 15'，这不是教学．如果你说：'3 乘以 5 等于什么？'这就有一点是教学了．如果你有胆量说：'3 乘以 5 等于 14'，那就更是教学了．"

实际上，郭先生给出了三种方法：第一种是直叙，第二种是设问，第三种是示错．这三种方法都是教育的方法，也是教育的艺术．

告诉学生，3 乘以 5 等于 15，当然是一种教育方法．直接把结论告诉对方，这叫直叙法．比如，我们学习历史，要靠书本或教师的阐述，这就是直接告诉答案．否则，难道要我们活个五千年亲历一遍？又如，前 n 个正整数的平方和公式，直接问学生，学生当然不知道，难道要花一节课的时间去探索和推导给学生看？一般没这个必要，也就是说直接告诉结果即可．(再用数学归纳法证明它．)

问学生：3 乘以 5 等于什么？这种方法叫作设问法．这是启发式教学常用的方法．孔子主张"不愤不启，不悱不发"．设问式的教学，创造"愤""悱"情景，迫使学生想办法得出答案．

设问让学生感到"愤"，处于一个急于解决又未通晓的矛盾心理状态．这时老师说："请大家把手拿出来，数一数"，帮助学生开启思路，这就是"启"．设问让学生感到“悱”,处于想说又难以表达的另一种矛盾心理状态.这时老师肯定地告诉大家,3乘以5就是等于15,这就是“发”.

告诉学生:3乘以5等于14,这是示错法.著名特级教师裴光亚①把它叫作“教育方略与数学真理错位的教育艺术”.

示错法即猜测–反驳法.猜测是第一步,没有猜测,就不会发现错误,也就不会有反驳和更正.人类在探索科学和治理政治的时候,有时使用示错法,这种方法完全可以拿到数学教学的课堂上来.

3乘以5等于14,明显是谬误的,而这个错误能被学生检测出来并加以纠正,这就是示错法.

示错与出错,最大的区别是前者是故意设计的,后者是无意造成的.在教学中有意出现错误,通过纠正以加深学生的印象,会收到意想不到的效果.当然,示错法应恰当地运用,不可滥用.

教师在教学中无意出错,常会受到管理层究责和学生的非议.其实,教师出错,一方面难以避免,另一方面不见得就一定是坏事.通过纠错,师生双方都受到教益.甚至我主张有时就在课堂上回答学生提出的问题,教师不加准备,像答记者问一样,哪怕教师做不出来或者做错了,也无妨.前提是师生之间达成了某种默契,有充分的信任.

1.13 教学原则

教学方法如同拳法,是不是练家子,过几招就能看出来.教师出身的人,面对陌生学生讲课,一开讲,学生便认可这是老师在讲课——跟我们学校老师讲的一样.不是教师出身的人,一听就可听出来——与我们学校的老师讲课的“味道”不一样.

“闻道有先后,术业有专攻”,就是说:听到的道理有先有后,技能、学术各有研究方向.数学家的专业不是讲课,讲课未必是他们的长项,这种现象很正常.为什么呢?要做个好的数学教师,必须熟悉教学方法,这是师范院校的培训目标之一.许多数学家来自于综合大学,没有受过教学法方面的训练,尽管他们个人富有天赋并在专业上具有优势,但是讲起课来还是干巴巴的.从以上现象可见,教学方法对于

① 裴光亚(1955—2018),武汉市教育科学研究院数学科原主任.

教师来说决非可有可无.

"教学有法，教无定法"，就是说：教和学是有一定的规则的，这个规则叫作教学原则. 在这些原则下，教学方法是没有具体规定的，也是规定不了的.

教学原则是人类教学经验的总结. 由于哲学观点不同，对教学过程规律的认识不同，以及教学目标和课题的不同，因此不同的教育家所制定的教学原则就有所不同，表现出了一种"众说纷纭"的现象.

例如，苏联教育心理学家 Л. В. 赞科夫从教学促进学生一般发展着眼，提出了高难度、高速度、理论知识起主导作用，使学生理解学习过程，使全班学生都得到发展的教学原则.

美国 J. S. 布鲁纳依据认知派的结构主义心理学，提出了关于教学的动机原则、结构原则、程序原则、反馈原则.

中国当前流行的教学原则也众说纷纭，包括科学性与思想性统一原则、理论联系实际原则、教师主导作用与学生主动性结合原则、传授知识与发展智力统一原则、系统性原则、直观原则、巩固性原则、量力性原则、发展性原则、统一要求与因材施教结合原则等.

实际上，作为一线的教师，执行的教学原则也是五花八门，各有侧重. 但是无论如何，直观性原则、循序渐进原则和因材施教原则是必须要遵循的.

在教学活动中，教师体现了基本的教学原则，就是一名合格的教师；否则就是教学上尚未入门的外行.

1.14　循序渐进

生活中的"循序渐进"，是指学习、工作等按照一定的顺序、步骤逐渐进步或提高的过程. 数学教学上的"循序渐进"，是指教师要严格按照数学知识的内在逻辑体系和学生认知能力的形成规律进行教学.

循序渐进不是主观随意提出的空洞的口号，而是古今中外无数实践经验的总结. 教师在数学教学中坚持循序渐进的原则，能激发学生的学习兴趣，提高他们的学习能力、实践能力和综合能力.

贯彻循序渐进原则，应该做好如下几点：

(1) 把握数学内容的系统性.

数学教材的系统性是指整个教材的编排体系，各个章节的知识脉络，各个知识之间的内在联系，包括来龙去脉、纵横关系. 对于具体的知识点，基础是什么？为哪些后续知识做何铺垫，这些都是系统性所要求的.胸中有大局，谋事有分寸；胸中有丘壑，下笔如有神.

例如，纵观整个中学数学内容，函数如一根红线把各个分支紧紧地连在一起，构成有机的知识网络，函数的重要性不言而喻.如果把掌握知识点用“闯关”来形容，那么学好函数到底要闯多少关?

据粗略统计，学好函数有十六“关”：① 定义域；② 函数值；③ 值域；④ 最值；⑤ 函数解析式；⑥ 分段函数(绝对值函数)；⑦ 函数的单调性与奇偶性；⑧ 函数图像及变换；⑨ 函数、等式、不等式的关系；⑩ 高中观点下的二次函数；⑪ 幂函数；⑫ 反函数；⑬ 指数函数和对数函数；⑭ 抽象函数；⑮ 复合函数；⑯ 应用题.

(2) 要抓住重点和突破难点.

循序渐进决不意味着对教学内容没有区别地平均使力，而是要抓住重点、突破难点.

重点是在整个知识体系中处于重要位置或发挥突出作用的内容.难点是指在学习过程中阻力较大或难度较高的地方.因为重点与难点形成的依据不同，所以，有的内容既是重点又是难点，有的内容是重点但不是难点，还有的内容是难点但不一定是重点.在教学中分析教材和学生的基础上，要区分好重点和难点.

重点多在知识发生点的重要位置，找准知识的生长点，有利于抓住重点.有的新知识与某些旧知识属于同类或相似，要突出共同点(例如等比数列与等差数列的类比)；有的新知识由两个或两个以上的旧知识组合而成，要突出连接点(例如求古典概率的方法)；有的新知识由某个旧知识发展而来，要突出演变点(例如复数概念).

难点之所以有较大阻力且难于接受，要么是矛盾集中了形成阻力，要么是在思维上转变太急了不能适应.因此，要突破难点，需要做三个方面的工作，一是警示难点；二是分散难点；三是剖析难点.

生活经验告诉我们，凡事预则立，不预则废，难点来了，就要预示，预示就是警示，它告诉我们要认真对待，切不可懈怠.分散难点也是重要的方法，难点分散了，化整为零了，其难就很容易破了.剖析难点也是一种重要的方法，从各个角度审视难点，将其分散后逐一研究，真相就大白了.

例　设 $0<x<1$，$a>0$ 且 $a\neq 1$，比较 $|\log_a(1-x)|$ 与 $|\log_a(1+x)|$ 的大小.

分析　此题是比较两个对数式子取绝对值后的大小，看来有一定的难度.去绝对值要讨论绝对值符号内的对数是正值还是负值，而对数的符号既与底数 a 有关，还与真数有关.双重分类的讨论，确实存在一定的困难，此为警示，该题需要认真对待.

进一步考虑，真数式子内的 x 的范围已经给定，真数的范围就间接给定了，那么我们对底数 a 的范围进行分类时就可以确定对数的符号了.于是解法如下：

解　因为 $0<x<1$，所以 $0<1-x<1$，$1+x>1$，$0<1-x^2<1$.

① 当 $a>1$ 时，有

$$\log_a(1-x)<0,\log_a(1+x)>0,\log_a(1-x^2)<0$$

所以

$$\begin{aligned}|\log_a(1-x)|-|\log_a(1+x)|&=-\log_a(1-x)-\log_a(1+x)\\&=-\log_a(1-x^2)>0\end{aligned}$$

② 当 $0<a<1$ 时，有

$$\log_a(1-x)>0,\log_a(1+x)<0,\log_a(1-x^2)>0$$

所以

$$|\log_a(1-x)|-|\log_a(1+x)|=\log_a(1-x)+\log_a(1+x)=\log_a(1-x^2)>0$$

综上所述，$|\log_a(1-x)|>|\log_a(1+x)|$.

当然本题通过作差、作商也能解决问题，这里从略.

(3) 在整个教学中，要由浅入深、由易到难组织教学.

对于大多数学生而言，在教学中不要对其立即要求过高，可以先从简单内容入手，在低水平中做够一定数量的练习.另外，正如华罗庚指出："循序渐进绝不是在原有水平上兜圈子，而是要一步一步前进，而且要尽快地一步一步前进."也就是说，要按最近发展区的理论要求，适时抛出稍有难度的题目，让学生"跳一跳就能摘到桃子".同时要注意，在由易到难的过程中，对待难点要采取恰当的处理方式，比如不妨从浅显处入手加以分析，把问题简化或者变得直观些，有时能达到醍醐灌顶的效果.

比如式子

$$\begin{aligned}&\frac{1}{1\times4}+\frac{1}{2\times5}+\frac{1}{3\times6}+\cdots+\frac{1}{n(n+3)}\\&=\frac{1}{3}\left(1-\frac{1}{4}+\frac{1}{2}-\frac{1}{5}+\frac{1}{3}-\frac{1}{6}+\cdots+\frac{1}{n}-\frac{1}{n+3}\right)\end{aligned}$$

的等号右边括号内，到底有哪些项抵消了，还有哪些项留下来，学生难以把握.我们只要把 n 具体化，比如令 $n=7$，就有

$$\frac{1}{1\times4}+\frac{1}{2\times5}+\frac{1}{3\times6}+\frac{1}{4\times7}+\frac{1}{5\times8}+\frac{1}{6\times9}+\frac{1}{7\times10}$$

$$=\frac{1}{3}\left(1-\frac{1}{4}+\frac{1}{2}-\frac{1}{5}+\frac{1}{3}-\frac{1}{6}+\frac{1}{4}-\frac{1}{7}+\frac{1}{5}-\frac{1}{8}+\frac{1}{6}-\frac{1}{9}+\frac{1}{7}-\frac{1}{10}\right)$$

$$=\frac{1}{3}\left(1+\frac{1}{2}+\frac{1}{3}-\frac{1}{8}-\frac{1}{9}-\frac{1}{10}\right)$$

也就是说，留下来是正数第1，3，5项和倒数第1，3，5项，根据此规律，对于抽象的n来说，那么就有

$$\frac{1}{1\times4}+\frac{1}{2\times5}+\frac{1}{3\times6}+\cdots+\frac{1}{n(n+3)}=\frac{1}{3}\left(1+\frac{1}{2}+\frac{1}{3}-\frac{1}{n+1}-\frac{1}{n+2}-\frac{1}{n+3}\right)$$

最后要强调的一点是，在循序渐进的教学过程中，有些学生会出现遗忘现象，或者一时反应迟钝，或者不小心犯了错误，若学生毫无察觉，教师可以善意地提醒一下；若学生意识到了，教师就不必再加以严厉批评了，应允许学生在循序中出现反复情况，逐渐进步.

1.15　超进度授课是一种冒进

骑自行车上不了月球，说明了运载工具的重要性.

哥德巴赫猜想目前最好的结果是陈景润的“$1+2$”.陈景润所用的方法其实就是一种筛法.根据网上资料说，有数学家发现用筛法是证明不了哥德巴赫猜想的，这说明了数学工具的重要性.

对于中学生来说，学习每一个新的数学知识，做每一道数学题目，都需要有一定的基础，并具有相应的能力，否则就会困难重重，一筹莫展.

最近，我在高一学生的作业本上看到一道数列题目.我感到惊讶，数列是高二学习的内容，现在就拿到高一来做，而且该题还有点难，这样合适吗？请看题目：

例　已知函数$f(x)$定义在$(-1,1)$上，$f\left(\frac{1}{2}\right)=1$，满足$f(x)-f(y)=f\left(\frac{x-y}{1+xy}\right)$，且数列$\{x_n\}$的$x_1=\frac{1}{2}$，$x_{n+1}=\frac{2x_n}{1+x_n^2}$.

(1) 证明：$f(x)$在$(-1,1)$上为奇函数；

(2) 求$f(x_n)$的表达式；

(3) 若$a_1=1$，$a_{n+1}=\frac{12n}{2^n}f(x_n)-a_n(n\in\mathbf{N}^*)$，求$a_n$.

分析　该题涉及的知识点很多：抽象函数对应的一个数列，递推数列，奇偶性，通项公式，…….

更重要的是能力. 函数方程的熟练掌握以及运用到证明函数的奇偶性上，这不是刚学函数的高一学生所能一步到位的. 而且，复合形式下的等比数列的判定与运用，更不是还没有系统学习数列，即使学了尚未来得及深化的高一学生所能胜任的.

没有基础做新题，强人所难做难题，由于是无源之水，无本之木，终会捉襟见肘，欲速则不达.

不顾自己的实际能力一意孤行，超过具体条件盲目加快工作，这就是冒进，数学教学上的冒进，就是无视学生的实际情况赶超进度，这一种现象在高中学习阶段很普遍.

“超进度授课”为什么如此普遍？超进度，无非是为争取一些“主动”，留更多的复习时间. 现实中，为了赶进度，高一就把高二的“数列、极限和数学归纳法”讲完了，高二就把整个高中教学内容讲完了，硬生生腾出了高三这一年的时间用于总复习.

数学的概念、公式、法则和定理，学生对于这些的理解、深化和运用，是分阶段的. 比如，高一讲函数与高三复习讲函数，无论从深度还是广度来说，都有所区别. 在整个高中教学中，各个章节配置的练习题也是有级别的，不同阶段要配备不同级别的题目.

笔者听一位学生说：某重点中学高一某班，上课时老师把 PPT 在课堂上展示出来，宣读一下，然后以提问代替讲解. 布置的课后作业题以及单元测验题都是本校历届期中考试题、期末考试题以及高考模拟题和真题. 这样的教学模式是一种粗糙的模式，老师轻松了，学生却很辛苦. 这种做法严重违背了教学规律.

教师以考代讲，以题代学；学生在校是考试，在外是补习，这样的教学乱象，人们似乎司空见惯，见怪也不怪了.

有一线教师说：“超进度的问题，根子出在各级教育管理机关”. 教研部门组织调考时，不但规定有超前的进度，还必须一步到位，并以此来考评学校，学校以此来考评老师，再加上家长也高度关注高考成绩，于是愈演愈烈，一发不可收拾.

教学冒进与循序渐进原则是背道而驰的，必须加以制止，必须摒弃投机取巧的想法、纠正拔苗助长的做法，潜下心来，扎扎实实地搞好教学. 我们相信随着时代的进步与发展，教学上的这些不良现象会逐渐被克服的.

注　此题的略解如下：

(1) 在 $f(x)-f(y)=f\left(\dfrac{x-y}{1+xy}\right)$ 中，令 $x=y=0$，得 $f(0)=0$；又令 $x=0$，得

$f(0)-f(y)=f(-y)$，即 $f(-y)=-f(y)$，所以 $f(-x)=-f(x)$，故 $f(x)$ 在 $(-1,1)$ 上为奇函数；

(2) 因为 $f(x_{n+1})=f\left(\dfrac{2x_n}{1+x_n^2}\right)=f\left[\dfrac{x_n-(-x_n)}{1-x_n(-x_n)}\right]=f(x_n)-f(-x_n)=2f(x_n)$，所以

$$\frac{f(x_{n+1})}{f(x_n)}=2$$

所以数列 $\{f(x_n)\}$ 是等比数列，其首项为 $f(x_1)=f\left(\dfrac{1}{2}\right)=1$，公比为 2，所以 $f(x_n)=2^{n-1}$；

(3) 因为 $a_{n+1}+a_n=\dfrac{12n}{2^n}\cdot 2^{n-1}=6n$，所以 $a_{n+2}+a_{n+1}=6(n+1)$，两式相减得 $a_{n+2}-a_n=6$，所以数列 $\{a_{2n-1}\}$ 与数列 $\{a_{2n}\}$ 均是公差为 6 的等差数列，所以

$$a_n=\begin{cases}3n-2(n\text{ 为奇数})\\3n-1(n\text{ 为偶数})\end{cases}$$

1.16 经典定理能不能引入课堂

在微信上，有群友对一些数学问题进行讨论时，经常采用梅涅劳斯定理、塞瓦定理和托勒密定理，让这些经典定理大发神威.

梅涅劳斯定理 设点 D,E,F 分别在 $\triangle ABC$ 的边 BC,CA,AB 所在的直线上，则点 D,E,F 共线的充要条件是 $\dfrac{AF}{FB}\cdot\dfrac{BD}{DC}\cdot\dfrac{CE}{EA}=1$，如图 1.4 所示.

塞瓦定理 在 $\triangle ABC$ 内任取一点 O，延长 AO,BO,CO 分别交对边于点 D,E,F，则 $\dfrac{AF}{FB}\cdot\dfrac{BD}{DC}\cdot\dfrac{CE}{EA}=1$，如图 1.5 所示.

托勒密定理 四边形 $ABCD$ 内接于圆，则有 $AB\cdot CD+AD\cdot BC=AC\cdot BD$，如图 1.6 所示.

托勒密不等式 若 $ABCD$ 为四边形，则 $AB\cdot CD+AD\cdot BC\geqslant AC\cdot BD$，等号成立当且仅当 A,B,C,D 四点共圆.

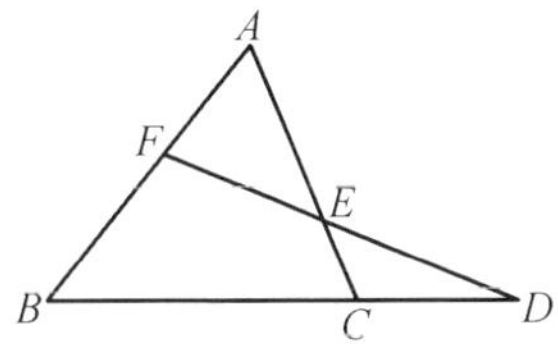

图 1.4

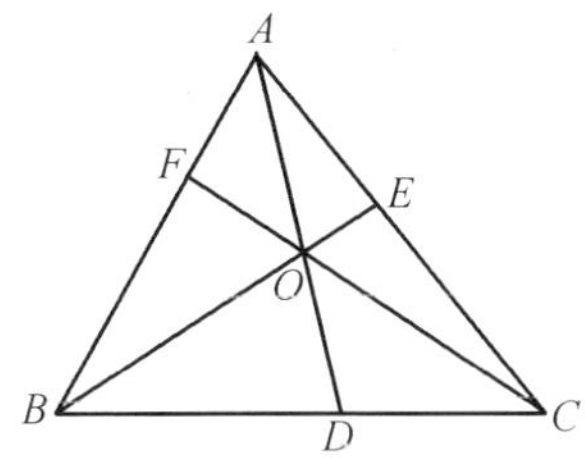

图 1.5

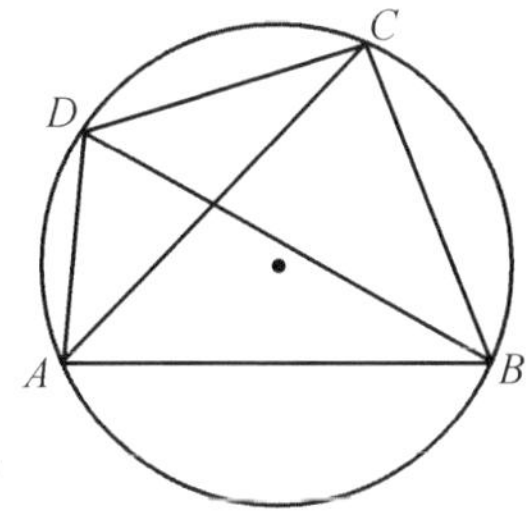

图 1.6

作为课外讨论,使用这些定理是允许的,而且是值得称道的. 然而,把这些定理拿到课堂上,作为解决某些问题的锐利的武器,那就不应该且也没必要了.

教材里完全没有涉及的定理,即使是经典定理,也不要引入课堂. 数学竞赛试题一般也不应引入课堂. 某些竞赛题经过甄别是可以直接或经过改编拿来用的. 例如 1962 年北京中学生数学竞赛中的一道题:

例　等差数列$\{a_n\}$中,$a_n \neq 0$,公差为d,求证:$\frac{1}{a_1a_2}+\frac{1}{a_2a_3}+\cdots+\frac{1}{a_na_{n+1}}=\frac{n}{a_1(a_1+nd)}$.

证明

$$\begin{aligned}&\frac{1}{a_1a_2}+\frac{1}{a_2a_3}+\cdots+\frac{1}{a_na_{n+1}}\\&=\frac{1}{d}\left[\left(\frac{1}{a_1}-\frac{1}{a_2}\right)+\left(\frac{1}{a_2}-\frac{1}{a_3}\right)+\cdots+\left(\frac{1}{a_n}-\frac{1}{a_{n+1}}\right)\right]\\&=\frac{1}{d}\left(\frac{1}{a_1}-\frac{1}{a_{n+1}}\right)=\frac{1}{d}\cdot\frac{a_{n+1}-a_1}{a_1a_{n+1}}=\frac{n}{a_1(a_1+nd)}\end{aligned}$$

评论　这一道题完全可以直接拿过来作为习题让学生完成. 因为它的证明中的裂项求和法是现在教学中的常见方法.

1.17　偏题、怪题与难题

什么是偏题? 超标的题是偏题,超出教材范围的题也是偏题,这里的"标"指《数学新课程标准》.

偏题通常表现在哪些方面呢? 一是内容偏;二是方法偏. 两者必居其一.

例 1 求证：任给 7 个实数，其中必存在两个实数 x,y，满足 $0\leqslant\dfrac{x-y}{1+xy}<\dfrac{\sqrt{3}}{3}$.

证明 设 7 个实数分别为 $\tan\theta_1,\tan\theta_2,\cdots,\tan\theta_7$，不妨设 $-\dfrac{\pi}{2}<\theta_1\leqslant\theta_2\leqslant\cdots\leqslant\theta_7<\dfrac{\pi}{2}$，将区间 $\left(-\dfrac{\pi}{2},\dfrac{\pi}{2}\right)$ 平均分成 6 个子区间

$$\left(-\frac{\pi}{2},-\frac{\pi}{3}\right]\cup\left(-\frac{\pi}{3},-\frac{\pi}{6}\right]\cup\left(-\frac{\pi}{6},0\right]\cup\left(0,\frac{\pi}{6}\right]\cup\left(\frac{\pi}{6},\frac{\pi}{3}\right]\cup\left(\frac{\pi}{3},\frac{\pi}{2}\right)$$

由抽屉原理可知，上述 7 个 $\theta_i(i=1,2,\cdots,7)$ 中必有某两个数在同一个子区间内，不妨设 θ_i,θ_{i+1} 在同一子区间内.

因为 $0\leqslant\theta_{i+1}-\theta_i<\dfrac{\pi}{6}$，所以 $0\leqslant\tan(\theta_{i+1}-\theta_i)<\dfrac{\sqrt{3}}{3}$，即

$$0\leqslant\frac{\tan\theta_{i+1}-\tan\theta_i}{1+\tan\theta_{i+1}\tan\theta_i}<\frac{\sqrt{3}}{3}$$

记 $x=\tan\theta_{i+1},y=\tan\theta_i$，则有 $0\leqslant\dfrac{x-y}{1+xy}<\dfrac{\sqrt{3}}{3}$，得证.

上述证明中用到了“抽屉原理”，对于没有受过奥数训练的学生来说这个原理是陌生的. 因此，这道题应算是偏题.

奇怪的题称为怪题. 奇怪，指与他人或它物不同，或者出乎人的意料. 数学上的怪题，通常是指与所见过的题目迥然不同的题目. 这样的题会使大多数人感到出乎意料.

传说有人在一所房子的墙壁上发现了一道古怪的题目：“从数字和为 45 的一个数，减去另一个数字和也是 45 的数，只有当差的数字和也是 45 时，这道题才算做对了”，此题的意思是：一个数字和为 45 的数减去另一个数字和为 45 的数，差也是数字和为 45 的数，求这三个数.

这真是一道怪题，竟然这样出题，让人感到诧异. 不过，这道题不仅有答案，而且答案还不是唯一的，如下

$$987\ 654\ 321-123\ 456\ 789=864\ 197\ 532$$

$$1\ 954\ 328\ 760-1\ 796\ 435\ 208=157\ 893\ 552$$

有人说，不按常理出牌的题就是怪题，钻牛角尖的题也是怪题.

例 2 解不等式：$\sqrt[3]{2-x}+\sqrt{x-1}>1$.

解 令 $x-1=t$，原不等式可化为

$$\sqrt[3]{1-t}>1-\sqrt{t}$$

两边立方,整理得

$$\begin{aligned}&1-t>(1-\sqrt{t})^3\\ \Rightarrow &(1-\sqrt{t})(1+\sqrt{t})-(1-\sqrt{t})^3>0\\ \Rightarrow &\sqrt{t}(\sqrt{t}-1)(\sqrt{t}-3)>0\end{aligned}$$

所以 $x\in(1,2)\cup(10,+\infty)$.

一个不等式中同时出现关于 x 的二次根式和三次根式,这在中学数学里是很少见的,很是奇怪,所以此题属于怪题.

数学教学上的偏题、怪题都是冲着“难”字来的.

什么是难题？数学上的难题是指那些历经长时间仍未解决或完全解决的数学问题.例如哥德巴赫猜想的难题,此题自 1742 年提出后,至今近三百年,仍未完全解决.

数学上的难题是一个硬指标,较快解决了就不算难题,很长时间解决不了就算难题.而中学数学里的难题是相对的,题的难易因人而异.若一个知识点你没有掌握,则这道题就把你难住了.若一个弯弯你转不过去,则这道题也把你难住了.这些情况都算遇到了难题.

我们常说的难题,是相对于多数学生而言的,或者说相对于中等以上的学生而言的.在一次考试中,某题难度系数达到 0.4,就算是难题了.理论上讲,难度系数越趋近于 0,难度越高.以高考试题为例,难度系数代表了高考试题的难度.高考试题的难度系数一般为 $0.55\sim0.62$.

难题的分类,大致分为四类:

一是解题的入口隐蔽,思路迂回的;

二是多字母、大数字的计算量较大,兼顾点、头绪多的;

三是所关联的知识点综合性强,虽是基础的但干扰性强,从而易错的;

四是超前,所需用到的知识不在解答者所学的范围内的.

难题不一定是偏题,偏题不一定是难题,且它们的交集非空.

中学教育普遍存在一个突出的问题,就是片面追求升学率,许多班级都采用了“高强度”的授课内容和考试内容,偏题、怪题也随之进入课堂.讲偏题或难题的课,不是好课.

1.18　打铁还需自身硬

“台上一分钟，台下十年功”，这句话本意指在台上表演的时间往往只有短短的一分钟，但为了台上这一分钟的表演，需要付出十年的艰辛努力.

讲课何不如此.

无论教哪个年级、教什么课程，都需要授课人具备相应的知识储备和能力底蕴，具备了，是必要而非充分的条件.

以高中为例，教师要对中学范围内的知识及其结构了如指掌，对其范围内的常见问题熟稔于心. 为了做到这一点，教师除对高等数学应该有基本的了解外，更多地要做立足于中学数学的基本功的训练，借鉴来自于高等数学和竞赛数学的内容. 教师若没有个人心得，照本宣科，做“复读机”，这样讲课肯定是乏味的；不会解题，按给定的答案备课，讲起课来没有创见，缺乏闪光点，这样讲课肯定是苍白的.

打铁还需自身硬，上课不能唱“空城计”. 博观约取，厚积薄发，真知灼见，个性鲜明，能做到这些才是真正的好教师，上的课自然是好课.

教师除了做题之外，搜集资料也是一项必需的功课，任何一位优秀的教师，都会有一整套资料，且不断地补充它.

另外，教师多多总结也是必要的，不要把课后小结当成包袱，要当成积累的过程，因为每次上课必有成功和失败之处，随时写上，便于检查对照、改进提高，行为日久成习惯，习惯日久成素质.

我们还提倡教师撰写论文，总结教学经验，上升到理论的高度；梳理解题规律，提高解题能力，深入研究一个问题，使自己成为某个专题或领域的专家. 总之，教师应用各种办法让自身慢慢“硬”起来.

1.19　误写与繁做

《数学课程标准》中明确指出：“学生是学习的主人，教师是学生学习的组织者、引领者与合作者.” 这就给广大教师提出了更高的要求，作为课堂主导者的教师首先要发挥好自己的示范作用.

教师做好示范，要在课堂教学上一点一滴地体现出来. 身传重于言教，好的示范，如春风、雨露，滋润幼苗成长，给学生树立良好的榜样. 而不好的举止，会给学生带来不好的影响.

1. 学生误写，是因为教师误教

数学符号的书写有严格的规定，我们发现学生书写上的一些错误，究其原因是教师误教造成的.

错例 1　角 A 的正弦，写成 Sin A，误把第一个字母写成大写字母，正确写法是“$\sin A$”.

错例 2　直线 AB，写成 l_{AB}，误把字母 l 代替“直线”两字，正确写法是“直线 AB”.

错例 3　把以 a 为底 N 的对数写成 $\log a^N$，误把 a 当成正标，把 N 当成上标，正确写法是“$\log_a N$”.

另外，在分式四则运算中，分数线要对准“=”的中间，对准“−”，对准“+”的一横. 这些教师示范上的错误，或者对学生的要求不严，致使学生一直乱写分式.

2. 学生繁做，是因为教师繁做

我们发现学生演绎数学过程中的一些不合理的做法，究其原因也是教师误教造成的.

例 1　解不等式：$\dfrac{x-2}{x+3} \geqslant 0$.

错解　原不等式 $\Leftrightarrow (x-2)(x+3) \geqslant 0 \Rightarrow x \leqslant -3$ 或 $x \geqslant 2$.

正解　原不等式 $\Leftrightarrow \dfrac{x-2}{x+3} \geqslant 0$ 且 $x+3 \neq 0 \Rightarrow x < -3$ 或 $x \geqslant 2$.

注意到集合 $A=\{x \mid (x-a)(x-b)>0\}$ 与集合 $B=\left\{x \,\middle|\, \dfrac{x-a}{x-b}>0\right\}$ 是相等的，因此在解不等式 $\dfrac{x-a}{x-b}>0$ 时，完全没必要化为不等式 $(x-a)(x-b)>0$ 来解. 例题的失误在于不必要化为整式不等式，更不能化为与原不等式不等价的整式不等式.

例 2　判断函数 $f(x)=\dfrac{\sqrt{1-x^2}}{|x+2|-2}$ 的奇偶性.

解　因为函数的定义域为 $[-1,1]$，所以函数等价变形为

$$f(x)=\frac{\sqrt{1-x^2}}{x}$$

因为

$$f(-x)=\frac{\sqrt{1-(-x)^2}}{-x}=-\frac{\sqrt{1-x^2}}{x}=-f(x)$$

所以函数 $f(x)$ 为奇函数.

学高为师,身正为范.教师的言行是学生学习和模仿的榜样.教师要在教学中规范自己的言行,以严谨治学的态度和尊重科学的勇气去感化学生、昭示学生、熏陶学生、引导学生.

1.20 画图是基本功

空间想象能力集中体现在如何识图和画图上,教师培养学生能力,首先要在画图上下功夫.遗憾的是,有一些教师并不明白这个道理.岂止如此,不少教师在空间作图方面的基本功不扎实,何以引领学生?

下面是一道并不难的立体几何应用题:

例 科学考察船以 40 km/h的速度向北偏东 30° 航行,在船上释放一个探测气球,气球顺风向正东方向飘去,3 min 后气球上升到 1 km 处.从船上观察气球,仰角为 30°,求气球水平飘移的速度.

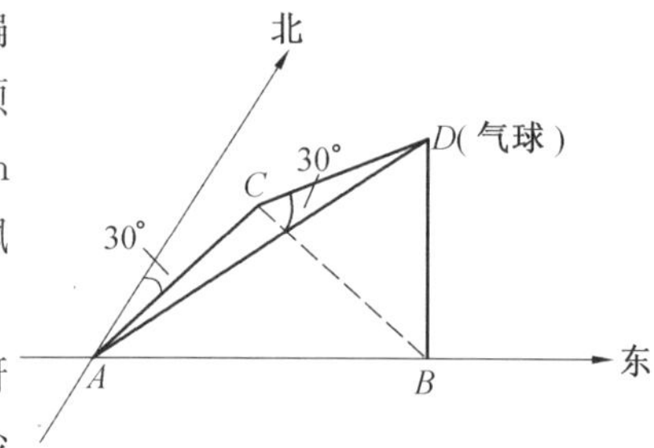

图 1.7

此题的解法在网络上比比皆是,令人惊讶的是,图形是千篇一律的(显然是你抄我,我抄你),没有空间感且丑陋不堪,如图 1.7 所示.

其实我们只需引入一个长方体模型,把科学考察船和气球的运动轨迹置于模型之中,无须提及空间直角坐标系(此时学生尚未学习),具体解法如下:

解 如图1.8所示,设考察船从A处向北偏东 30° 方向航行到 C 处,由船速为 40 km/h 知,3 min 航行 2 km,即 $AC=2$ km.

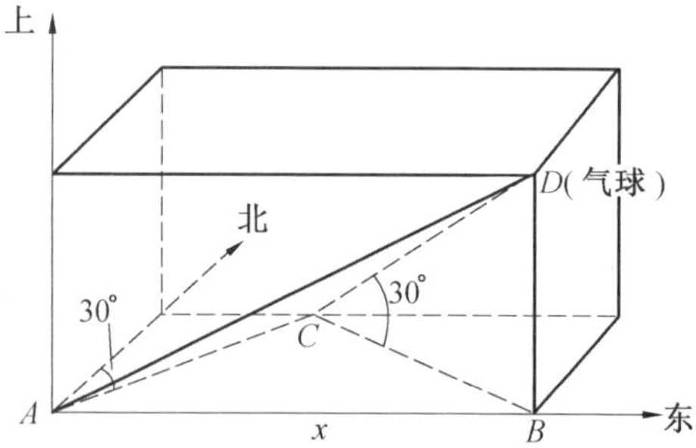

图 1.8

气球顺风向正东方向飘到 D 处,则 $BD=1$ km.

因为从船上观察气球的仰角为 30°,即 $\angle BCD=30^\circ$,所以 $BC=\sqrt{3}$ km.

在 $\triangle ABC$ 中,设 $AB=x$ km,则有

$$2^2+x^2-2\times 2x\cos 60^\circ=(\sqrt{3})^2$$

解得 $x=1$,所以气球水平飘移的速度为 $\frac{1}{\frac{1}{20}}=20\ \mathrm{km/h}$.

1.21　识图中示错与纠错

立体几何入门要过好三关:图形关、语言关、符号关.其中图形关是最关键的.在黑板或作业本上画出空间的图形,要遵守一些规矩,比如用平行四边形表示平面,又如点在平面内、在平面外,直线在平面内、在平面外等的画法都有规定.这些细节教师如果交代不清楚,那么学生很容易犯错,因此教学时切莫忽略.

我设计了一组题,作为启蒙清单交给学生,指出题目的图中的画法有什么错误,并且改正它,通过在识图中示错、纠错,从而增强学生的空间概念.

例　分别指出下列图中的错误,并改错.

(1) 点 P 在平面 α 内(图 1.9(a));

(2) 直线 a 在平面 α 内(图 1.9(b));

(3) 在平面 α 内有一个圆(图 1.9(c));

(4) $\triangle ABC$ 所在平面与平面 α 交于点 A(图 1.9(d));

(5) 在平面 α 内,直线 l_1 与直线 l_2 没有交点(图 1.9(e));

(6) 直线 a 与平面 α 相交于点 M(图 1.9(f));

(7) 直线 a 不在平面 α 内(图 1.9(g));

(8) 直线 $a\ /\!/\ b$(图 1.9(h)).

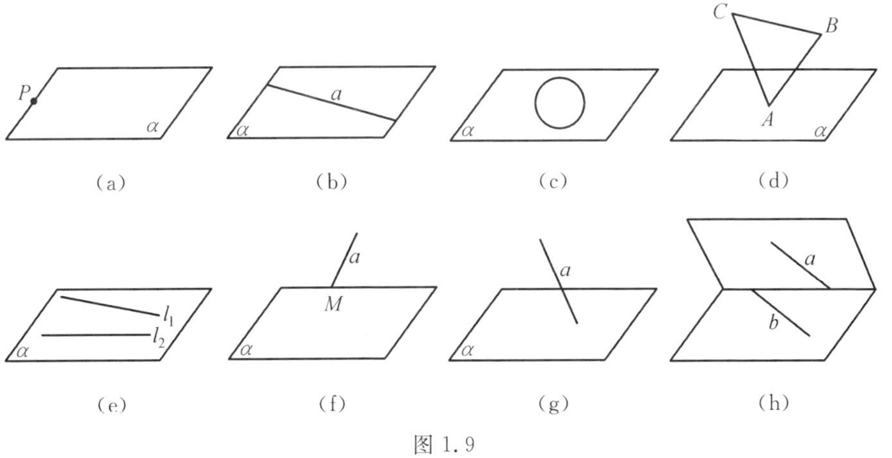

图 1.9

解 (1) 点 P 不要画在表示平面 α 的边框上,应改为图 1.10(a);

(2) 表示直线 a 的线段端点不要画在表示平面 α 的边框上,应改为图 1.10(b);

(3) 平面 α 内有一个圆,这个圆要画成椭圆,应改为图 1.10(c);

(4) $\triangle ABC$ 所在平面与平面 α 相交于过点 A 的一条直线,应改为图 1.10(d);

(5) 图 1.9(e) 画的是两条相交直线,应画成平行的两条直线 l_1 与 l_2,应改为图 1.10(e);

(6) 直线 a 与平面 α 的交点 M 不能在表示平面 α 的边框上,应改为图 1.10(f);

(7) 直线 a 不在平面 α 内,有两种情况:相交与平行,应改为图 1.10(g);

(8) 图 1.9.8 的两条直线为异面直线,直线 a,b 均应平行于两平面的交线,应改为图 1.10(h).

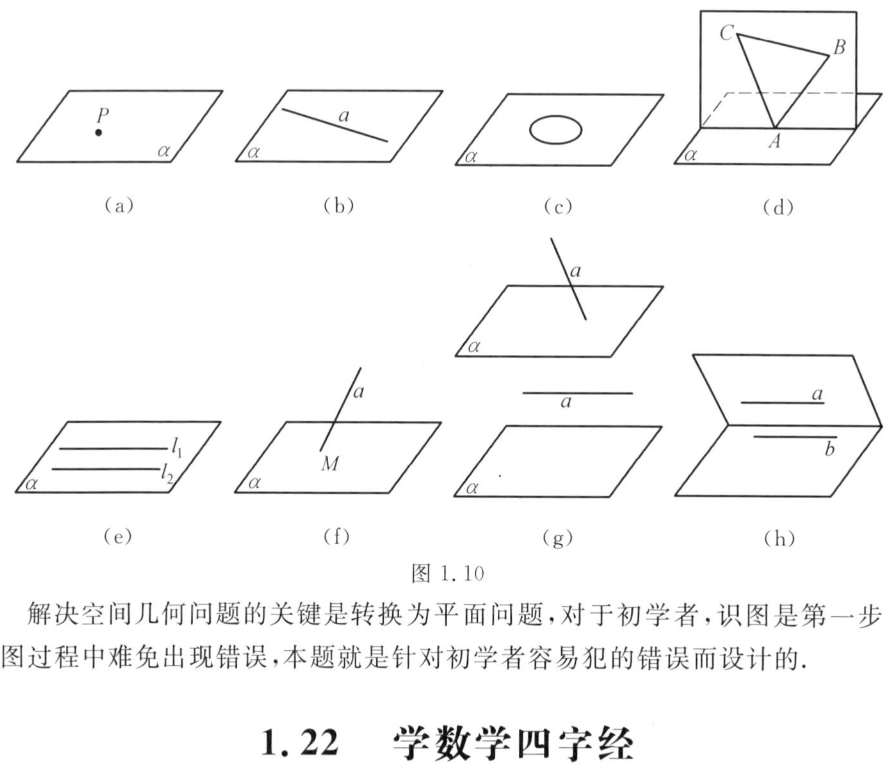

图 1.10

解决空间几何问题的关键是转换为平面问题,对于初学者,识图是第一步,在识图过程中难免出现错误,本题就是针对初学者容易犯的错误而设计的.

1.22 学数学四字经

学好数学的第一步是弄懂."懂"字好说,做到却不易,要对公式、法则的来龙去脉、概念的内涵和外延及其变式(即等价表达形式)做到理解和掌握,这才叫"懂".

一些学生常常说:"我上课时听懂了,做作业时却做不出来."为什么会这样?

这里有两个原因:一是听课时似乎懂了,其实并没有真懂;二是从“懂”到“会”有一段路程要走,而这段路程没有走完.

从“懂”到“会”要经历“套用”“变用”和“活用”三个阶段.“套用”指直接套用公式或法则;“变用”指在使用公式法则时有所变化;“活用”指在陌生情景甚至“恶劣”情景下也能运用,经历了这三个阶段才叫“会”.

“懂”了、“会”了,却错了,不能得分,那是白搭. 对了才能得分.

可是,“懂”了,“会”了,不一定“对”. 有时觉得自己“会”了,其实是假“会”,一旦语境变了、情形变了,就不会用了.

万变不离其宗,真正做到“会”,就要在“宗”字上下功夫. 组题训练,变式训练,就是让学生认“宗”、悟“宗”.

出错,还有一个原因是粗心大意:看错、写错、漏错,这种错误很晦气,错了却浑然不知. 粗心大意的实质就是不懂、不会、不熟,有时说粗心大意是一个借口,也是一种自我安慰.

“对”了,不一定“快”,快了才能得高分,要快必须熟,熟能生巧,熟能生快. 熟到一定程度,就能“见题生法,见招拆招”,要熟到这种程度,一是要全面掌握知识点,二是要熟知解题套路,还要有扎实的基本功和敏捷的思维,此非一日之功. 我们主张有适度的训练,达到足够的题量,才能达到这一境界.

“懂”“会”之后的防止遗忘也很重要. 防“忘”,最重要的是“理解”,理解地记忆,理解得透就记得牢,不容易忘;相反,死记硬背,记得浅,便忘得快.

防止遗忘还有重要的一条,就是复习. 心理学告诉我们,人的遗忘是有规律的,它按先平后陡的“遗忘曲线”下降,越往后遗忘越多,所以要把握时机,适时复习. 古人说:学而时习之,不亦说乎,就是这个道理.

数学的高度抽象性、严密逻辑性和广泛适用性,要求我们要活学、活记、活用,只看书不做题不行,埋头做题不总结也不行. 华罗庚倡导的“由薄到厚”和“由厚到薄”的学习过程就是这个道理. 在做题总结的过程中,在厚与薄的相互转化中,该“记”的记住了,该“熟”的也熟练了.

学数学四字经:懂,会,对,快!

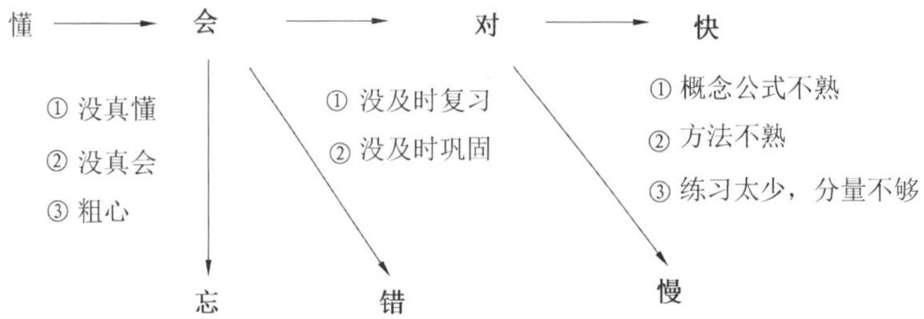

1.23　勤能补拙是良训

“勤能补拙是良训，一分辛苦一分才”，这是华罗庚先生的名句，也是他的亲身经历．华罗庚当年读到初中时，因家里贫穷就辍学了，在自家的小杂货店看店．他每天埋头于数学题中．有一天，一个顾客来问一支笔的价钱，华罗庚说：“853729！”顾客很惊讶，被气走了，原来华罗庚说的是数学题的答案．一年到头，他差不多每天都要花十几个小时在学习，有时睡到半夜，想起一道难题的解法，翻身起床，把解法记下来．靠着勤奋，他从金坛走向清华、走向剑桥、走向了世界数学的讲坛，成为一代数学大师、教育家．

复旦大学的苏步青，他上初三时，就读于浙江省六十中学．有一位刚从东京留学归来的教数学的杨老师，上第一堂课时没有讲数学而是讲故事，他说：“当今世界弱肉强食，世界列强依仗船坚炮利，都想蚕食瓜分中国，中华亡国的危险迫在眉睫，在座的每一位同学都有责任．”老师的话深深地打动了年少的苏步青，他才懂得，读书不仅是为了个人前途，读书与国家的命运紧紧相连．从此，无论酷暑隆冬，还是霜晨雪夜，苏步青都一直读书、思考、解题、演算，在中学四年中演算了上万道数学习题．后来他成为蜚声中外的数学家．

世界著名科学家爱因斯坦，他小时候也不是“超人”的“天才”，甚至有人说他是“笨蛋”，可是促使“笨蛋”变成“天才”的，正是这个“勤”字！他从小下定决心，用勤奋去弥补自己的“笨拙”．为了彻底弄清一个问题，他比别人多花几倍的时间，终于用汗水浇开了成功之花，为科学技术的发展做出了巨大的贡献．

国际体坛新星姚明也是勤能补拙的典范．姚明自幼体质偏差，妈妈经常说：“我最遗憾的，就是没能给你一个强壮的身体”．姚明的身体条件确实没法跟其他 NBA 球员相比，在弹跳、肌肉力度等方面，总是吃些亏．姚明刚进青年队的时候，身体虚胖，没什么力量，不怎么会打球，甚至“连跑都不会跑”．可是，姚明坚信勤能补拙的道理，每次训练课前，他总要自己先练上一个小时的体能. 长年来，他一天从早到晚要练四次，即早上、上午、下午和晚上. 他不仅刻苦训练，还肯开动脑筋，所以进步特别明显.

与以上类似的成功例子举不胜举. 一分耕耘一分收获，日积月累，奇迹就可以创造出来. 当我们又记住一个单词，又理解一个公式，又背出一篇课文，又掌握一种学习方法时，我们不是和成功又近一些了嘛！

成功，这是一个多么令人向往的字眼. 成功的秘诀是什么呢？有人做了科学的概括：W＝X＋Y＋Z. W 是成功，X 是艰苦劳动，Y 是正确的方法，Z 是少说空话，其实这三个条件中 X 是最重要的，艰苦劳动就是“勤”.

1.24　数学学科素养的培养

数学学科素养包含数学抽象、逻辑推理、数学建模、数学运算、直观想象、数据分析六个方面. 数学学科素养的培养，要通过教学和综合实践活动课程来具体实施. 也就是说，数学素养不是从天上掉下来的，是一节课又一节课的教学活动累积起来的，是在一个问题又一个问题的解决中领悟出来的.

数学学科素养不是仅对成绩好的学生而言的. 成绩好的学生的学习方法、学习习惯和思维品质大体上较好，相对容易提高素质. 数学成绩一般的学生是整体学生中的大多数，其学科素养亟待培养，不仅是锦上添花，更是雪中送炭.

教学的机智不仅表现在解题方面，它在教学过程中无处不在，一些让学生喜闻乐见的口诀，甚至对某一数学对象的称呼，有时会起到极佳的教学效果.

比如，把方程$\frac{x^2}{a^2}+\frac{y^2}{b^2}=1(a>b>0)$表示的曲线叫作卧式椭圆，把方程$\frac{y^2}{a^2}+\frac{x^2}{b^2}=1(a>b>0)$表示的曲线叫作立式椭圆，这种叫法很亲切，学生喜欢.

椭圆标准方程的左边两项均为正项. 分母大的是含 x 的项，焦点则在 x 轴上，这时的椭圆叫作卧式椭圆；分母大的是含 y 的项，焦点则在 y 轴上，这时的椭圆叫作立式椭圆. 看分母的大小分辨椭圆是卧式还是立式，这叫以大小论“英雄”.

又如，确定双曲线$\frac{x^2}{3}-\frac{y^2}{4}=1$与$\frac{y^2}{3}-\frac{x^2}{4}=1$的“姿态”时，注意到双曲线标准方程的左边两项中一项为正、一项为负，正项是含 x 的项，焦点则在 x 轴上，双曲线是左右开口，这时的双曲线叫作横向双曲线；正项是含 y 的项，焦点则在 y 轴上，这时的双曲线叫作纵向双曲线.看项的正负分辨双曲线是横向还是纵向,这叫以正负定“乾坤”.

以大小论“英雄”,以正负定“乾坤”,多么生动的语言！学生对其印象深刻,一下子就记住了.

这样的机智教学在一般的视频上是见不到的,视频中的教学是“正统”的,因而有时会显得是“机械”的.只有在小课堂上,当教师作为一个角色在“表演”时,才会有这种智慧的火光、灵感的迸发!

教学是一门艺术.教学高手会在教学过程中充分展现出艺术的魅力.这种展示之所以往往体现在数学成绩一般的学生而不是高才生身上,因为高才生并不需要你如此“费劲”地雕塑,他们其实早已了然于心.所以,那些教数学成绩一般的学生班级的教师,他们表现出来的能力,更有教育的风采.

会解题是数学的能力,会解题更会讲课,这才是老师的综合能力,不应该浅薄地认为教“小班”的老师“不值一谈”,对他们“不屑一顾”.

总之,衡量一位中小学教师的能力不能片面地仅从会解题的角度出发,而要全方位地去评价一位老师,包括教育、教学能力和师风师德.

第2章　教学杂议

2.1　教书匠 $\neq$ 专家型教师

在日常生活中，带“匠”字的人，例如“木匠”“铁匠”等，都是有独门技艺的人. 带“匠”字的词语，例如“匠心独具”“大国工匠”等，往往都是褒义的，唯有“教书匠”这一称呼却略带贬义. 因为“教书匠”指一位教师只是在从事重复性的工作，缺乏理想，缺乏激情，没有创新，没有个性.

我们看到，在教学过程中，一些人拘泥于教材和资料，只会依照教材，依赖资料，照本宣科，缺乏主见，更无创见，离开参考资料就忐忑不安，离开标准答案就寸步难行.

我们看到，一些人在学校时是教师，离开学校后就不知道是什么人了. 教语文的不会写文章，教数学的不会解题. 作为数学教师，一辈子没有设计过数学习题，没有独立解决过难题，从来不写教育教学或数学研究的文章，从来不看教材以外的数学书籍. 这样的人，其实不懂得什么是数学，除了会一点教材知识，他不知道欧几里得、祖冲之、莱布尼兹，不知道鸡兔同笼、韩信点兵，不知道数学建模 ……

时代在进步，社会在发展，教书匠型教师已经跟不上时代发展的脉搏了，功利化实用型教师更不符合时代发展的要求. 教师不仅是“传道、授业、解惑”者，还应该继承和发扬传统文化，努力创建新文化；不应该是现存知识的搬运工，而应该成为创造性运用知识和技能并教授给学生的良师；不应该是不思进取、日复一日的熟练工，而应该是不断超越和更新自我的科研型、专家型的教师. 做专家型教师，是科技时代的需要，是现代社会的呼唤.

什么是专家型教师呢？专家型教师是指除具备一般教师所具有的素质外，在教育教学或专业领域卓有建树、确有专长的教师. 一般的老教师，虽有较为丰富的

教学经验,但不足以称得上是专家型教师.专家型教师在素质上应具备以下特点中的一条或两条:

第一,在教育教学方面,知识渊博,业务精湛,无私奉献,能在教师队伍中起到示范、引领的作用.

第二,在学科研究方面,有独特的见解,有创新的结果,其论述、论文或专著已公示于众.

怎样才能成为专家型教师?

首先是热爱.爱一行才能专一行.教师热爱教育工作,才有源源不断的前进动力,才有战胜千难万险的勇气,才有求真务实、开拓创新的激情.反过来,教师没有爱心,仅仅把教书当成谋生的手段,恐怕连称职都难以做到,更谈不上成为专家了.

其次是钻研.所谓钻研,就是钻进去研究.学习是第一位的,学会了、熟悉了,才能深入进去,还需要长期钻研,要不断地思考,反复地揣摸,克服重重困难和挫折,最终才有可能有所突破和创新.教书育人方面也需要钻研,要钻研教材,研究学生,总结经验教训,修改教育教学实施方案.

再次是坚持.任何成就和成功都不是一蹴而就的,是由多年的付出与积累取得的.心无旁骛,锲而不舍,水滴终使石穿;矢志不渝,精诚所至,金石慨然为开.专注于一件事,看似简单,其实是对毅力和恒心的考验.古往今来,一辈子用心做好一件事的名人层出不穷.人生楷模激励我,初心不改砥砺行,千淘万漉虽辛苦,吹尽狂沙始到金.

成长为一名专家型教师,应该成为我们每一位从事教育事业的人的奋斗目标,志存高远,脚踏实地,争做国家栋梁;励精图治,坚韧不拔,勇挑社会重任.

2.2 听课简评及新教师上课必备的条件

2019 年我在某职业高中听了一位新教师的课.

这堂课的优点是:教学内容完整,层次分明,板书工整,数学语言规范,教学态度亲切,基本上完成了教学任务.

不足之处:

(1) 复习要有针对性.建议为新课(对数运算法则)设计如下复习作为铺垫:计算$\log_2 8$,$\log_2 16$ 等.

(2) 证明法则不能误.$\log_a MN=\log_a M+\log_a N$ 的证明,主要是利用指数式与对数式的互相转化,而不是利用对数恒等式.

(3) 练习忌偏难.建议按职业高中学校教材的标准来训练学生,以符合学生实际情况.

(4) 建议在课堂上教师的衣着颜色不要以灰暗为主，要穿亮色的衣服，增添活力，除常规的 PPT 外，需要时要配用教鞭或光电笔.

对于新教师，授课时需必备如下条件：

第一，明确教学目标，达成教学目标；

第二，教学有序，循序渐进，层次分明；

第三，师生互动，形成默契；

第四，语言规范，教态自然，板书整洁；

第五，不能犯科学性的错误.

2.3　用简单想法解题与名师出高徒

有数学专家提出“用简单想法解题”，这本身是一个好的想法.

教师备课，除了备知识、备解题方法外，更重要的是提炼出讲课、讲题的简单想法，把简单想法传授给学生，学生弄懂一道题，就可以解一百道题. 这样久而久之，潜移默化，耳濡目染，学生的素质上升了，能力也提高了. 这就是用简单想法解题的功效所在.

看起来十分抽象的数学结果，背后总有一个简单的想法支撑. 顶尖的数学难道不是这样吗？只是，一般人进入不了那个领域，要进入，需要导师引领，这就是名师出高徒的原意. 例如，没有陈省身大师的指导，丘成桐就不可能很快地进入数学研究的最前沿.

当今中学教育界，“名师出高徒”颠倒成了高徒出名师. 学生考好了，其实并不是，或者说不完全是老师的功劳，学生才是最关键的！层层选拔出来的顶尖学生，齐刷刷的到一个班，教师教不好才怪呢. 给你一个“数学成绩一般的学生”，你能一定教成尖子生吗？给你一批“数学成绩一般的学生”，你能一定教成尖子班吗？

数学成绩一般的学生，仅指在数学学习上用分数衡量的学生，不愿意学习的学生，数学当然学不好.

对数学的悟性，不会是老师教出来的，而是由学生本身的生活环境、经历，以及学习过程中方方面面的积累而形成的，与遗传还有一定的关系.

现在的“名师”，其实多数是“假货”，是“高徒”把他撑起来的.“名师”应该感谢那些“高徒”. 当然我也不否认确有高水平的教师，他们能转变数学成绩一般的学生，能把好学生教得更好.

2.4 数学教学中的“潮”语言

数学术语是科学术语的一种，它一经约定俗成，就不可随便改动. 如微分、积分的名称，不会因时代的变迁而变动. 数学教学的语言则不同，它有明显的时代特征，一直是与时俱进的，每个时期都难免带有当时的印记.

进入网络时代以后，网络上的一些流行语言，在日常生活中被人们大量地使用，也渐渐进入课堂. 于是，数学教学中的“潮”语言应运而生，90 后、00 后的学生很乐意接受.

下面我来卖个“萌”，欢迎大家吐槽.

★ 换元法、整体代入等，可称为“团队运作”.

★ 几个学科的综合题，可称为“混搭”.

★ 数学题的“看点”，也是“卖点”.

★ 这道题很难，是一道囧题.

★ 横看成岭侧成峰，换个角度显峥嵘.（解题时）

★ 方程“木有”实根.

★ 一元二次方程，用图像“锁”定根与系数的关系，有三把锁可供使用：

有无实根一把锁 —— 判别式；

有正负根两把锁 —— 判别式和韦达定理；

区间有根三把锁 —— 判别式、端点函数值和对称轴.

★ 平面几何入门，全等三角形的判定、性质及其应用：

看全等 —— 雾里看花；

造全等 —— 牵线搭桥；

全等链 —— 江南 Style.

以上文字见《数学通讯》论坛，发表后引起了一些反响. 一位网友跟帖道：

★“潮”一点的语言，相当于幽它一默！如此调节课堂气氛，学生是有些开心的哦！

另一位网友对此话题颇有兴趣，在跟帖中举例：

★ 今天又讲了一道难度很大的填空题（江苏高考填空题共 14 题，其中第 14 题非常难），该题形式抽象，本质内隐，要求学生思维灵活，有较强的理解能力，讲解结束时我做了总结：

如果你能看清问题的本质，那么可以“秒杀”问题；但如果你抓不住问题的实质,那么会浪费很多时间也无法解答问题,也许你只能放弃.不想此时有位学生接茬道:这叫“封杀”! 还有位学生说:“不会做就猜个答案算了.”我也就顺势问了一句:“这是什么杀呢?”学生答曰:“绝杀”!

这一通“杀”将下来,“潮”乎?

笔者对此有首打油诗赞扬道:

秒杀封杀绝杀,

奇思妙想洞察.

何来杀声连天,

只缘潮震天下.

2.5　培训机构的利弊

教育产业化后,教育培训机构如雨后春笋般生长起来,投入越来越大,宣传和管理越来越到位,影响也越来越大了.

教育培训机构具有准入门槛低(交钱即可)、个性化强(可一对一上课)、教学强度大(多为提高),被一些求教无门的家长选择.

教育培训机构绝大多数是一个纯粹赚钱的机构,所有的运作与钱相关,而与培养学生素质、提高学生能力没什么关系.“短期内出成果”,被鼓吹得震天价响,其实未必能做到.因为教育成功需要一个过程,这是一个“随风潜入夜,润物细无声”的过程,靠激素,靠催化剂,那只是“茂盛”的假象.

教育培训机构的收费是昂贵的,有学生亲口对我说:暑期培训,报名时她见家长三万、五万的交钱.

很多教育培训机构的资质是低劣的,大量刚毕业的大学生充斥其中,与正规学校的老中青三代教师形成的教学梯队不可同日而语.

教育培训机构的授课是违规的,有网友亲历后说,小学到初一的衔接班,15 次课(每次 3 小时)上完初一的全部新课.课上老师用 5 分钟陈述概念和法则,再看视频讲解,然后是学生做题,没有个别辅导,没有师生交流,不讲概念的生成,不讲题目分析,学生只是听和练.

教育培训机构的宣传是夸大和虚假的,所谓名牌教师,其实难副;所谓教学质量优秀,其实总有学生考得好,全算自己的功劳.有的教育培训机构,依靠教育信息的不对称,赚取暴利.

在学校教学呈现乱象之时,教育培训机构绝对是助纣为虐者.

在职教师也不甘落后，尤其是班主任，自己教的学生，肥水不外流，周末创办“家庭式小作坊”，让自己的学生到家里补课，平时在班上教不好，周末补一补就能教好吗？许多教师，尤其是数学、英语教师，周末时间都是排得满满当当的，两个小时一批学生，一天有好几批，赚得盆满钵满．上级三令五申：在职教师不能进行有偿课外补课，可是屡禁不止，上有政策，下有对策．

课内不按正常教学规律教学，课外补课成风成灾，如何治理？头疼医头，脚疼医脚，看来这不是根治的办法．

2.6 如何看家教

有家长问我：我是一位教育界的局外人士，但喜欢观察社会．我对一种现象疑惑不解，记得儿时我们读书时，从未有过“家教”一说，也从未听说什么“兴趣班”，不也健康成长．到了我儿子那一代，是偶尔要补一下薄弱的课程．而现在的孩子，家教已成必修课；兴趣班满天飞，美其名曰“不输在起跑线上”．于是乎，现在的家长不由分说地把年幼的孩子一个劲地塞往各类“家教”“兴趣班”，似乎这样才对得起孩子，而懵懵懂懂的孩子似乎也慢慢地适应了这一怪圈，完全失去了这个年龄段的孩子应有的天性．对于目前这一社会现象，大罕老师您怎么看？

以下是我的回复：

学校作为社会的一员，围绕学校的一切现象，都是当前社会中影响最重大、最根本的现象．也就是说，这些现象与当前这个社会是息息相关的．

您所说的“儿时”那是指20世纪五六十年代以及“文化大革命”时期，新中国成立不久，国民经济建设正起步，整个社会都处于“一穷二白”中，贫富差距不大，大学招生比例很小，中小学毕业生不愁出路，学习成绩不好与“前途”关系不大．“文化大革命”时期把知识分子归于“臭老九”，盛行“知识无用论”，所以当然不存在“家教”一说．

到了下一代，那大概是20世纪七八十年代，“文化大革命”刚结束，改革开放刚开始，贫富差距仍然不明显，高考恢复不久，只有少数学生偶尔补习薄弱课程的现象．

进入20世纪九十年代以后，随着改革开放的不断深入，在国民经济快速提升、国家面貌日新月异的同时，一些负面现象开始显现出来，贫富差距越来越大，社会需求扩大且要求越来越高，学生就业的竞争日臻激烈，独生子女倍受宠爱，家庭收入普遍提高，加上“不要输在起跑线上”的歪理邪说的出笼，正应合了千年封建社会遗留下来的“望子成龙、望女成凤”的家长的良好愿望，以及中国人普遍存在的攀比心理，加上中国的教育制度和社会机制还存在诸多弊端，久而久之，就形成了当今"现在的家长不由分说地把年幼的孩子一个劲地塞往各类'家教''兴趣班'，而懵懵懂懂的孩子似乎也慢慢适应了这一怪圈"的社会现象.

这种现象肯定是负面的、非常态的. 因为它损害了学生的身心健康，削弱了孩子的天性，加重了家庭的负担，激化了社会的矛盾.

但是从另外的角度看，我国出现的上述现象似乎也是必然的. 日本、韩国以及我国的香港，乃至于整个亚洲的基础教育，基本上是同一模式，义务教育的普及必然伴随私立教育的兴盛. 家长为了孩子能够成为社会的精英，都会不遗余力地加以培养. 公立学校的教学质量往往不如私立学校，平民为了让孩子享受更好的教育，不得不花 N 倍于公立学校的学费去私立学校学习. 对于我国来说，目标说是减轻学生的负担，其实际操作则是加重了家庭教育的经济负担.

针对我国的国情，如何改变这一社会现象，使我们的教育更趋于科学、合理、公平和良性？说实话我也拿不出"济世良方". 我只能说，政府是关键，随着改革的深化，随着社会的进步，一切都会变得越来越好.

2.7　克服"文不对题，内容浮浅"的毛病

有位年轻教师给我寄来两篇文章，请我提出修改意见. 下面是我对这两篇文章的修改意见.

关于《黄金圆锥曲线的又一简便判定法》：

黄金椭圆和黄金双曲线的离心率与黄金数有关，因而它是颇有趣味的圆锥曲线. 文章的标题要符合内容，黄金曲线的判定本身就是浅显的，再加以"简便"，岂不有小题大做之嫌？再者，整篇文章立论较浅，停留在高中学生的水平上，所以人家不采用也是在情理之中的.

关于《一道高考题的解后探究历程》：

此文犯有与上文同样的毛病：标题不符，内容较浅. 交轨法求轨迹方程是大家所熟知的. 此道高考题作为广东省高考题的第 20 题，至多算一道中档题，把中档题拿来研究未尝不可，但一般来说分量不够，难以发表.

年轻教师一踏入教坛就尝试写作，这种精神非常值得肯定. 不过，作为新教师，更重要的任务应该是潜心于教学，首先成为一名合格的教师，进而成为优秀的教师，与此同时，积累经验，搜集资料，勤于写作，不怕失败，终能成大器，使自己成为专家型的教师.

2.8 写数学论文不要试图走捷径

"捷径",字面含义是指能快捷到达目标的路,这样的捷径肯定是存在的.例如,从甲地到乙地,如果沿着直线走,不走弯路,那么走的就是捷径.又如,运用图像法能快速解出数学题,这也算走捷径.

不过,"捷径"的含义更多是指能快捷办成一件大事所用的巧妙方法或途径,这样的捷径肯定是不存在的.因为,所有的"大事",都是由一件件小事组成的,必须有小事的积累,才能办成大事.这里容不得投机取巧,来不得半点作假,没有捷径可走.

写数学论文也是如此,是没有捷径的.

与中小学数学教师有关的数学论文一般有两个方面:一个是教育数学;另一个是数学教育.关于教育数学的论文,论题一般指数学旧点(传统初等数学)的推陈出新、数学新点(现代初等数学)的引入教学、奥赛数学的研究推介和初等数学的新发现等,其核心是数学成果.这些成果将深化和推动人们对数学的认识.关于数学教育的论文,论题一般指对教材的深入理解、对教法的探索研究、对习题的归纳整理等,其核心内容是教育创新,这个创新是有真知灼见的,写出别人之想写,写出别人之未写,将启迪和催化人们对教育教学的领悟.

写数学论文是原创,人是在一点一点地学习中进步的,是在一点一点地积累中成长的.原创很难,没有大量的积累和基本的技能是不可能完成的,该吃的苦、该受的罪一点都不会少.不能太天真了,以为会找到或找到了捷径,最终,所有走过的"捷径"后来看来都是弯路,所有耍小聪明逃避的工作最终都要补上.

有人写不出文章,推卸责任说自己周围没有研究的氛围.须知,从事研究是个人的爱好,是兴趣使然.一般来说,搞研究的人从来不是寂寞的,至于学术交流,了解最新动态,主要渠道是杂志刊物,而不是周围的人.

有很多人认为,发文章要找熟人,这是捷径.其实没有必要,你的文章学术性不够,质量达不到要求,内容不对路,找熟人也是枉然,即使发表了,也赢得不了信誉.同时我们要相信,在从事编辑工作的人们中,绝大多数具有很高的专业素养和良好的职业道德,是金子总会闪光,总会被他们发现.

2.9　问渠那得清如许，为有源头活水来

《数学通讯》(湖北省数学会和华中师范大学主办)是国内数学界创刊最早、最有名望的期刊之一. 从历史上来看，它是一个中等数学期刊，主要刊载与初等数学学习或研究有关的、有价值的或有趣的成果. 从 1981 年复刊以来，它以服务于中学数学教学、中学教师和初等数学爱好者为宗旨，真正成为数学的通讯，成为广大中学师生的良师益友、数学爱好者的习作园地.

自 1996 年起，我有幸成为《数学通讯》的兼职编委，审读《专题写作》栏目的稿件.《专题写作》是本刊的一个传统栏目，曾有不少数学家在这一栏目发表过精彩的文章. 我担任其职，大有诚惶诚恐之感，生怕自己不能胜任，痛失珠玑. 几年来，本人对所任工作，虽不敢说是呕心沥血，但可以说是问心无愧.

我喜欢短小精悍的文章，一事一议，言之有物，有真知，有灼见；对于长篇论文，如果观点高，有别人之所未知，有别人之所未想，对读者有参考价值，那么也持欢迎的态度. 文章要有针对性，如果是针对别人提过的问题，这样的文章最好还是在原刊物上发表. 例如《数学通报》2002 年第一期有一篇文章提出如下猜想："已知点 $P(x_0, y_0)$ 不在二次曲线 $L: Ax^2+Cy^2+Dx+Ey+F=0$ 上，过点 P 作倾斜角互补的两条直线分别交 L 于点 S, M 和点 T, N，则直线 MN 与 ST 的倾斜角也互补." 这一猜想，并不难证，针对这一问题的稿件，还是投到原刊物为宜. 本刊也不是绝对不接受兄弟刊物上论及的问题，这就要看问题的意义和来稿的质量了.

文章要照顾读者面，如果所论的问题过于艰深，读者不多，并且文章的选题不是特别有价值，那么，对这样的文章本刊只好忍痛割爱了. 例如关于几何不等式，尤其是三角形不等式的研究，我国有一支工作勤奋、水平很高的作者队伍，他们的成果无疑是被充分肯定的. 不过，这一类的文章适合于在中国不等式研究小组创办的刊物《不等式研究》上发表.

对于一些著名定理的推广，本人对它的审查持慎重态度，即可以加以推广，但这个推广要有一个"度". 例如 W. Janous 定理是这样的：

若 $x, y, z>0$，则 $\dfrac{y^2-x^2}{z+x}+\dfrac{z^2-y^2}{x+y}+\dfrac{x^2-z^2}{y+z}\geqslant 0$.

许多作者对这一定理欣赏有加，纷纷加以推广，一试身手. 本刊从 1998 年起陆续发表了四篇推广性的文章. 后来我们思考：这样增元、升次，一味下去，到底有什么意义？本来，W. Janous 定理是平和的、优美的，像一首小诗，令人陶醉. 对这一定

理的推广，开始时还觉得有新意，但后来多了、滥了，就无甚意义了．推广，要实质性的推广，不要形式上的推广．

本栏目欢迎联系中学数学实际的稿件．用高等数学的观点解释中学数学里的问题，有高屋建瓴之势；用巧妙精致的方法解决中学数学里的难题，有酣畅淋漓之效；用深入浅出的论述点拨中学数学里的疑点，有茅塞顿开之感．而中学数学里有一些问题，用常规方法解题足矣，若专门去制造一个定理，再用条件去套定理，则有矫揉造作之嫌．

审读稿件是一件伤神费力的事情，且不说研读半天后发现稿中有错，也不说为了读懂问题而查阅文献，有时，为确定一个稿件的取舍也令人左右为难、踌躇多时．例如，湖北省甘志国老师于 2002 年 4 月的来稿，题为《用等距平行线把平面封闭图形涂成阴影的线段条数及总长度》，此稿看似没多大理论价值和实际意义，但选题新颖、自成一说，又切合中学数学知识，这篇稿子是用还是不用？一时颇难确定，斟酌再三，最后决定可考虑录用（能否发表由编辑部根据需要而定），此可谓慎之又慎．由于受刊物篇幅的限制或本人水平的限制，肯定有一些好的稿件没有被选中，这里请求作者予以谅解．

作为稿件的第一读者，我们希望来稿字迹工整（无论打印还是手写）、用词准确、语言流畅、条理分明、详略得当、图形规范．

“半亩方塘一鉴开，天光云影共徘徊，问渠那得清如许，为有源头活水来．”（宋·朱熹）

《数学通讯》的兴旺，全靠广大读者和作者的支持，我们一起努力吧！

2.10　二审中的“三审”（读稿随笔）

从《数学通讯》（华中师范大学）编辑部转到我手上的稿件，应是初审（一审）通过的稿件，我这里算是二审了．

我一接到稿件，不忙的时候，要把收到的稿件全部过目一遍，以留下印象．

第一次正式读稿时，明显不合要求的，当场就将其“拿下”了．哪些情况属于“明显不合要求”呢？一是内容平凡，稍熟悉数学的人都知道的，就认为是平凡的；别人已发表的，也应是平凡的．二是远离中学数学教材，远离，指内容远离，或方法远离．这里有一个“度”的问题．而且，这个度不太好把握，本节委实一言难尽．

第二次正式读稿时，看得较为仔细，着重看稿件的四性：一是新颖性，指有新的发现或突破；二是指导性，指读者能从中受到启发，对教学或研究有所帮助；三是科学性,尽量避免错误;四是艺术性,文字通顺,具有可读性,优美简捷,具有欣赏价值. 第二次读稿后,又要“拿下”若干稿件.

有几类稿件审读时我格外慎重:一是推广,简单的升次加元,并不值得称道;二是信手拈来,不经过“衣带渐宽终不悔,为伊消得人憔悴”的过程,哪能达到“众里寻她千百度,蓦回首,那人却在灯火阑珊处”的境界;三是拼盘,罗列几个例子再穿靴戴帽,读后味同嚼蜡.

短小精悍的,真知灼见的,耳目一新的,振聋发馈的,这样的文章肯定会受到青睐.

第三次正式读稿时,再次推敲,有的要反复斟酌. 对稿件一般要验算之,难读的还要慢慢体味,把它弄懂. 读稿的过程也是学习的过程. 最后定夺,在审稿单上签署个人意见.

如此算来,二审中也经历了“三审”.

我作为《数学通讯》的编委,已有十二年了,这么多年过来,从中年直到退休,至今还乐此不疲. 我为什么乐意? 一是社会责任感;二是个人荣誉感;三是要报答编辑部的同仁.

如果算经济账,我做这个编委绝对是划不来的. 2013 年国庆节前夕,我们全家从上海到山东省淄博市走亲戚,我将手上的 5 篇稿件带上,利用夜晚休息的时间,把稿件“三审”完毕,再用挂号信将稿件寄回编辑部,邮费是 11.6 元,外加信封 0.4 元,共 12 元,而应得的审稿费共 25 元. 也就是说,我每审一篇稿件的审稿费为 2.6 元,哈哈,就是这样的.

2.11　审稿札记

之一

用不动点知识求数列的通项公式,其实离中学数学内容较远,但由于本稿中的一些问题不时在中学考题中出现,困扰着师生,所以有在高观点下认识此类问题的必要性.

用不动点知识求数列的通项公式,并非新式的“尖端”武器.《数学通讯》也发过类似文章予以介绍,但因《数学通讯》是服务于中学教师的教学刊物,故老生常谈也是必要的.

之二

这是一个有趣的问题:正方形“内接”于三次函数的图像,其证明显得很从容,表述也很干净.

之三

(1) 本文命题一和命题二本来就较为冷僻,再加以推广,实在是意义不大.

这是一位勤奋、多产的作者,但每每都是将别人的成果加以推广,长久下去,其研究总停留在一个较低的层次上.望作者能学会筛选课题,更多地写自己的文章.

(2) 反证法证得某一结论不成立,并不能说明与之相关的结论成立,故本文的推广不能成立.

(3) 本文结论的几何直观是明显的,无须另行文加以确认,故本稿无甚意义.

(4) 绝对值函数的最值问题,对于某一个具体问题来说,不难解决.但倘若归纳到一般情形,则不胜其烦.本稿并未取得实质性的突破.

(5) 审稿者欣赏本稿的证明,推广后的结果仍然是优美的.(若后续稿件进一步推广,则会破坏其优美性.)

2.12 数学定理的命名,要慎重

所谓的瓦西列夫不等式是这样的:设 $a,b,c>0,a+b+c=1$,则

$$\frac{a^2+b}{b+c}+\frac{b^2+c}{c+a}+\frac{c^2+a}{a+b}\geqslant 2$$

该不等式可能是瓦西列夫在一篇文章中提出的,能正儿八经地称之为“瓦西列夫不等式”吗?无独有偶,在最近收到的一份来稿中,称如下不等式为“贝尼拉贝钦柯不等式”:设 $a,b>0,ab>2\,003a+2\,004b$,则 $a+b>(\sqrt{2\,003}+\sqrt{2\,004})^2$.事实上,这个不等式是名为贝尼拉贝钦柯的作者在俄罗斯的杂志 *Математика в школе* 上发表的不等式新题中的第 4 题.习题里的不等式,被堂而皇之地冠之以作者的名字,岂不是太抬举人了!有没有“崇洋媚外”之嫌呢?如果能这样,那么我们中国的数学定理就太多太多了!

冠名定理成灾,岂是好事!

一个定理的命名应该规范,且必须慎重.实际上,在数学界已经约定俗成,意义重大的、有着广泛应用的或大家公认极为优美的定理,才能冠以提出者的名字.

2.13 优美的不等式,魔术般的推广

上一篇文章提到的瓦西列夫不等式,如诗一样的优美:

设 $a,b,c>0,a+b+c=1$,则

$$\frac{a^2+b}{b+c}+\frac{b^2+c}{c+a}+\frac{c^2+a}{a+b}\geqslant 2$$

宋庆将它推广为:

设 $a,b,c>0,a+b+c=1$,则

$$\frac{\lambda a^2+b}{b+c}+\frac{\lambda b^2+c}{c+a}+\frac{\lambda c^2+a}{a+b}\geqslant\frac{\lambda+3}{2}$$

给不等式添加系数 λ,就像嵌上一颗明珠,更加璀璨亮丽.

最近读了一篇来稿,将它推广到:

设 $a,b,c>0,a+b+c=1,\lambda\geqslant\mu\geqslant 0$,则

$$\frac{\lambda a^2+\mu b}{b+c}+\frac{\lambda b^2+\mu c}{c+a}+\frac{\lambda c^2+\mu a}{a+b}\geqslant\frac{\lambda+3\mu}{2}$$

值得称道的是,其证明充分利用了条件 $a+b+c=1$,其变形过程如同魔术般的神奇,引人入胜,给人以美不胜收的感觉.

优美的不等式,赋予优美的推广,其欣赏价值远远大于实用价值.

初等数学范围内的许多不等式,以简捷且和谐闻名于世. 如果要推广不等式,千万不要破坏了“她”的美丽,臃肿华贵的妇人怎么能比俏丽可人的少女更打动人心呢?

2.14　一位高中数学教师谈学生如何学好高中数学

学好数学,首先要有自信心. 学不学得好数学,这不是天生的,而是后天努力的结果.“数学是思维的体操”,只要肯学,肯下功夫,人人都可以达到一定的水平.

其次,要使自己的数学学习进入一种良性循环的状态. 进入这一状态,要有原动力,这个动力就是你强烈的求知欲和奋力向上的决心. 要在一段时间内(3 ~ 5 个月)猛攻数学,使自己有明显的进步,在作业、测验中反映出来,尝到甜头,引起老师和同学们的注意,这就开始进入了良性循环. 如果你遇到了一个好的数学教师,在他的指导下,可以较快地进入这一状态. 但不管怎么样,学好数学起决定性作用的还是自己.

再次,要注意培养数学上的“悟性”. 高中数学与初中数学相比,内容繁多、抽象难懂、节奏又快,对我们是一个巨大的挑战,要想在这一挑战面前取得成功,不仅要强攻,更要智取,这就要培养“悟性”. 悟性是什么? 是对课本知识的透彻理解,是对解题方法的融会贯通,是对数学问题的敏锐感觉. 心诚则灵,悟性要来自于心,多思,多问,多总结.

这里要特别提及的是学好数学一般要经历懂、会、对、快这四个阶段. 千万不能只满足于“我懂了”,殊不知,从“懂”到“会”这里有一条宽宽的鸿沟. “会”了必须要“对”,“对”了才能得分,这是以“分”的形式固化你的“会”. 在“会”的基础上还要努力做到“快”,又“对”又“快”就能得高分. 这些都必须经过一定的训练,每个阶段,都需要悟性。

最后,要立足于基础,切忌好高骛远,要多做基础题,多做一些中档题,适当做一点难题(这里当然要因人而异). 不做则已,要做就要用心去做,要系统地做,要高效率地做. 也就是说,做了一些题你一定要有收获,不能搞机械的、简单的重复.

数学是一个充满乐趣的学科,是一个充满智慧的学科,同学们,投入数学吧,我祝你们成功!

2.15　初高中数学的联系、区别及衔接

高中数学以初中数学为基础. 高中数学所需要的一些基本技能,如整式、分式、根式的概念及运算,是在初中数学的基础上加以熟练运用的.

高中数学是初中数学的提高. 一些概念初中数学有所涉及,高中数学加以提炼、升华,形成完整的知识结构. 例如,初中数学的方程、不等式,高中数学则统一在函数的知识结构中. 又如初中平面几何在高中则推广到空间几何中. 同时,高中数学增添了初中学生由于年龄及知识量的限制所没有学习的内容,以及与高等数学衔接的内容,例如概率、统计.

高中数学与初中数学比较,有三大特点:

一是坡度陡. 对高一数学的第一章集合,学生就很不习惯,集合是一个抽象概念,接着的函数概念更为抽象,函数的性质:定义域、值域、函数关系、单调性、奇偶性、最大值、最小值,等等,均提高到抽象的理论高度. 这些无疑形成了一个较陡的坡度,需要学生快速适应和跨越.

二是节奏快. 初中数学内容少,学习时间相对较长,慢工出细活. 高中数学则不然,一个概念接着一个概念,一波未平一波又起,让人应接不暇. 如果还是按照初中数学学习的套路,慢腾腾地学,磨磨蹭蹭地做,当你还在沉舟侧畔时,他人却“轻舟已过万重山”了.

三是隐患深. 进入高一后,努力学习的学生,看起来能与老师同步,考试成绩尚可,但是到了高二、高三回头看,却发现问题很多. 为什么? 因为高一数学内容的内涵与外延很深刻、很广泛,具有隐患性. 学生学习时往往是浅尝辄止,没有深入地去

挖掘，因此进入后继学习时，遇到陌生情境就会感到迷茫，甚至不知所措.

如何学好高一数学，为整个高中打下一个良好的基础？换言之，如何搞好高中数学与初中数学的衔接？

首先要明确衔接的重要性. 高一数学教材的安排，其实隐藏着玄机，第一章集合是用来温故知新、用来衔接的. 集合是新瓶，装的全是旧酒. 方程的解集、不等式（组）的解集，全是初中的内容，用集合概念加以概括，新中有旧，旧中有新，形成了自然的过渡.

其次要培养学习的自主性. 要把自己作为学习的主人，是自己要学，不是老师让你学，更不是家长让你学；克服了被动性，就有了主动性；要勤于思考，善于思考. 例如，初中时老师教我们怎样做，我们就怎样做，而高中时老师教我们这样做，我们还要想想为什么要这样做.

最后要提高数学的悟性与能力. 琢磨出概念背后的东西，这就是悟性；找到了解题的方法、技能、技巧，这就是能力. 拳不离手，曲不离口，多做题，多总结，是非常必要的. 功夫不负有心人，谁也不是天才，谁也不是神童，用心和刻苦，是通向成功的大道.

2.16　怎样讲不等式性质，更容易记忆和运用

不等式是高中数学的重要内容之一，不等式的性质是研究不等式的基础，解不等式、证明不等式以及不等式的运用，都离不开不等式的性质.

讲授不等式的性质通常用一节课完成，怎样让这一节课给学生留下较深的印象，使学生更容易记忆和运用不等式的性质，本节将研究这一问题.

首先要明确，初中数学教材对不等式的性质做过介绍：

性质 1：不等式两边加上（减去）同一个数（式子），不等号的方向不变.

性质 2：不等式两边乘以（除以）同一个正数，不等号的方向不变.

性质 3：不等式两边乘以（除以）同一个负数，不等号的方向改变.

高中时期重温初中介绍的不等式性质，有助于对不等式基本性质有更深入、更全面的理解.

其次，建议把不等式的基本性质分为两个部分，即不等式的常规性质和技巧性质. 初中讲的不等式性质当然属于常规性质. 所谓常规性质，是指经常“按这些常规计算”的性质；所谓技巧性质，是指“带有某种技巧性”的性质. 要强调的是，上述举措完全是出于讲课的需要，并不是不等式性质所赋予的.

1. 常规性质:

对称性:$a>b \Leftrightarrow b<a$.

传递性:$a>b, b>c \Rightarrow a>c$.

同加性:$a>b \Leftrightarrow a+c>b+c$.

同乘性:$a>b, c>0 \Rightarrow ac>bc$(正保向);$a>b, c<0 \Rightarrow ac<bc$(负反向).

2. 技巧性质:

同向可加:$\begin{cases} a>b \\ c>d \end{cases} \Rightarrow a+c>b+d$.

双同可乘:$\begin{cases} a>b>0 \\ c>d>0 \end{cases} \Rightarrow ac>bd$.

同正可幂:$\begin{cases} a>b>0 \Rightarrow a^n>b^n (n \text{ 为正整数}) \\ \text{或 } a>b>0 \Rightarrow \sqrt[n]{a}>\sqrt[n]{b} (n \text{ 为正整数,且 } n \geqslant 2). \\ \text{特例:} a>b>0 \Rightarrow \dfrac{1}{a}>\dfrac{1}{b} \end{cases}$

把不等式的性质分成常规性质和技巧性质,还有另一层含义:常规性质(对称性、传递性、同加性、同乘性)可以比照等式的性质,心有灵犀一点通;而技巧性质是不等式所独有的,也是学生易错的,因此必须与常规性质分开,分开了,既好讲,又好用.

第三,对于不等式性质的描述,这里用了三个字的词语(对称性、传递性、同加性、同乘性)和四个字的词语(同向可加、双同可乘、同正可幂),朗朗上口,容易记忆,也就便于运用.这里有一个顺口溜,供读者玩味:

《不等式的基本性质》

等式比照写新篇,①
同向相加不可减.
正数同向能相乘,
乘方开方正数间.

---

① 不等式的对称性、传递性、同加性与等式一致,故称"等式比照".作为不等式,另有不同于等式的性质,故称"著新篇".

2.17　对初二“直角三角形性质(1)”教案的意见

★ 你的教案引入自然，由特殊到一般，且从运动中探索规律. 例 1 和练习题都安排得很好. 从师生双边活动的设计看出了设计者的匠心. 多媒体的运用有助于教学的直观性和生动性. 现提出如下问题：

一、小结. 现有小结没有结到点子上，需要琢磨.

二、在含 30° 角的直角三角形中，30° 角所对直角边等于斜边的一半，这个定理打算在什么时候讲？它与本课定理(直角三角形斜边上的中线等于斜边的一半)有何区别？这些问题在备课时有全盘考虑吗？

三、教案固然重要，但关键是看讲课的效果. 备课大同小异，讲课千差万别.

★ 你现在的小结为：(1) 直角三角形的斜边上的中线把三角形分成了两个等腰三角形；(2) 我们在做有关直角三角形的题目时，沿着找直角→找斜边→找中点(斜边上的中点)→找中线(斜边上的中线)的途径，就能顺利地运用直角三角形的性质和定理.

★ 这堂课的特色是运用几何画板把图形绘制出来，并使之运动起来，从而启发学生的思维，因此具有直观性，在感性的基础上找到理性的处理方式.

★ 教师要先有自信心，课就能讲好！教案准备好了，就要建立起信心来，理直气壮、胸有成竹地去上课. 注意调整好兴奋点，正式上课时争取快速进入状态.

2.18　数学教育与教育数学

“数学教育”和“教育数学”不是简单的表达次序上的颠倒，更不是玩的文字游戏.

什么是数学教育呢？数学教育是研究如何从事数学教学的学科，其理论基础是教育学. 数学教育只是对数学家创造的数学材料进行加工，使之成为便于教学的教材，并提供教学原则和方法，通过教学活动完成教育内容，达成教育目标.

什么是教育数学呢？教育数学是研究用于教学的数学学科. 教育数学分为两个部分：一部分是现行教学的新的内容，这些内容尚未进入但经过加工可以进入教学领域；另一部分是现行教学的旧的内容，这些内容陆续被发现有漏洞，需要补充或修改，推陈出新，使之更臻完善.

一般地说，数学教育是教育学的一个分支，它是实实在在做教育的. 而教育数学是数学的一个分支,它是实实在在做数学的.显然,它们是在不同领域、研究不同对象的两个学科.通俗地说,数学教育是为了数学而做教育,教育数学是为了教育而做数学.

新数学亦称“现代数学”.新数学运动起源于20世纪50年代末,20世纪70年代走向低谷.新数学的主要特征是在中小学引进现代数学的概念,使整个数学课程结构化.

大众数学运动起源于20世纪80年代.它的口号是:数学课程是大众的,应该是所有学生都必须学习而且是能够学习的.这个口号因其通俗和直白而流传至今.

教育数学与新数学、大众数学相比,教育数学能均衡数学教育的“教育方面”和“数学方面”,可以有力地促进数学教育改革健康地发展.

教育数学这一概念首先是由我国著名的数学家、数学教育家、中国科学院院士张景中先生提出的.他本人说:“我的这个理念始于20世纪70年代,形成于20世纪80年代”.《从数学教育到教育数学》(张景中著,中国少年儿童出版社,2005年第1版)的出版,标志着这一理论正式问世.

在这一本经典著作里,张景中先生为教育数学的具体内容做了深刻的探讨,比如:

(1) 面积法是解决诸多数学问题的多面手;

(2) 共边三角形、共角三角形及张角定理的广泛运用;

(3) 面积及余面积与轨迹、坐标等的内在联系;

(4) 不用语言如何推出数列的定义;

等等,详细内容请参阅张景中先生的原著.

作为师范生,我们或多或少地学习过数学教育这门功课,对于教育数学这一门新兴的学科,我们了解甚少,亟待学习.

2.19 学生要学会写好小字

字是一个人的门面,能写一手好字是一种体面,字如其人,写字也是修身养性、提升个人气质的途径之一.

字写得好与不好,与学问做得好不好,它们之间其实没有因果关系.看数学家要看的是他的学问,字写得如何没有关系,不过,字写得好当然是锦上添花,例如数学家苏步青、李国平等都写得一手好字.

学生阶段一定要把字练好.学校没有书法课,学生练字主要是通过做课堂笔记、完成家庭作业和笔答试卷等途径.我主张学生要学会写好小字,这里所谓小字,不是练习毛笔书法时相对于大字的那种小字,准确地说,我主张学生写字时把字写小一点.

众所周知,初学毛笔书法宜先练大字,这是因为先练习大字,日后写字大小均能收放自如,同时也在练腕力.

可是,我们平时写字不是在学书法,而是完成平时的写字任务,把字写小一点是基于以下需要:

第一,笔记本、作业本、练习册和试卷纸等,给予的版面很有限,不允许我们洋洋洒洒写大字,只有把字写小一点,才能漂亮地完成.

第二,写好小字更需要耐心和细心,有利于培养认真写字的习惯,久而久之,还能培养认真做人、严谨做事的良好品德.

宋朝大文豪苏东坡说:“大字难以结密,小字难以宽绰.”写大字和写小字都有它的难处,也都有各自的优点.

就学生书写而言,写大字容易,写小字难,这是因为写大字可以一挥而就,而写小字则要受约束,马虎不得.架构是字好看的基础,而搭这个架子是需要时间训练的,没有捷径,不能速成.写小字一定要认真写,否则就小不起来,这样一认真,平心静气了,字迹工整了,字就写好了.比如我们看小学一年级的学生,他们初学写字,写字很认真,一笔一画,虽然稚嫩,但看起来很舒服.

笔者一辈子与学生打交道,发现凡是学习成绩好的学生大都有认真书写的好习惯,字迹工整且偏小.一名学生,他的学习态度认不认真一看作业本就知道了,凡是敷衍了事、乱涂乱画的,学习成绩一般不会好.

我的意思不是要学生处处写小字,而是希望学生在需要写小字的地方会写小字,写好小字,作为教师在这一点上也要率先垂范.

2.20　理解数学语言的特色

以下是上海市 2017 年高考数学第 10 题:

题目　已知数列$\{a_n\}$满足:$a_n=n^2$,$n\in\mathbf{N}^*$,若对于一切$n\in\mathbf{N}^*$,$\{b_n\}$中的第a_n项恒等于$\{a_n\}$中的第b_n项,则$\dfrac{\lg(b_1b_4b_9b_{16})}{\lg(b_1b_2b_3b_4)}=$________.

解　因为$\{b_n\}$中的第a_n项恒等于$\{a_n\}$中的第b_n项,所以$b_{n^2}=(b_n)^2$.

当$n=1$时,有$b_1=(b_1)^2$;

当 $n=2$ 时，有 $b_4=(b_2)^2$；

当 $n=3$ 时，有 $b_9=(b_3)^2$；

当 $n=4$ 时，有 $b_{16}=(b_4)^2$.

所以 $b_1b_4b_9b_{16}=(b_1)^2(b_2)^2(b_3)^2(b_4)^2=(b_1b_2b_3b_4)^2$.

所以 $\dfrac{\lg(b_1b_4b_9b_{16})}{\lg(b_1b_2b_3b_4)}=\dfrac{\lg(b_1b_2b_3b_4)^2}{\lg(b_1b_2b_3b_4)}=2$.

评论 本题的题意像“绕口令”一样，$\{b_n\}$ 中的第 a_n 项，$\{a_n\}$ 中的第 b_n 项，如同“吃葡萄不吐葡萄皮，不吃葡萄倒吐葡萄皮.”要把题目的这个绕口令说好，就要理解数列 $\{x_n\}$ 的项 x_n 及序号 n，并且要十分的自信，下面就是“顺路走”的事情了.

抽象的数学语言，有时确实很“绕”，绕得像“绕口令”一样. 我们要让学生慢慢地习惯数学语言的“特色”. 数学语言由于其简明、精确以及字母化的特点，给外行人的感觉是雾里看花，稍好的情况是知其然不知其所以然.

下面举一例，在解析几何里是怎样用数学语言表达“卧式椭圆”和“立式椭圆”的方程特征的.

$$\frac{x^2}{a^2}+\frac{y^2}{b^2}=1\ (a>b>0)$$

巧妙在于 $a>b>0$，其含义是如果含 x 项的分母大于含 y 项的分母，那么椭圆的焦点在 x 轴上，此时椭圆是“卧式”的. 否则，若含 y 项的分母大于含 x 项的分母，椭圆就是“立式”的了. 可见，它们是“以大小论英雄”的. 顺便提及，在双曲线的标准方程中，焦点在 x 轴或 y 轴上，则是“以正负定乾坤”，即含 x 项的系数为正，则焦点在 x 轴上；含 y 项的系数为正，则焦点在 y 轴上.

2.21 数学语言揭秘

数学语言因数学问题的一般性，而具有抽象性；因便于运算或变换，而符号化；因事物的复杂性，而逐步表述.

这样一来，对于不熟悉数学语言的人，读着读着就一头雾水，不知所云. 可是，数学语言一旦被日常语言“翻译”，其实是那么明了.

下面我们分析一道题目：

设集合 $M=\{1,2,3,4,5,6\}$，而 $S_1,S_2,\cdots,S_k$ 都是 M 的含两个元素的子集，且满足：对任意的 $S_i=(a_i,b_i)$，$S_j=(a_j,b_j)(i\neq j;i,j\in\{1,2,3,\cdots,k\})$，都有 $\min\left\{\dfrac{a_i}{b_i},\dfrac{b_i}{a_i}\right\}\neq\min\left\{\dfrac{a_j}{b_j},\dfrac{b_j}{a_j}\right\}$（$\min\{x,y\}$ 表示两个数 x,y 中的较小者），求 k 的最大

值.

我们把题目分成五句，逐句“翻译”如下：

(1) 集合 $M=\{1,2,3,4,5,6\}$—— 集合 M 由 1,2,3,4,5,6 这六个元素组成.

(2) $S_1,S_2,\cdots,S_k$ 都是 M 的含两个元素的子集 ——M 的所有含有两个元素的子集是：$\{1,2\},\{1,3\},\{1,4\},\{1,5\},\{1,6\},\{2,3\},\{2,4\},\{2,5\},\{2,6\},\{3,4\},\{3,5\},\{3,6\},\{4,5\},\{4,6\},\{5,6\}$，共 15 个，分别记为 $S_1,S_2,\cdots,S_{15}$.

(3) 对任意的 $S_i=(a_i,b_i),S_j=(a_j,b_j)(i\neq j,i,j\in\{1,2,3,\cdots,k\})$——$S_i,S_j$ 是以上 15 个集合中的两个不同的集合.

(4) $\min\left\{\frac{a_i}{b_i},\frac{b_i}{a_i}\right\}\neq\min\left\{\frac{a_j}{b_j},\frac{b_j}{a_j}\right\}$ ($\min\{x,y\}$ 表示两个数 x,y 中的较小者)——将以上每个集合中的两个元素 a_i,b_i 拿出来作商：$\frac{a_i}{b_i}$ 和 $\frac{b_i}{a_i}$，然后在这两个商中取较小者. 例如将集合 $\{1,2\}$ 中的两个元素 1 和 2 拿出来作商：$\frac{1}{2},\frac{2}{1}$，取其较小者就是 $\frac{1}{2}$，依此类推，共有 15 个较小的商：$\frac{1}{2},\frac{1}{3},\frac{1}{4},\frac{1}{5},\frac{1}{6},\frac{2}{3},\frac{2}{4},\frac{2}{5},\frac{2}{6},\frac{3}{4},\frac{3}{5},\frac{3}{6},\frac{4}{5},\frac{4}{6},\frac{5}{6}$.

(5) 求 k 的最大值 —— 这 15 个商中，有 4 个值重复出现了：$\frac{2}{4}=\frac{1}{2},\frac{2}{6}=\frac{1}{3},\frac{3}{6}=\frac{1}{2},\frac{4}{6}=\frac{2}{3}$，不应计算在内，所以 k 的最大值为 11.

既然数学语言一经翻译竟如此明了，那么我们为什么不用日常语言表达数学题呢？除了一般性、方便性和深刻性，精炼、准确是其根本的原因.

不信，我们试用日常语言描写一番：

集合 M 是一个由 1,2,3,4,5,6 六个数字组成的集合. 列出 M 所有含有两个元素的子集，将每个子集中的两个元素拿出来作商，并取较小者，试问这样的商最多共有多少个？

以上的描述，与原题题意大体相当，虽通俗易懂，但不够精确，且数学味道寡淡.

笔者提倡将数学问题用文字描述时尽量通俗和精炼，不要为用数学语言而用数学语言，更不可故弄玄虚，同时，也不要因为通俗化而损害数学问题的精确表达.

教会学生理解和使用数学语言的窍门与方法，是数学教学的一项重要任务.

2.22　极限不能这样教

有人戏说：

$\lim\limits_{馅\to 0}$ 包子＝馒头；

$\lim\limits_{馅\to \infty}$ 包子＝肉丸子.

数学课这样讲，会不会更形象生动？

回答是否定的.

当馅趋近于零时，包子的极限是馒头；当馅趋近于无穷大时，包子的极限是肉丸子. 这样的比喻拿到课堂上来，简直是乱弹琴！

我们提倡课堂语言要生动、形象、有趣，大前提是自然、贴切，至少不能离谱.

什么叫"馅趋近于零"？什么叫"馅趋近于无穷大"？生活中没有这一说法，也无法界定这一说法的具体含义，纯粹属于无厘头搞笑，把它拿来比喻数学概念，极为不妥. 这样做，不仅不能帮助学生理解数学概念，反而会混淆视听，把学生引入歧途. 同时，此举不但反映出戏说者的极不严肃的态度，而且折射出其幼稚和无知.

2.23　数学题有时是兜圈子说话

例　为了整顿道路交通秩序，某地考虑将对行人闯红灯进行处罚. 为了更好地了解市民的态度，其在普通行人中随机选取了 200 人进行调查. 当不处罚时，有 80 人会闯红灯；处罚时，得到如下数据：

处罚金额 x/元	5	10	15	20
会闯红灯的人数 y	50	40	20	10

若用表中数据所得频率代替概率，则：

(1) 当罚金定为 10 元时，行人闯红灯的概率会比不进行处罚降低多少？

(2) 将选取的 200 人中会闯红灯的市民分为两类：A 类市民在罚金不超过 10 元时就会改正行为，B 类是其他市民. 现对 A 类与 B 类市民按分层抽样的方法抽取 4 人依次进行深度问卷，则前两位均为 B 类市民的概率是多少？

解　(1) 当罚金定为 10 元时，会闯红灯的有 40 人，总共人数为 200 人，所以行人闯红灯的概率为：$\frac{40}{200}=0.2$.

而不处罚时行人闯红灯的概率为$\frac{80}{200}=0.4$,所以罚金为 10 元时比不处罚时的概率下降 0.2.

(2) 这 200 人中,闯红灯最多是不处罚时的 80 人,当罚金为 10 元时仍有 40 人闯红灯,说明有 40 人改正闯红灯的行为,即 A 类市民有 40 人,剩下的皆为 B 类,也为 40 人.

所谓分层抽样,就是要按比例抽样,由于 A,B 两类的人数相同,所以抽出的 4 人中,两类人员各占一半.

那么,4 人随便抽取有 $A_4^4=24$ 种选法,前两位均为 B 类的市民有 $A_2^2A_2^2=4$ 种选法.

所以所求概率为$\frac{4}{24}=\frac{1}{6}$.

网上有千篇一律的解答:"由题意可知,抽取 80 人,其中 A 类、B 类各 40 人",为什么这样? 此题"挠头" 在此. 另外,题设中提到"分层抽样",这起什么作用? 就是说在抽取的 4 人中,按比例 1∶1 来抽取,故从 A,B 类市民中各抽 2 人.

数学题有时是兜圈子说话,谁会兜,谁就赢了.

2.24　例说图像法

中学数学解题的重要方法之一就是图像法. 图像法的实质是将抽象的数学语言与直观的图形语言相结合,用形象思维帮助抽象思维,从而解决问题.

在用图像法解题的过程中,通过数与形的相互转化,可以培养思维的灵活性、敏感性. 因为图像法解题具有化难为易、化抽象为具体的功效,所以人们常常乐此不疲.

下面的例子,就是成功运用图像法的范例,只要画出函数的图像,问题就迎刃而解了.

例　已知函数 $f(x)$ 是定义域为 $\mathbf{R}$ 的偶函数,且满足 $f(x)=f(2-x)$,当 $x\in[0,1]$ 时,$f(x)=x$,则函数 $F(x)=f(x)+\frac{x+4}{1-2x}$ 在区间$[-9,10]$上零点的个数为(　　).

A. 9　　B. 10　　C. 18　　D. 20

解　求函数 $F(x)=f(x)+\frac{x+4}{1-2x}$ 在区间$[-9,10]$上零点的个数等价于求

函数 $y=f(x)$ 与 $y=-\dfrac{x+4}{1-2x}$ 在区间$[-9,10]$上的交点的个数.

先考查函数 $y=f(x)$：

因为 $y=f(x)$ 是定义域为 $\mathbf{R}$ 的偶函数,且满足

$$f(x)=f(2-x)$$

所以

$$f(2+x)=f(2-(2+x))=f(-x)=f(x)$$

所以 $f(x)$ 是周期为 2 的函数,且当 $x\in[0,1]$ 时,$f(x)=x$,它是一段段孤立的线段.

再考查函数 $y=-\dfrac{x+4}{1-2x}=\dfrac{1}{2}+\dfrac{\frac{9}{4}}{x-\frac{1}{2}}$ 的图像,它为双曲线.

然后,在同一坐标系中,分别作函数 $y=f(x)$ 与 $y=\dfrac{x+4}{2x-1}$ 在$[-9,10]$上的图像,如图 2.1 所示,注意到 $f(-4)=0$,$f(5)=1$,由图可知,在$[-9,0)$上它们有 5 个交点,在$[0,10]$上它们有 5 个交点,共有 10 个交点,故选 B.

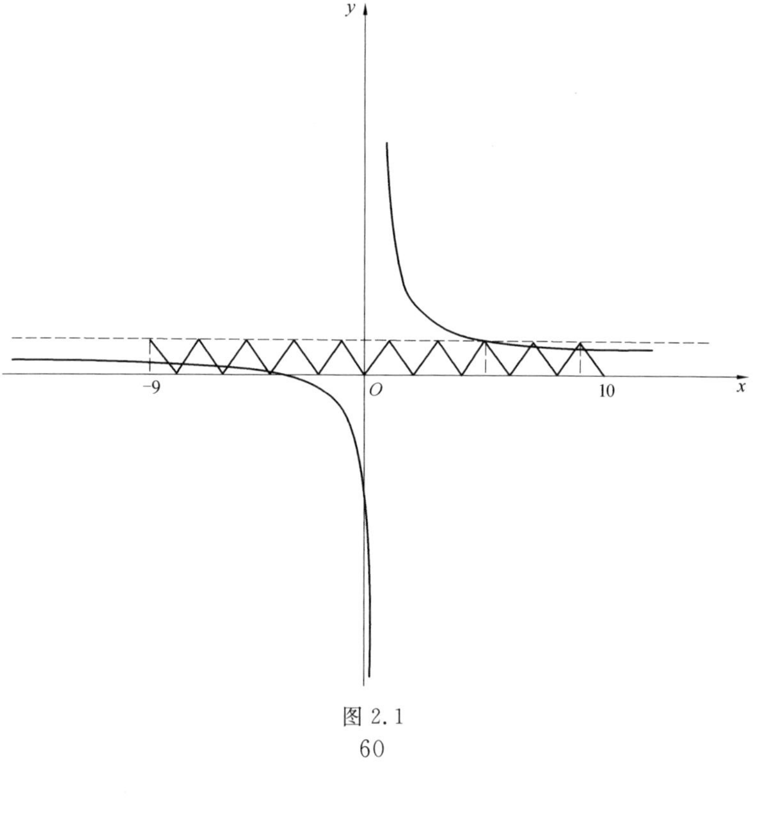

图 2.1

数学思想是数学的灵魂，以形助数、数形结合是数学的思想之一.

一般来说，与函数有关的数学题，应优先考虑利用函数的图像与性质.

与解析几何有关的数学题，应充分考虑图形的直观性.

与方程、不等式有关的数学题，必须考虑它们与函数的联系，利用函数图像解题.

与复数、向量有关的数学题，要考虑能否画个图来帮助解题.

总之，图像法解题无处不在.

2.25　三角函数图像变换中的几个容易混淆的问题

以下问题涉及三角函数教学中的难点和重点，令一些学生感到困惑，解决这些问题有一定的现实意义.

三角函数图像的变换，不是每个老师都能讲清楚的，不是每个老师脱离教材都能讲清楚的，不是每个老师都能用自己的语言讲清楚的.

问题 1　为什么 $y=\sin\left(x+\dfrac{\pi}{3}\right)$ 的图像是由 $y=\sin x$ 的图像向左平移 $\dfrac{\pi}{3}$ 个单位得到的？

答　在 $y=\sin x$ 的图像上任取一点 $P(x,y)$，则在 $y=\sin\left(x+\dfrac{\pi}{3}\right)$ 的图像上必有一点 $P_1\left(x-\dfrac{\pi}{3},y\right)$ 与点 P 对应（因为 $y=\sin\left[\left(x-\dfrac{\pi}{3}\right)+\dfrac{\pi}{3}\right]=\sin x$），而点 $P_1\left(x-\dfrac{\pi}{3},y\right)$ 是由点 $P(x,y)$ 向左平移 $\dfrac{\pi}{3}$ 个单位得到的，如图 2.2 所示. 所以 $y=\sin\left(x+\dfrac{\pi}{3}\right)$ 的图像是把 $y=\sin x$ 的图像向左平移 $\dfrac{\pi}{3}$ 个单位得到的.

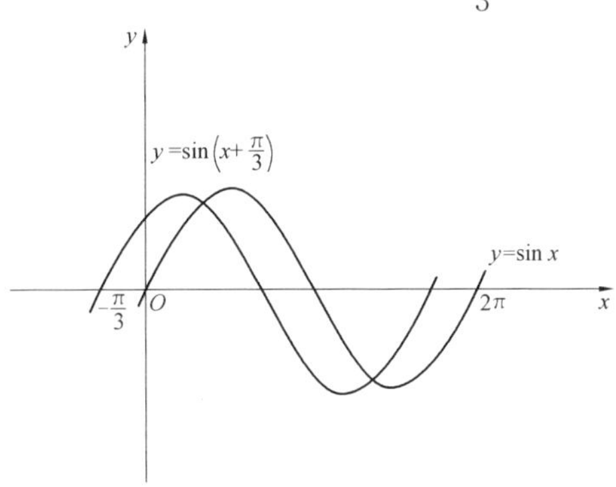

图 2.2

问题 2 为什么 $y=\sin\left(2x+\frac{\pi}{3}\right)$ 的图像是由 $y=\sin 2x$ 的图像向左平移 $\frac{\pi}{6}$ 个单位得到的?

答 在 $y=\sin 2x$ 的图像上任取一点 $P(x,y)$,则在 $y=\sin\left(2x+\frac{\pi}{3}\right)$ 的图像上必有一点 $P_1\left(x-\frac{\pi}{6},y\right)$ 与点 P 对应(因为 $y=\sin\left[2\left(x-\frac{\pi}{6}\right)+\frac{\pi}{3}\right]=\sin 2x$),而点 $P_1\left(x-\frac{\pi}{6},y\right)$ 是由点 $P(x,y)$ 向左平移 $\frac{\pi}{6}$ 个单位得到的,如图 2.3 所示.所以 $y=\sin\left(2x+\frac{\pi}{3}\right)$ 的图像是把 $y=\sin 2x$ 的图像向左平移 $\frac{\pi}{6}$ 个单位得到的.

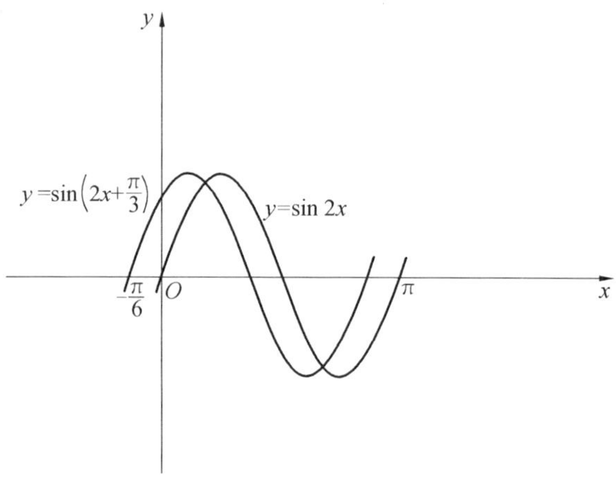

图 2.3

下面的意见需要用到一种说法:我们知道 $x=1\cdot x$,也就是 x 的系数为 1,则称为"纯粹的 x".

从 $y=\sin x$ 到 $y=\sin\left(x+\frac{\pi}{3}\right)$,图像向左平移了 $\frac{\pi}{3}$ 个单位,我们这样认为:从解析式中"纯粹的 x"到 x 加上 $\frac{\pi}{3}$,函数图像向左平移了 $\frac{\pi}{3}$ 个单位.也就是说,函数图像向左(右)平移 $\varphi(\varphi>0)$,是针对"纯粹的 x"而言的.

因此,欲考察从 $y=\sin 2x$ 的图像到 $y=\sin\left(2x+\frac{\pi}{3}\right)$ 的图像应向左平移多少

单位，就需要将函数方程 $y=\sin\left(2x+\frac{\pi}{3}\right)$ 写成“纯粹的 x 加上某一正数”的形式，所以应写成 $y=\sin 2\left(x+\frac{\pi}{6}\right)$ 的形式，进而可知 $y=\sin\left(2x+\frac{\pi}{3}\right)$ 的图像是把 $y=\sin 2x$ 的图像向左平移 $\frac{\pi}{6}$ 个单位而得到的，如图 2.3 所示.

问题3　为什么 $y=\sin\left(2x+\frac{\pi}{3}\right)$ 的图像是将 $y=\sin\left(x+\frac{\pi}{3}\right)$ 的图像上所有点的横坐标变为原来的 $\frac{1}{2}$ 倍（纵坐标不变）得到的？

答　在 $y=\sin\left(x+\frac{\pi}{3}\right)$ 的图像上任取一点 $P(x,y)$，则在 $y=\sin\left(2x+\frac{\pi}{3}\right)$ 的图像上必有一点 $P_1\left(\frac{x}{2},y\right)$ 与点 P 对应（因为 $y=\sin\left(2\cdot\frac{x}{2}+\frac{\pi}{3}\right)=\sin\left(x+\frac{\pi}{3}\right)$），而点 $P_1\left(\frac{x}{2},y\right)$ 是由点 $P(x,y)$ 的横坐标变为原来的 $\frac{1}{2}$ 倍（纵坐标不变）得到的，所以 $y=\sin\left(2x+\frac{\pi}{3}\right)$ 的图像是把 $y=\sin\left(x+\frac{\pi}{3}\right)$ 的图像上所有点的横坐标变为原来的 $\frac{1}{2}$ 倍（纵坐标不变）得到的，如图 2.4 所示.

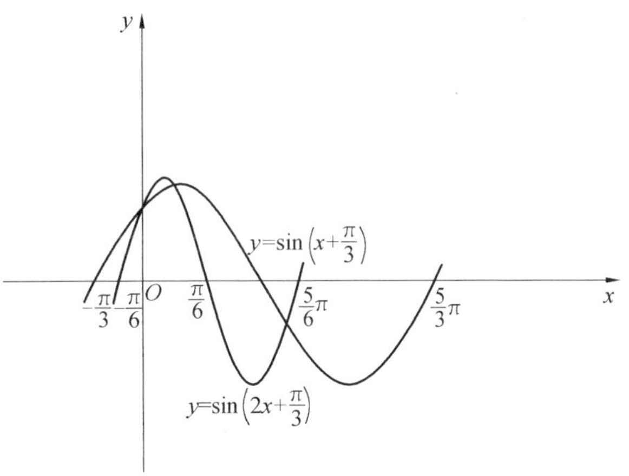

图 2.4

问题 4　正弦函数 $y=\sin x$ 的图像与余弦函数 $y=\cos x$ 的图像之间如何进行变换？

答　正弦函数 $y=\sin x$ 的图像俗称为正弦波，余弦函数 $y=\cos x$ 的图像可以由正弦波平移得到，故余弦函数的图像也称为正弦波. 它们之间的变换，其实是依靠两个诱导公式完成的，即 $\sin\left(\theta+\frac{\pi}{2}\right)=\cos\theta$，$\cos\left(\theta-\frac{\pi}{2}\right)=\sin\theta$.

因此，将 $y=\sin x$ 的图像向左平移$\frac{\pi}{2}$个单位，可以得到 $y=\sin\left(\theta+\frac{\pi}{2}\right)$，即 $y=\cos\theta$ 的图像；将 $y=\cos\theta$ 的图像向右平移$\frac{\pi}{2}$个单位，可以得到 $y=\cos\left(\theta-\frac{\pi}{2}\right)$，即 $y=\sin\theta$ 的图像.

但是，对于复角 ωx（$\omega>0$）的正余弦函数图像的平移，则视情况而定.

例如将 $y=\sin\omega x$ 的图像向左平移$\frac{\pi}{2\omega}$个单位，得到 $y=\sin\omega\left(x+\frac{\pi}{2\omega}\right)$，即 $y=\cos\omega x$ 的图像；将 $y=\cos\omega x$ 的图像向右平移$\frac{\pi}{2\omega}$个单位，得到 $y=\cos\omega\left(x-\frac{\pi}{2\omega}\right)$，即 $y=\sin\omega x$ 的图像.

举一个例子，怎样将 $y=\cos 2x$ 的图像通过平移得到 $y=\sin\left(2x+\frac{\pi}{3}\right)$ 的图像？

第一步，将 $y=\cos 2x$ 的图像向右平移$\frac{\pi}{4}$个单位，得到 $y=\cos 2\left(x-\frac{\pi}{4}\right)$，即 $y=\sin 2x$ 的图像；

第二步，将 $y=\sin 2x$ 的图像向左平移$\frac{\pi}{6}$个单位，得到 $y=\sin 2\left(x+\frac{\pi}{6}\right)$，即 $y=\sin\left(2x+\frac{\pi}{3}\right)$ 的图像.

综上所述，将 $y=\cos 2x$ 的图像向右平移$\frac{\pi}{4}-\frac{\pi}{6}=\frac{\pi}{12}$个单位，得到 $y=\sin\left(2x+\frac{\pi}{3}\right)$ 的图像，如图 2.5 所示.

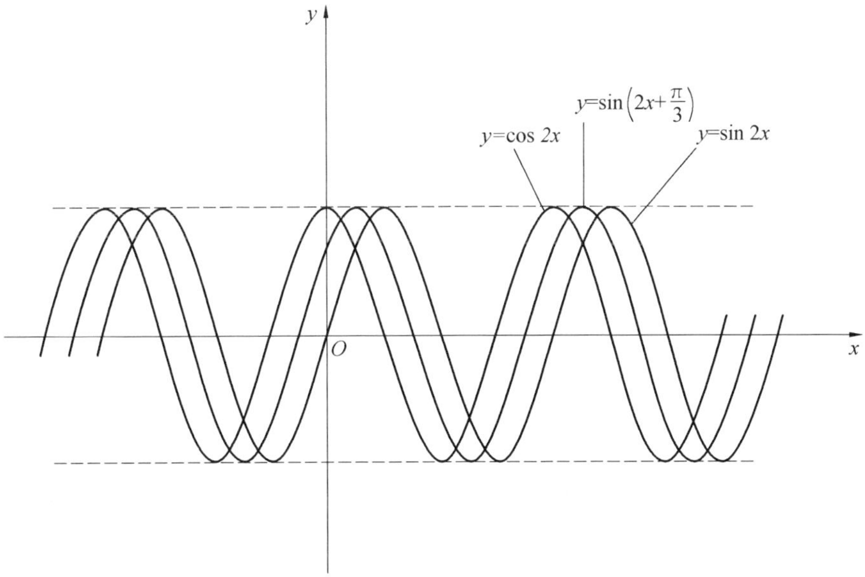

图 2.5

2.26　一题多解举例

所谓一题多解，就是对同一道题给出不同的解法．一题多解，可以提高学生学习数学的兴趣．多角度、多方位去探索一个问题，既有助于开阔思路，又能提高学生解题的应变能力，还可以最大限度地挖掘学生的潜在能力，克服思考问题的片面性和思维上的呆板．

一题多解是辩证思维不断呈现的过程，是不断反思、探索创新的过程，也是感受数学美、发现数学美、创造数学美的过程．

作为教师，在教学的适当时机，带领、指引或引导学生进行一题多解，会使我们的教学活动更有生气、更有活力．

下面我们研究一道有特色的题目．

例　已知M，N为直线$y=-\sqrt{3}(x-2)$上的两点，O为坐标原点，若$\angle MON=\frac{\pi}{3}$，则$\triangle MON$的面积的最小值是________．

如图 2.6 所示，我们从结论入手，考察$\triangle MON$的面积，有两种求法：一是底边与高法；二是两边夹角法．

若用底边与高的求法，面积公式 $S=\frac{1}{2}ah_a$ 中，高 h_a 是定值，则求底边 a 的最小值即可；若用两边夹角的求法，面积公式 $S=\frac{1}{2}ab\sin C$ 中，夹角 C 是定值，则求 ab 的最小值即可.

于是有两种思路解答此题.

解法 1 如图 2.6 所示，设原点 O 到直线 $\sqrt{3}x+y-2\sqrt{3}=0$ 的距离 $d=\frac{|-2\sqrt{3}|}{\sqrt{3+1}}=\sqrt{3}$，设 $|OM|=m$，$|ON|=n$，则由 $S_{\triangle MON}=\frac{1}{2}|MN|\cdot\sqrt{3}=\frac{1}{2}mn\sin\frac{\pi}{3}$，得

$$|MN|=\frac{1}{2}mn \quad ①$$

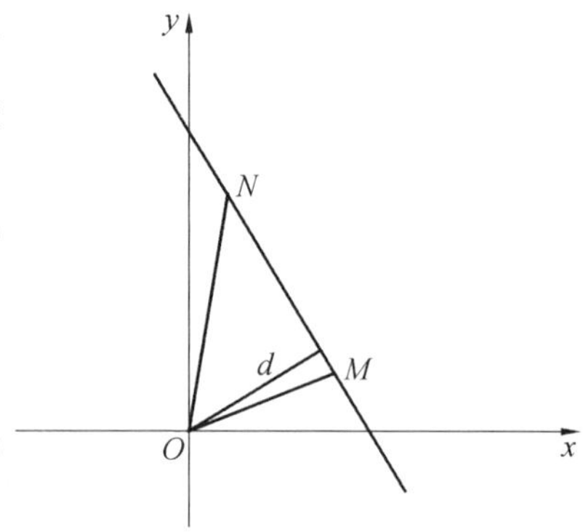

图 2.6

在 $\triangle MON$ 中，有

$$\begin{aligned}|MN|^2&=m^2+n^2-2mn\cos\frac{\pi}{3}\\&=m^2+n^2-mn\\&\geqslant 2mn-mn=mn\end{aligned}$$

所以

$$|MN|\geqslant\sqrt{mn} \quad ②$$

由 ①② 可得

$$\frac{1}{2}mn\geqslant\sqrt{mn}$$

从而解得 $mn\geqslant 4$，所以 $|MN|=\frac{1}{2}mn\geqslant 2$，因此

$$S_{\triangle MON}=\frac{\sqrt{3}}{2}|MN|\geqslant\sqrt{3}$$

解法 2 设 $|OM|=r_1$，$|ON|=r_2$，$\angle xOM=\alpha$，则

$$M(r_1\cos\alpha,r_1\sin\alpha),N\left(r_2\cos\left(\alpha+\frac{\pi}{3}\right),r_2\sin\left(\alpha+\frac{\pi}{3}\right)\right)$$

其中 $r_1,r_2>0$，$\alpha\in\left[0,\frac{\pi}{3}\right]$，如图 2.7 所示，则

$$S=\frac{1}{2}r_1r_2\sin\frac{\pi}{3}=\frac{\sqrt{3}}{4}r_1r_2$$

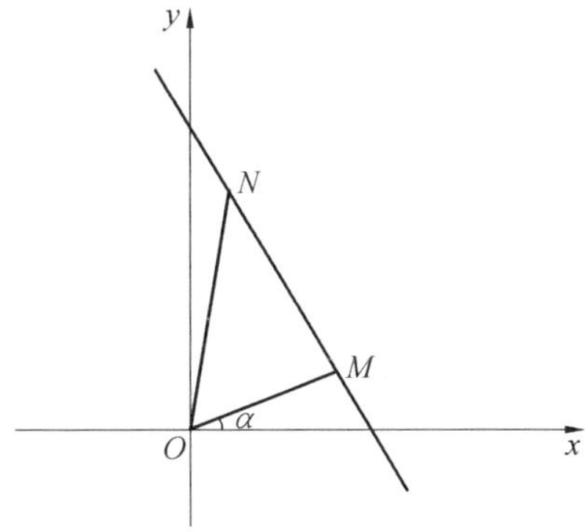

图 2.7

因为点 M,N 在直线 $y=-\sqrt{3}(x-2)$ 上，所以

$$r_1\sin\alpha=-\sqrt{3}(r_1\cos\alpha-2)$$

所以

$$r_1(\sin\alpha+\sqrt{3}\cos\alpha)=2\sqrt{3}$$

所以

$$r_1=\frac{\sqrt{3}}{\sin\left(\alpha+\frac{\pi}{3}\right)}$$

同理可得

$$r_2=\frac{\sqrt{3}}{\sin\left(\alpha+\frac{2\pi}{3}\right)}$$

所以

$$r_1r_2=\frac{3}{\sin\left(\alpha+\frac{\pi}{3}\right)\sin\left(\alpha+\frac{2\pi}{3}\right)}=\frac{3}{-\frac{1}{2}\left[\cos(2\alpha+\pi)-\cos\frac{\pi}{3}\right]}=\frac{6}{\cos 2\alpha+\frac{1}{2}}$$

于是

$$S=\frac{\sqrt{3}}{4}\cdot\frac{6}{\cos 2\alpha+\frac{1}{2}}=\frac{3\sqrt{3}}{2\cos 2\alpha+1}$$

所以当 $\cos 2\alpha=1$ 即 $\alpha=0$ 时，S 的最小值为$\sqrt{3}$.

我们看到，解法 1 在“形”上下了功夫，利用余弦定理和基本不等式，从而获解.

解法 2 在“数”上下了功夫，利用三角变换和余弦函数的值域，从而获解. 若建立极坐标系，则与解法 2 异曲同工.

2.27　对数小窍门

(1) 指数式与对数式的互化.

口诀：打转转

$\log_a M=b\Rightarrow a^b=M$；　　　　$a^b=M\Rightarrow\log_a M=b$.

打转　　　　打转

(2) 对数的运算性质.

口诀:对加真乘,对减真除

$$\log_a M+\log_a N=\log_a MN \longleftarrow \text{对加真乘}$$

$$\log_a M-\log_a N=\log_a \frac{M}{N} \longleftarrow \text{对减真除}$$

口诀:跳上跳下,钻出钻进

$$\left.\begin{array}{l}\log_{a^p} M^q=\dfrac{q}{p}\log_a M\\ \log_a M^q=q\log_a M\end{array}\right\} \longleftarrow \text{跳上跳下,钻出钻进}$$

(3) 换底公式.

口诀:同底相除来换底,底真互换式颠倒

$$\frac{\log_c b}{\log_c a}=\log_a b \longleftarrow \text{同底相除来换底}$$

$$\log_a b=\frac{1}{\log_b a} \longleftarrow \text{底真互换式颠倒}$$

2.28 三角函数口诀

(1) 和差角的正弦、余弦、正切.

口诀:散柯柯散　　$\sin(\alpha+\beta)=\sin\alpha\cos\beta+\cos\alpha\sin\beta$

柯柯散散　　$\cos(\alpha+\beta)=\cos\alpha\cos\beta-\sin\alpha\sin\beta$

坦坦 1 坦坦　　$\tan(\alpha+\beta)=\dfrac{\tan\alpha+\tan\beta}{1-\tan\alpha\tan\beta}$

(2) 二倍角的正弦、余弦、正切.

口诀:二散柯　　$\sin 2\alpha=2\sin\alpha\cos\alpha$

柯方减散方　　$\cos 2\alpha=\cos^2\alpha-\sin^2\alpha$

2 柯方减 1　　$\cos 2\alpha=2\cos^2\alpha-1$

1 减 2 散方　　$\cos 2\alpha=1-2\sin^2\alpha$

(3) 升次、降次、半角公式.

升次公式口诀:

1 加柯 2 柯方　　$1+\cos 2\alpha=2\cos^2\alpha$

1 减柯 2 散方　　$1-\cos 2\alpha=2\sin^2\alpha$

降次公式口诀:

1 加柯 2 柯方　　$\cos^2\alpha=\dfrac{1+\cos 2\alpha}{2}$

1 减柯 2 散方　　$\sin^2\alpha=\dfrac{1-\cos 2\alpha}{2}$

半角公式口诀：

1 加柯 2 柯方　　$\cos\dfrac{\alpha}{2}=\pm\sqrt{\dfrac{1+\cos\alpha}{2}}$

1 减柯 2 散方　　$\sin\dfrac{\alpha}{2}=\pm\sqrt{\dfrac{1-\cos\alpha}{2}}$

(4) 半角正切有理式公式.

口诀：1 柯紧相连，sin 要单边，相加在底下，相减在上面

$$\tan\frac{\alpha}{2}=\frac{1-\cos\alpha}{\sin\alpha}=\frac{\sin\alpha}{1+\cos\alpha}$$

(5) 三倍角的正弦、余弦和正切公式.

$$\sin 3\alpha=3\sin\alpha-4\sin^3\alpha\quad 3143$$

$$\cos 3\alpha=4\cos^3\alpha-3\cos\alpha\quad 4331$$

$$\tan 3\alpha=\frac{3\tan\alpha-\tan^3\alpha}{1-3\tan^2\alpha}\quad 3113\ 1331$$

2.29　三句话概括反三角函数

关于反正弦的三句话：

(1) arcsin x 是一个角；(2) 当 $x>0$ 时，arcsin x 是一个锐角；(3) arcsin x 的正弦等于 x.

以上三句话，基本概括了反正弦函数的核心内容，把它应用到反余弦函数、反正切函数上，同样适用，可见这三句话的普适性.

关于反余弦的三句话：

(1) arccos x 是一个角；(2) 当 $x>0$ 时，arccos x 是一个锐角；(3) arccos x 的余弦等于 x.

关于反正切的三句话：

(1) arctan x 是一个角；(2) 当 $x>0$ 时，arctan x 是一个锐角；(3) arctan x 的正切等于 x.

总之，记 arcfun x 表示反正弦、反余弦和反正切的一种. 关于反三角函数

arcfun x 有三句话：

(1)arcfun x 是一个角；(2) 当 $x>0$ 时，arcfun x 是一个锐角；(3)arcfun x 的 fun 等于 x.

同时要记住 $-x$ 的反三角函数的变换公式，即 $\arcsin(-x)=-\arcsin x$，$\arccos(-x)=\pi-\arccos x$，$\arctan(-x)=-\arctan x$，这样一来，有关反三角函数的计算问题都能迎刃而解.

例 1　求 $\arcsin\left(-\frac{1}{2}\right)$.

解　由公式 $\arcsin(-x)=-\arcsin x$ 知

$$\arcsin\left(-\frac{1}{2}\right)=-\arcsin\frac{1}{2}$$

而 $\arcsin\frac{1}{2}$ 是一个锐角，它的正弦等于 $\frac{1}{2}$，所以 $\arcsin\frac{1}{2}=\frac{\pi}{6}$. 因此 $\arcsin\left(-\frac{1}{2}\right)=-\frac{\pi}{6}$.

例 2　求 $\sin\left[\arccos\left(-\frac{4}{5}\right)\right]$.

解　由公式 $\arccos(-x)=\pi-\arccos x$ 知

$$\arccos\left(-\frac{4}{5}\right)=\pi-\arccos\frac{4}{5}$$

所以

$$\sin\left[\arccos\left(-\frac{4}{5}\right)\right]=\sin\left(\pi-\arccos\frac{4}{5}\right)=\sin\left(\arccos\frac{4}{5}\right)$$

而 $\arccos\frac{4}{5}$ 是一个锐角，它的余弦等于 $\frac{4}{5}$，由此可知它的正弦等于 $\frac{3}{5}$，即

$$\sin\left[\arccos\left(-\frac{4}{5}\right)\right]=\frac{3}{5}$$

2.30　椭圆、双曲线的弦长公式

求椭圆、双曲线的弦长，这是学习解析几何过程中常见的问题，一般用弦长公式 $|AB|=\frac{\sqrt{\Delta}}{|a|}\sqrt{1+k^2}$ 求解.

在运用上述公式之前，需要将直线方程代入椭圆方程，然后化简，在整理的过

程中，由于带有参数，故运算有些烦琐且容易出错. 作为对照，这里给出更具体的弦长公式，遇到填空题、选择题可直接套公式，遇到解答题可供检验解的正确与否.

命题 1　已知直线 $l: y=kx+m$，椭圆 $C: \frac{x^2}{a^2}+\frac{y^2}{b^2}=1(a>b>0)$，记 $\delta=b^2+a^2k^2-m^2$.

(1) 若 $\delta=0$，则直线 l 与椭圆 C 相切；

(2) 若 $\delta>0$，则直线 l 与椭圆 C 相交，且弦长为 $\frac{2ab\sqrt{\delta}}{b^2+a^2k^2}\sqrt{1+k^2}$.

证明　由 $\begin{cases} b^2x^2+a^2y^2=a^2b^2 \\ y=kx+m \end{cases}$ 消去 y，得

$$b^2x^2+a^2(kx+m)^2-a^2b^2=0$$

整理得

$$(b^2+a^2k^2)x^2+2a^2kmx+a^2(m^2-b^2)=0$$

所以

$$\begin{aligned}\Delta&=4a^4k^2m^2-4a^2(m^2-b^2)(b^2+a^2k^2)\\&=4a^2b^2(b^2+a^2k^2-m^2)\end{aligned}$$

令

$$\delta=b^2+a^2k^2-m^2$$

则当 $\delta=0$ 时，直线 l 与椭圆 C 相切；当 $\delta>0$ 时，直线 l 与椭圆 C 相交于 A，B 两点，且

$$|AB|=\frac{\sqrt{4a^2b^2(b^2+a^2k^2-m^2)}}{b^2+a^2k^2}\sqrt{1+k^2}=\frac{2ab\sqrt{\delta}}{b^2+a^2k^2}\sqrt{1+k^2}$$

命题 2　已知直线 $l: y=kx+m$，双曲线 $C: \frac{x^2}{a^2}-\frac{y^2}{b^2}=1(a>0, b>0)$，记 $\delta=b^2-a^2k^2+m^2$.

(1) 若 $\delta=0$，则直线 l 与椭圆 C 相切；

(2) 若 $\delta>0$，则直线 l 与椭圆 C 相交，且弦长为 $\frac{2ab\sqrt{\delta}}{b^2-a^2k^2}\sqrt{1+k^2}$.

证明与命题 1 的证明过程类似，这里从略.

例 1　直线 $l: y=x+m$ 与椭圆 $C: \frac{x^2}{4}+\frac{y^2}{3}=1$ 相切，求 m 的值.

解　因为

$$a^2=4,b^2=3,k=1$$

所以

$$\delta=a^2k^2+b^2-m^2=4+3-m^2=0$$

所以

$$m=\pm\sqrt{7}$$

例 2 求直线 $l:y=x+1$ 截椭圆 $C:\frac{x^2}{4}+\frac{y^2}{3}=1$ 所得的弦长 $|AB|$.

解 因为

$$a^2=4,b^2=3,k=1,m=1$$

所以

$$\delta=a^2k^2+b^2-m^2=4+3-1=6$$

所以

$$|AB|=\frac{4\sqrt{3}\times\sqrt{6}}{4+3}\sqrt{1+1^2}=\frac{24}{7}$$

例 3 直线 l 过点 $P(1,1)$,且与双曲线 $C:x^2-\frac{y^2}{2}=1$ 相切,求直线 l 的方程.

解 设直线 $l:y-1=k(x-1)$,即

$$y=kx+1-k$$

$$a^2=1,b^2=2,m=1-k$$

令

$$\delta=b^2-a^2k^2+m^2=2-k^2+(1-k)^2=0$$

解得 $k=\frac{3}{2}$,所以直线 l 的方程为 $y-1=\frac{3}{2}(x-1)$,即 $2y-3x+1=0$.

2.31 点的轴对称公式

已知点 $M(x_0,y_0)$ 和直线 $l:ax+by+c=0(a\neq0,b\neq0)$,求点 M 关于直线 l 的对称点 M' 的坐标,这是高中数学中常见的问题.

其求法有固定的套路.设 $M'(x,y)$,利用直线 l 是线段 MM' 的中垂线,列出方程组,解方程组便可求得点 M' 的坐标.

由于此类问题较多,屡屡列方程组解之不胜其烦,不如做一回“傻事”,探究其坐标公式,省得以后劳苦再三,令人欣慰的是,得到的坐标公式具有对称之美.仍需

说明,公式虽优美,但没必要介绍给学生,以免增加额外的负担.

命题　已知点 $M(x_0,y_0)$ 和直线 $l:ax+by+c=0(a\neq 0,b\neq 0)$,点 M 关于直线 l 的对称点为 $M'(x,y)$,则

$$\begin{cases}x=x_0-\dfrac{2a(ax_0+by_0+c)}{a^2+b^2}\\ y=y_0\quad\dfrac{2b(ax_0+by_0+c)}{a^2+b^2}\end{cases}$$

证明　设 $M'(x,y)$,则 $k_{MM'}=\dfrac{y-y_0}{x-x_0}$,线段 MM' 的中点坐标为 $\left(\dfrac{x+x_0}{2},\dfrac{y+y_0}{2}\right)$,又直线 l 的斜率为 $-\dfrac{a}{b}$,所以

$$\begin{cases}\dfrac{y-y_0}{x-x_0}\cdot\left(-\dfrac{a}{b}\right)=-1\\ a\cdot\dfrac{x+x_0}{2}+b\cdot\dfrac{y+y_0}{2}+c=0\end{cases}$$

$$\Rightarrow\begin{cases}y=y_0+\dfrac{b}{a}\cdot x-\dfrac{b}{a}\cdot x_0 & ①\\ ax+by+c+(ax_0+by_0+c)=0 & ②\end{cases}$$

把 ① 代入 ②,得

$$ax+b\left(y_0+\frac{b}{a}\cdot x-\frac{b}{a}\cdot x_0\right)+c+(ax_0+by+c)=0$$

整理,得

$$(a^2+b^2)x-(a^2+b^2)x_0+2a(ax_0+by_0+c)=0$$

所以

$$x=x_0-\frac{2a(ax_0+by_0+c)}{a^2+b^2}$$

代入到

$$y=y_0+\frac{b}{a}(x-x_0)$$

得

$$y=y_0-\frac{2b(ax_0+by_0+c)}{a^2+b^2}$$

例 1　已知点 $P(2,-1)$ 和直线 $l:x-y+1=0$,点 P 关于直线 l 的对称点为 Q,求点 Q 的坐标.

解 因为

$$x_0=2,y_0=-1,l:x-y+1=0,ax_0+by_0+c=2+1+1=4$$

设 $Q(x,y)$，所以

$$x=2-\frac{2\times1\times4}{2}=-2,y=-1-\frac{2\times(-1)\times4}{2}=3$$

即 $Q(-2,3)$.

例 2 已知 $\triangle ABC$ 的一顶点 $A(1,4)$，$\angle ABC$ 与 $\angle ACB$ 的平分线所在直线的方程分别是 $x-2y=0$ 和 $x+y-1=0$，求边 BC 所在直线的方程.

解 如图 2.8 所示，令

$$f(x,y)=x-2y,g(x,y)=x+y-1$$

设点 A 关于直线 $f(x,y)=0$ 的对称点为 $A_1(x_1,y_1)$，点 A 关于直线 $g(x,y)=0$ 的对称点为 $A_2(x_2,y_2)$，所以

$$f(1,4)=1-2\times4=-7,g(1,4)=1+4-1=4$$

所以

$$x_1=1-\frac{2\times1\times(-7)}{1+4}=\frac{19}{5}$$

$$y_1=4-\frac{2\times(-2)\times(-7)}{5}=-\frac{8}{5}$$

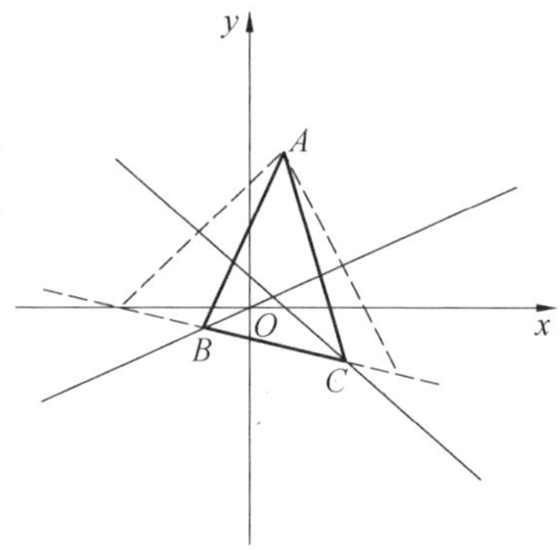

图 2.8

所以 $A_1\left(\frac{19}{5},-\frac{8}{5}\right)$，又

$$x_2=1-\frac{2\times1\times4}{1+1}=-3,y_2=4-\frac{2\times1\times4}{1+1}=0$$

所以 $A_2(-3,0)$.

由三角形的内角平分线性质可知，直线 BC 就是直线 A_1A_2，可得到它的方程为 $4x+17y+12=0$.

2.32 有趣、有用的显底线

一条平行于坐标轴，且与坐标轴距离为 1 的直线，有着人们意想不到的作用. 这就是：它与指数函数或对数函数的图像相交，交点的纵坐标或横坐标就是相应函数的底数. 我们称这样的直线为“显底线”. 显底，就是显示底数. 这条线一画，底数立马显示，故称为显底线.

在函数 $y=a^x$ 中，当 $x=1$ 时，$y=a$，那么 $x=1$ 就能把底数 a 显现出来，所以直线 $x=1$ 是指数曲线 $y=a^x$ 的显底线.

在函数 $y=\log_a x$ 中，当 $y=1$ 时，$x=a$，那么 $y=1$ 就能把底数 a 显现出来，所以直线 $y=1$ 是对数曲线 $y=\log_a x$ 的显底线.

针对不同的学生，我们教学时要因材施教. 有些问题，对于数学悟性比较高的学生来看一目了然、清澈见底，但对于另外一些学生来看却是云山雾罩、混沌不清.

函数的图像是直观的，不同函数的"底数"制约着图像的走向，这既是抽象的又是千真万确的. 如何把"底数"显示出来，就成为开启数学抽象大门的一把钥匙. 这件事对于数学成绩一般的学生来说尤为必要.

例 1　(1) 指数函数 $y=a^x$，$y=b^x$，$y=c^x$，$y=d^x$ 在同一坐标系中的图像如图 2.9 所示，则 $0,1,a,b,c,d$ 的大小关系为________.

(2) 对数函数 $y=\log_a x$，$y=\log_b x$，$y=\log_c x$，$y=\log_d x$ 在同一坐标系中的图像如图 2.10 所示，则 $0,1,a,b,c,d$ 的大小关系为________.

解　(1) 作直线 $x=1$，由图 2.9 可知：$0<b<a<1<d<c$.

(2) 作直线 $y=1$，由图 2.10 可知：$0<b<a<1<d<c$.

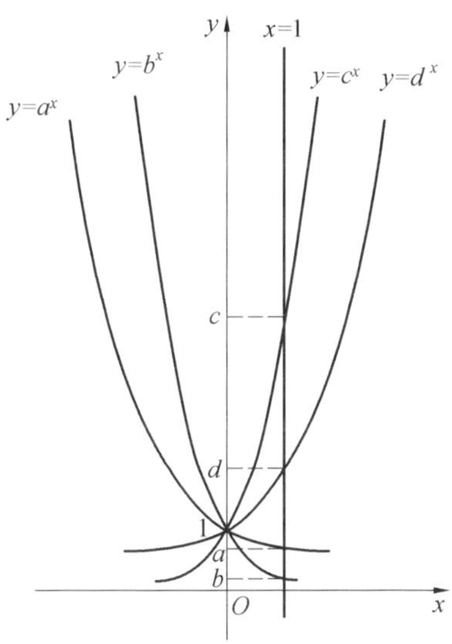

图 2.9

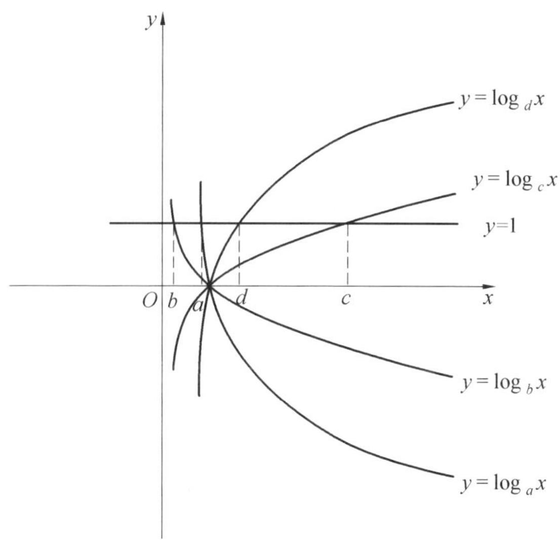

图 2.10

例 2　若$\log_m 9 < \log_n 9 < 0$，则实数 m，n 满足的条件是（　　）.

A. $m > n > 1$　　　　B. $n > m > 1$

C. $0 < n < m < 1$　　　　D. $0 < m < n < 1$

解　描点$(9,\log_m 9)$，$(9,\log_n 9)$，其中$\log_m 9 < \log_n 9 < 0$，作对数函数 $y=\log_m x$ 和 $y=\log_n x$ 的图像，作直线 $y=1$（显底线），交对数曲线于点$(m,1)$，$(n,1)$，由图 2.11 可知 $0 < n < m < 1$，故选 C.

综上所述，直线 $x=1$，$y=1$ 再平凡不过了，可是它与指数函数、对数函数放在一起，就可以大显神通.

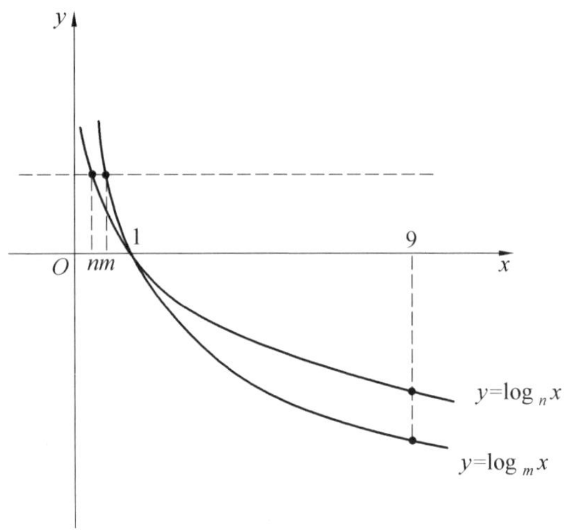

图 2.11

第3章　专题荟萃

3.1　极　　限

上一章随笔发在群里后，引起了大家的兴趣. 有群友说："我倒是想看看大罕如何讲极限理论，我对二项式理论的兴趣不大，他倒讲得特别细 ……"（作者注：其实你误会了，我的随笔是写教学体会，而不是系统地写数学教学.）还有人说："这个严格定义是非常难讲的，数列极限和函数极限都是很难通俗化的，能够把极限理论通俗化地给高中生讲明白绝对是功夫，很难，所以有兴趣".

本章将较为详细地说说如何讲极限，还是以函数极限为例. 下面的内容不是教学实录.

当自变量 x 无限接近 x_0 时，函数值 $f(x)$ 无限接近某一个常数 A，就称常数 A 是函数 $f(x)$ 在 x_0 处的极限，这是描述性的定义，这个定义应该是不难理解的.

两个数的"接近"，在数学里叫"距离"，用两个数之差表示，不计次序则用两个数差的绝对值表示. 于是 $|f(x)-A|$ 就表示函数值 $f(x)$ 与常数 A 的接近程度.

重要的是"无限接近"如何表示？为便于理解，讲课时可用如下递进的三句话表达：

第一句话，要多接近就能多接近；

第二句话，接近程度要多小就能多小；

第三句话，接近程度用字母 ε（任意小的正数）表示.

而且，唯独用字母才能表示任意小，因为任何具体的数，比如 0.000 000 000 01，它还是"死的"，不是任意小. 也就是说两个数差的绝对值要小于 ε.

至此，"函数值 $f(x)$ 无限接近某一个常数 A"，就翻译成数学语言：$0<|f(x)-A|<\varepsilon$.

更难理解的在后面.

函数值 $f(x)$ 无限接近常数 A,一定能做到吗？不会是吹牛的吧？

哈哈,做得到！在自变量 x 无限接近 x_0 的过程中就能够做到.

怎样表明你做到了呢？好吧,你给一个 ε,我就能在"x 无限接近 x_0"的过程中找到一个时刻 δ(实际上是一个数),在这一时刻之后的任何时候,$f(x)$ 接近常数 A 的程度都比你给的 ε 还要小.

x 不是无限接近 x_0 吗？是的,那么,接近用 $|x-x_0|$ 表示.存在时刻 δ,"在这一时刻之后的任何时候",翻译成数学语言就是 $0<|x-x_0|<\delta$.

连起来说,我们只要能找到 δ,使得当 $0<|x-x_0|<\delta$ 时,$0<|f(x)-A|<\varepsilon$,即 $f(x)$ 与 A 的接近程度比任意小的 ε 还要小,这岂不是函数极限的描述性定义所指的情形吗！

庆幸的是,这个 δ 是可以通过解不等式算出来的.注意,能够算出来是重点！

下面的任务就是通过具体的实例,对上述定义加以理解,按教材的例子讲解即可.

至于数列极限的"$\varepsilon-N$ 定义",与函数极限定义的本质相同,处理起来更方便一点.

3.2 哪个更难

上一节谈到了极限的教学,这样细致入微地剖析概念的含义,在中学数学教学里是少见的.但是,把每一节课讲得更好、更有成效,则是教师必须以行动交出的答卷.

会解数学题是一种技能,也是教师必备的基本功.会教数学则是一种综合的技能,需要较强的组织数学内容、调度课堂节奏的能力,以及较好的语言表达能力和良好的板书基本功.所以,会解数学题与会讲数学课,后者更难些.

一些群里,人们讨论的更多的是如何解难题,笔者并不反对研究难题的解法.不过,需要提醒的是,如果我们仅仅停留在解题层面上(从群里的发言并不能说明这一点),而不注重研究学生,研究如何更画龙点睛地、通俗易懂地引导学生、给学生做示范,那么,我们至多是解题的能手,而不是教学的高手.

说到高手,其实能做到对学生不教而学之,那才叫高手.怎样做到"不教而学之"？调动学生的学习兴趣,创建美妙的数学情境,激发学生的智力发挥,点拨问题的要害,剖析难点而分散之,培养良好的数学习惯,擅长做这些的,可能就是最好的教师吧.

有人说:“教尖子生难,教数学成绩偏下的学生难”. 这里要问:“教普通学生,难道就容易吗?”

3.3　如何讲图像的“光滑”

关于初中生对函数图像是否光滑的疑问,我已做过回答. 有群友接着问:“还是不明白你是怎么给初中生讲的啊?”

于是我跟帖道:“对初中生不要主动讲什么叫光滑. 若有学生问,则用日常生活常识解释,具体怎么解释,不需要我细说了吧!”

哈哈,有群友锲而不舍地追问:“这里细说很重要! 其实就几句话,但这关系到逻辑性. 现在中学教师只知道列表、描点、连线作图,逻辑上是有问题的.”

我觉得这个追问挺有意思,就回复道:

“哈哈哈,你追问我,实际上是考我,那么我只好说了.

在课堂上,教师指着二次函数的图像问学生:‘曲线是光滑的吗?’学生会齐答:是的,没有疑义,就过去了,过去了就过去了. 因为,实际上学生已经懂了,是借鉴日常生活经验来理解的. 什么叫光滑? 光滑指曲线上没有尖角或断开的情形.

曲线光滑,在初(高)中生看来是简单的、直观的. 我们就不要自找麻烦了. 如果滞留在学生不存疑义且不是重点的地方,那是完全没有必要的. 而微积分里讲光滑,那是后话.”

以上回答只是说了我的主张,至于“关系到逻辑性”,这里补充说点意见.

诚然,现在确实有一些中学教师只知道列表、描点、连线的作图步骤,而不知其中有什么理论上的支持.

这样存在逻辑性的错乱吗? 非也. 学习函数图像的作图,告诉学生图像是由点构成的,而点的坐标通过计算得到,且为了方便先列一个表,再描点,点越多越好,但要适量,根据曲线是光滑的(这里的光滑指学生脑子里的日常生活的印象)来连线,于是图像就作出来了. 这样的步骤,顺理成章,我看没什么逻辑问题.

3.4　初中讲函数

初中讲函数与高中讲函数是不同的.

初中讲函数是从初二开始的,设有“变量与函数”一章,讲授时要注意以下几点：

第一，变量要分别讲“变”和“量”两个方面，然后归结到“变量”的概念.

第二，要让学生知道，函数(式)是一个含有两个变量 x，y 的等式，把 x 看成是主动变的，y 是由 x 的确定值和这个等式而确定的，这个等式就是函数关系式，或叫函数解析式.

第三，我们的任务是由已知条件求出函数关系式，或者已知这个函数关系式去解决相关问题.

第四，要让学生很快适应“求等式”“利用等式”的新模式. 学生之前已经对计算数字、化简代数式习以为常了，初次接触含两个未知数的等式且不是解方程组，开始时往往会感到别扭，所以教师要对学生进行疏导.

点燃学生的思想火花，尤为必要，切莫把生动活泼的函数讲得死气沉沉，让学生的思想活跃起来，是教师的神圣职责.

曾经有一位科普作家在一本书(《数学的园地》，刘薰宇，1933)里把函数概念形象地比喻为“女人是男人的函数”，这个比喻从伦理上失德，是糟粕，不可取. 女人与男人怎么量化？这个比喻从科学上失当，是歪曲，不可取.

函数概念强调的是两个变量之间的主从关系，一个量的变化引起另一个量的变化，这是随处可见、不难理解的现象，初中生完全可以接受.

诸如此类的概念，挖空心思地想一些歪点子去比喻是不必要的，只会起到画蛇添足、弄巧成拙的作用.

3.5　数学问题与数学习题

数学问题分两种：一种是数学外部提出的数学问题，涉及各个方面，如工程、技术、经济、社会等，是广泛的；另一种是数学内部提出的数学问题，也涉及各个方面，如哥德巴赫猜想(数论)、霍奇猜想(代数几何)、黎曼猜想(复变函数)等，也是广泛的.

数学问题，有的是将数学作为工具解决实际问题，有的是数学本身的新发现和新进展.

在初等数学范围内当然也有数学问题.

例 1　求方程 $\frac{4}{(x-1)^2}-\frac{18}{(x-4)^2}=1$ 的实数解.

例 2　求方程 $2\cos A-3\sqrt{2}\cot A=1$ 的实数解.

在例 1 中令 $u=x-1$，整理可得方程 $u^4-6u^3+23u^2+24u-36=0$，在例 2 中令 $t=\cos A$，整理可得方程 $4t^4+4t^3-3t^2+22t-1=0$. 上述两个方程都是一元四次方程，不在中、小学数学教材的范围内.

中、小学的数学教材给我们配备了大量的例题和练习题，这些题目是为巩固知识、训练能力而设计的，我们称之为数学习题或教学习题.

数学题涉及的知识均在中、小学数学教材的范围内，这样的题一定算数学习题吗？当然不是.

数学习题必须是精心设计的，体现在两个方面：一是数据可供使用；二是条件足够且不多余. 也就是说，数学习题带有明显的人工凿痕. 比如，答案为 0 或 1 的题目，显然是人为拼凑的. 又如，应用题中的数字那么凑巧，也是人为给出的. 如若不然，随意出题的后果很可能出现超纲、离本，无解、无法解或解没意义的情况.

课堂上，有的老师临时改条件或改数据，结果算不出来了，这样的事例毫不稀奇.

即使不超标也不离本，也能解出来，可是让你觉得解下去没意思，例如解如下一元二次方程

$$x^2+6\ 539\ 967x-761\ 276\ 618\ 223\ 634=0$$

此题除了数字很大以外，没有可取之处，真是没必要解下去.（此题的答案是：$x_1=31\ 054\ 321$，$x_2=-24\ 514\ 354$.）

总之，经过精心设计、可供训练使用的数学问题，才算是数学习题.

作为兴趣爱好或者业务提高，我们完全可以对大、中、小学以外的数学问题（包括奥数题）开展研究.

数学问题，著名数学家陈省身先生对此有“好问题”和“坏问题”之分. 类似地，教学习题也可以分为“好习题”和“坏习题”吗？应该可以的.

好的数学习题能激发学生的学习兴趣，激励学生主动思考问题.

好的数学问题贴近学生的生活，体现数学的实效性.

好的数学习题针对性强，通过解题过程能揭示知识的重点、难点内容和思维方向.

好的数学习题具备趣味性、观赏性，恰如赠人玫瑰，手留余香.

中学数学老师研究数学问题是为了提高自己的专业能力，研究数学习题是本职工作的需要.

3.6 直译法与意译法

在翻译中有直译和意译一说.直译就是对着文字按照顺序照直翻译;意译是把文字的意思翻译出来.无独有偶,解数学题也有直译、意译两种方法.

所谓直译法,就是把题目的条件"照直翻译",从而找到解决问题的方法.直译法也称"顺藤摸瓜法""顺路走法",它是一种直接的方法.

所谓意译法,就是把题目的意思"翻译"成另外一道容易解决的题目的方法.意译法也称为"等价命题法""命题化归法",它是一种间接的方法.

我们举一个例子,说明直译法与意译法的用法.

例 1 已知等差数列$\{a_n\}$的首项$a_1=20$,公差$d=-2$,若数列$\{a_n\}$的前n项和S_n取得最大值,则$n=$________,最大值为________.

解法 1(直译法) 由$a_1=20$,公差$d=-2$得

$$S_n=20n+\frac{n(n-1)}{2}\cdot(-2)=-n^2+21n=-\left(n-\frac{21}{2}\right)^2+\frac{441}{4}$$

所以$n=10$或11时,S_n取得最大值为110.

解法 2(意译法) 由$a_1=20$,公差$d=-2$得

$$a_n=20+(n-1)\cdot(-2)=-2n+22$$

令$-2n+22\geqslant 0$,则$n\leqslant 11$,且$a_{11}=0$.

所以$S_{10}=S_{11}$均为最大值,且$S_{10}=S_{11}=\dfrac{11(a_1+a_{11})}{2}=\dfrac{11(20+0)}{2}=110$.

在例1中,解法1直接冲着S_n来,求出最大值,顺势而为,直截了当,此为直译法.

解法2把求S_n的最大值转化为解不等式$a_k\geqslant 0$,从而在k的取值范围内所有正项之和就是最大值,间接地解决了问题,此为意译法.

直译法和意译法各有优势,一般来说,直译法是首选的方法,意译法是出奇制胜的方法.

例 2 若M是抛物线$y^2=2px\ (p>0)$上一点,$MN\perp x$轴于N,MN的垂直平分线交抛物线于点Q,直线NQ交y轴于点T,求证:$3|OT|=2|MN|$,如图3.1所示.

解 设点M的坐标为$(2pt^2,\ 2pt)$,以下顺路而行:

MN的垂直平分线的方程为$y=pt$,因为该垂直平分线与抛物线相交于点Q,

所以由

$$\begin{cases} y^2 = 2px \\ y = pt \end{cases} \Rightarrow Q\left(\frac{1}{2}pt^2, pt\right)$$

又 $N(2pt^2, 0)$，所以直线 NQ 的方程为

$$y = -\frac{2}{3t}x + \frac{4pt}{3}$$

因为直线 NQ 交 y 轴于点 T，所以 $T\left(0, \frac{4pt}{3}\right)$，所以

$$3 \mid OT \mid = 3 \cdot \frac{4pt}{3} = 4pt$$

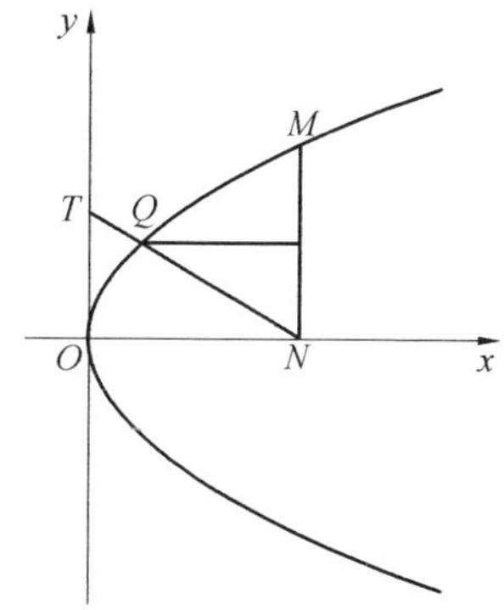

图 3.1

而 $2 \mid MN \mid = 2 \cdot 2pt = 4pt$，所以 $3 \mid OT \mid = 2 \mid MN \mid$.

直译法是解决中学数学习题的最常用的方法，大多数题目都能用直译法解决，而且这种方法最符合情理、最容易被理解.

直译法虽是解数学题最直接的且最基本的方法，但它并不能“包打天下”.

意译法是一种间接的方法，它通过转换命题，从而获解. 意译法常给人以迂回包抄、跌宕起伏、出奇制胜的感觉，也深受大家的欢迎，是一种常用的重要的方法.

例 3　等比数列 $\{a_n\}$ 中，$a_1 = 1\ 536$，$q = -\frac{1}{2}$，记 $f(n) = a_1a_2\cdots a_n (n \in \mathbf{Z}^*)$，则当 $f(n)$ 取最大值时，n 的值为________.

分析　如果用直译法，就要先求出函数 $f(n)$，易知

$$f(n) = a_1^n q^{1+2+\cdots+(n-1)} = a_1^n q^{\frac{n(n-1)}{2}} = 1\ 536^n \times \left(-\frac{1}{2}\right)^{\frac{n(n-1)}{2}}$$

而直接求函数 $f(n)$ 的最大值是很困难的. 因此我们改用意译法来探讨.

因为函数 $f(n) = a_1a_2\cdots a_n$ 是数列 $\{a_n\}$ 的前 n 项之积，所以转化为研究数列 $\{a_n\}$ 的项 a_n 的规律，由公比为负数可知，项 a_n 一正一负交替出现. 显然，最大值一定是正值，因此我们考察 $\mid a_n \mid$.

易知 $\mid a_n \mid = 1\ 536 \times \left(\frac{1}{2}\right)^{n-1}$，注意到数列 $\{\mid a_n \mid\}$ 是递减的，从首项 1 536 递减到一定值的时候，就有 $\mid a_n \mid \geqslant 1$，且 $\mid a_{n+1} \mid < 1$，这个“临界点”相当重要！

令 $\mid a_n \mid \geqslant 1$，即 $1\ 536 \times \left(\frac{1}{2}\right)^{n-1} \geqslant 1$，所以 $2^{n-1} \leqslant 1\ 536 < 2\ 048 = 2^{11}$，解得 $n < 12$，这样一来就有如下规律：

(1) 当 $n \leqslant 11$ 时，数列 $\{\mid f(n) \mid\}$ 递增，即

$$0 < \mid f(1) \mid < \mid f(2) \mid < \cdots < \mid f(9) \mid < \mid f(10) \mid < \mid f(11) \mid$$

注意到 $f(9)>0$，而 $f(10)<0$，$f(11)<0$，所以 $f(9)$ 最大.

(2) 当 $n\geqslant 12$ 时，数列 $\{|f(n)|\}$ 递减，即

$$|f(12)|>|f(13)|>|f(14)|>\cdots$$

又注意到

$$\begin{aligned}f(12)&=f(9)\times a_{10}a_{11}a_{12}\\&=f(9)\times\left(-\frac{1\ 536}{2^9}\right)\times\frac{1\ 536}{2^{10}}\times\left(-\frac{1\ 536}{2^{11}}\right)\\&=f(9)\times 3\times\frac{3}{2}\times\frac{3}{4}>f(9)\end{aligned}$$

所以当 $f(n)$ 取最大值时 $n=12$.

本题的解答若用直译法则困难很大，改用意译法后可较为轻松地解决问题.

以上三个例子告诉我们，直译法和意译法都是重要的解题方法. 直译法的要点是跟踪追击、坚韧不拔. 意译法的要点是看穿题意、灵活变通.

3.7　图像与图象

有人提出一个问题，上教版教材中函数的"图像"的像字有单人旁，其他版本教材中皆没有，这是为何？

"象"和"像"的用法，在历史上有过曲折经历. 国家语言文字委员会 1986 年 10 月 10 日公布的《简化字总表》对原文字改革委员会 1964 年编印的字表中的少数字做了调整，其中就有"像"不作"象"的繁体字处理，最后统一如下：

"象"适用的三种情况：

(1) 作名词用，如"大象"；

(2) 属于名词性词素，不能单用，用来构词，如表示形状、样子的"形象""象征"等；

(3) 属于动词性词素，不能单用，用来构词，如表示模仿、表现的"象声词""象形字".

"像"适用的三种情况：

(1) 作名词用，指人物的形象，如"画像""佛像"等；

(2) 作动词用，表示相似，如"你像他哥哥"；

(3) 作介词用，有"比如""如同"(这个意义不能单独作谓语动词，只能构成介词词组去修饰动词) 等意思，如"像爸爸那样工作".

再看教育部和国家语言文字工作委员会发布的"推荐性"文件《第一批异形词整理表》(从2002年3月31日起试行),表中把"图像"与"图象"列为异形词,并推荐使用"图像".

根据以上理由,数学中应该用"图像",不要用"图象".

3.8　戏说日常生活中的数学名词

之一　必要条件

2009年11月10日,武汉综合新闻网发表了《"十年买房"之必要条件》的署名文章,讲的是能在十年内买房的必不可少的条件.

必要条件是数学名词,在高中数学中大量使用.设A,B是两个命题,若A则B,就把B称为A的必要条件.有了条件B,不一定能得到结论A,可是,如果连条件B都不具备,那么结论A一定不成立.可见,此文使用"必要条件"一词,既符合数学含义,又言简意赅.

之二　超越极限

据报道:"国内第一部以越野车拉力赛为背景,斥巨资拍摄的电视剧《超越极限》,于2007年8月8日在新疆正式开机拍摄."

极限能够超越吗?

我们先看看数列极限的概念.对于数列$\{a_n\}$,如果存在常数A,对于给定的任意小的正数ε,总存在正整数N,使得当$n>N$时,不等式$|a_n-A|<\varepsilon$都成立,那么就称常数A是数列$\{a_n\}$的极限.通俗地说,对于数列$\{a_n\}$,当项数n无限增大时,数列的项a_n无限接近某一个常数A,就称常数A是数列$\{a_n\}$的极限.特别地,常数数列的极限是它本身.

可见,极限是不能超越的,能超越的就不是极限了.有人说,当数列的项在极限两边摆动时,总有一边是超越极限的.后者的超越其实是摇摆,严格意义上讲不能算超越.

之三　交集

交集一词,在日常生活中频频使用,意思是某人与某人有交往或有公共的部分.

在数学里,常常把研究的对象看作一个集合,每一个对象称为元素.集合的元素是可以确定的.把既属于集合A又属于集合B的元素组成的集合称为A与B的交集,当两个集合没有公共元素时,就说它们的交集是空集.没有交集指交集为空集.

可见,把交集一词运用于生活中,推而广之,没有损害数学原义,又显得生动.

3.9 题如其人

文如其人,是指文章的风格与作者的性格特点相似.

字如其人,是指人的情操、志趣、性格甚至即时的心情,在书法作品中会自然流露.

题如其人,有此一说么?

我们先举几个例子.

例 1(上海市某重点中学高三文科四月考试) 在某次数学考试中,学号为 $i(i=1,2,3,4)$ 的学生的考试成绩为 $f(i)$,且 $f(i)\in\{82,85,87,90,97\}$,则满足 $f(1)<f(2)\leqslant f(3)<f(4)$ 的概率为________.

评论 这道题从数学的角度审视,用词恰如其分,没有一个多余的字,精炼、清爽.但从教学的角度看,此题作为文科的考试题,因其抽象,不便于理解,难倒了很多考生.

出题者应该是一个严谨的人,办事干净利落,有"语不惊人誓不休"的气概.

例 2(2008 年上海市春考第 21 题) 在平面直角坐标系 xOy 上的一列点 $A_1(1,a_1)$, $A_2(1,a_2)$,…, $A_n(1,a_n)$,简记为$\{A_n\}$.若由 $b_n=\overrightarrow{A_nA_{n+1}}\cdot\boldsymbol{j}$ 构成的数列满足 $b_{n+1}>b_n$, $n=1,2,\cdots$,其中 $\boldsymbol{j}$ 是与 y 轴正方向相同的单位向量,则称$\{A_n\}$为 T 点列.

(1) 判断 $A_1(1,1)$, $A_2\left(2,\frac{1}{2}\right)$, $A_3\left(3,\frac{1}{3}\right)$,…,$A_n\left(n,\frac{1}{n}\right)$,… 是否为 T 点列,并说明理由;

(2) 若$\{A_n\}$为 T 点列,且点 A_2 在点 A_1 的右上方,任取其中连续三点 A_k,A_{k+1},A_{k+2},判断 $\triangle A_kA_{k+1}A_{k+2}$ 的形状(锐角三角形、直角三角形、钝角三角形),并予以证明;

(3) 若$\{A_n\}$为 T 点列,正整数 $1\leqslant m<n<p<q$ 满足 $m+q=n+p$,求证:$\overrightarrow{A_nA_q}\cdot\boldsymbol{j}>\overrightarrow{A_mA_p}\cdot\boldsymbol{j}$.

评论 这道题很大气,深入考查概念,难点的设置虽如云似雾,但适度提示如点化迷津.出题者(可能是命题小组)功底深厚、用心良苦,具有开拓进取的精神.

例 3（2003 年上海市理科第 21 题）　在以 O 为原点的直角坐标系中，点 $A(4, -3)$ 为 $\triangle OAB$ 的直角顶点. 已知 $|AB|=2|OA|$，且点 B 的纵坐标大于零.

(1) 求 $\overrightarrow{AB}$ 的坐标；

(2) 求圆 $x^2-6x+y^2+2y=0$ 关于直线 OB 对称的圆的方程；

(3) 是否存在实数 a，使抛物线 $y=ax^2-1$ 上总有关于直线 OB 对称的两个点？若不存在，说明理由；若存在，求 a 的取值范围.

评论　做完此题第一问后，发现上当了，原来“大帽子”底下开了小差——三个小题之间毫无关系！此题为了考查多个知识点，不惜七拼八凑，显得有些矫揉造作，生搬硬套.

从以上几个例子的分析来看，题如其人，这是千真万确的. 作为练习用的数学命题，由于人为的成分极重，所以不可避免地打上了个人的烙印. 命题人根据考察的需要，在精心构思的过程中，难免自然而然地把个人习惯、喜好揉合其中.

但是，题如其人与文如其人、字如其人是不同的. 数学命题毕竟是思维活动的产物，其理性的成分相当重. 而且，命题者不会像作家、诗人或艺术家那样，专门或长时期从事同一项创作活动从而较为明显地打上个人的标签. 况且，数学命题往往是一项集体创作的活动，有的题目几经修改，原始面貌已经是面目全非了.

3.10　破解“汉语考试中的最难考题”

有人称以下题目为“汉语考试中的最难考题”. 我在电视上看过，当时没在意，以后也没去想它. 最近在朋友圈有位朋友转载此题，声称可以用代数方法解决，引起了我的兴趣，研究了一下，发现此题并不是数学问题，也不需要用数学工具解决，只需把整个句子断开，逐句分析，不难找到答案.

题目　大舅去二舅家找三舅说四舅被五舅骗去六舅家偷七舅放在八舅柜子里九舅借十舅发给十一舅工资的 1 000 元钱. 问：(1) 究竟谁是小偷？(2) 钱本来是谁的？

全句断成三句，如下：

第一句：大舅去二舅家，找三舅说；

第二句：四舅被五舅骗去六舅家；

第三句：偷七舅放在八舅柜子里九舅借十舅发给十一舅工资的 1 000 元钱.

分析　第一句：大舅去二舅家，大舅对三舅说（以下是大舅说的话）.

第二句：四舅被五舅骗，到了六舅家.

第三句:四舅在六舅家偷了钱.这钱是放在柜子里的.这柜子是八舅家的,是由七舅放到六舅家里的.这钱是九舅借十舅的(即九舅向十舅借的),用来发给十一舅工资的 1 000 元钱.

画成如下示意图(图 3.2),就更加明了了:

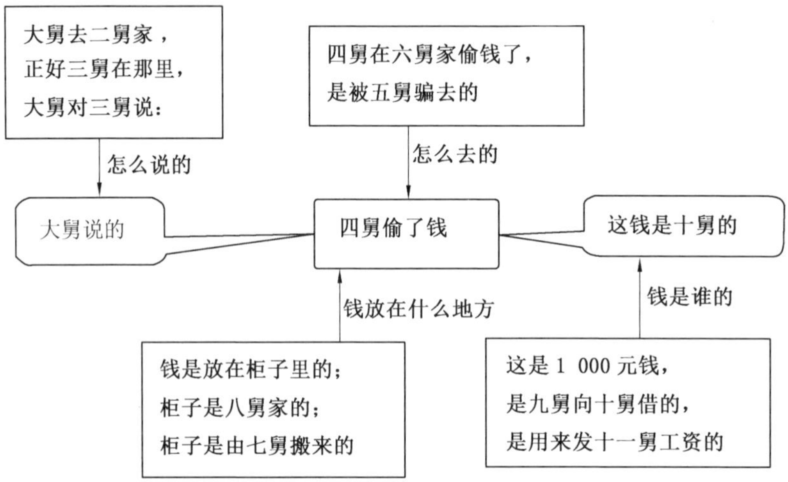

图 3.2

答案 (1) 四舅是小偷. (2) 钱本来是十舅的.

3.11 将立方体绕着体对角线旋转一周,得到什么图形

这个问题在网上盛行已久,据说是公务员的考试试题:

题目 如图 3.3 所示,将一个立方体绕着它的对角线 AC_1 旋转一周,得到的立体图形是(   ).

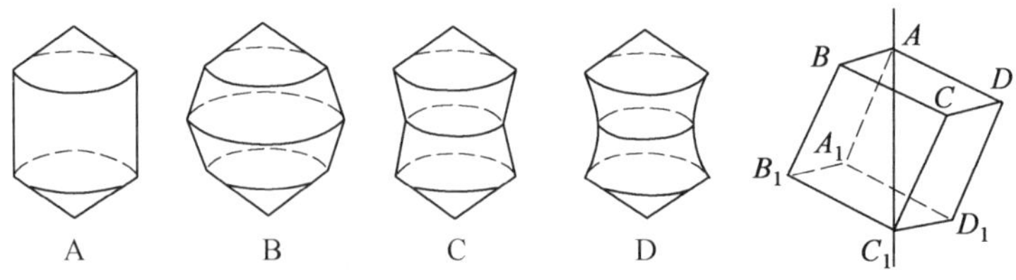

图 3.3

答案　选 D.

在网上有不少帖子介绍此题，多为转载，鲜见独立见解. 这里解析如下：

解　四个选项 A,B,C,D 中，立体图形的上下两端都是圆锥.

为什么是圆锥呢？事实上，正方体的棱 AB,AD,AA_1 均与直线 AC_1 相交且夹角相等（均为 $\arctan\sqrt{2}$），因此，棱 AB,AD,AA_1 绕直线 AC_1 旋转一周就得到一个圆锥（在上端）. 同理，棱 C_1B_1,C_1D_1,CC_1 绕直线 AC_1 旋转一周得到下端的圆锥（图 3.3）.

关键是中间部分！

从直观上讲，正方体有 12 条棱，其中 6 条棱 AB,AD,AA_1,C_1B_1,C_1D_1,CC_1 旋转一周形成了两端的圆锥，那么中间部分应由剩下的 6 条棱 A_1B_1,DC,A_1D_1,BC,BB_1,DD_1 旋转一周而形成.

选项 A 的中间部分是圆柱. 要得到圆柱，6 条棱 A_1B_1,DC,A_1D_1,BC,BB_1,DD_1 必须与 AC_1 平行，而它们与 AC_1 是异面的，故选项 A 排除；

选项 B,C 的中间部分为上下两个圆台. 要得到圆台，6 条棱 A_1B_1,DC,A_1D_1,BC,BB_1,DD_1 必须与 AC_1 共面，而它们与 AC_1 是异面的，故选项 B,C 排除；

选项 A,B,C 均被排除，因此只能选 D，如图 3.4 所示，形象地给出了答案.

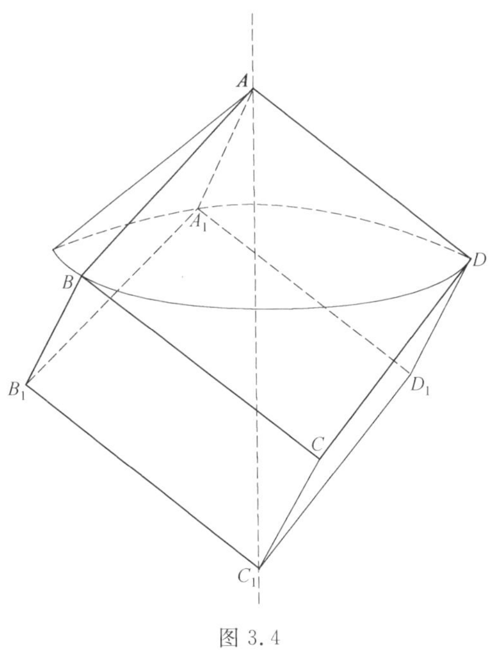

图 3.4

选项D的中间部分的立体图形称为通风塔形.通风塔形,在数学上称为单叶双曲面.

为什么中间部分只能是通风塔形呢?

下面我们证明:若一条动直线绕定直线旋转(两直线异面且不垂直),则得到的轨迹是单叶双曲面(通风塔形).

设正方体的棱长为1,以对角线 AC_1 为 z 轴,正方体中与 y 轴异面的直线方程可以写出,从而可进行具体的计算,如下:

以 l_2 为 x 轴建立空间直角坐标系,如图3.5所示,直线 l_1 的方程为 $\begin{cases} y=k_1x+b_1 \\ z=k_2x+b_2 \end{cases}$,则直线 l_1 上的点 (x,y,z) 到 x 轴的距离为 $d=\sqrt{y^2+z^2}$. 于是

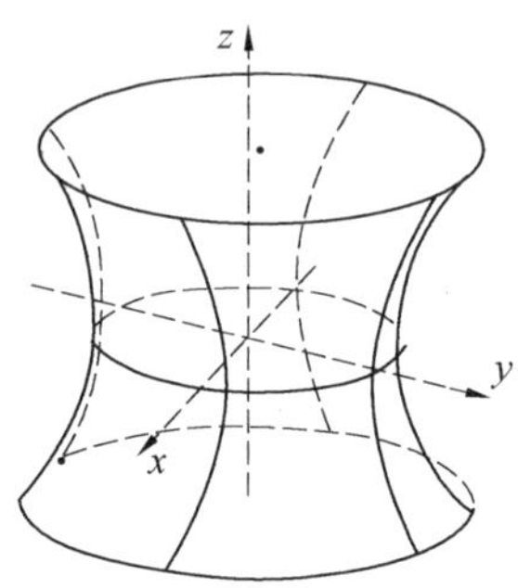

图3.5

$$\begin{aligned} d^2 &=(k_1x+b_1)^2+(k_2x+b_2)^2 \\ &=(k_1^2+k_2^2)x^2+2(k_1b_1+k_2b_2)x+b_1^2+b_2^2 \end{aligned}$$

记 $c=k_1^2+k_2^2, d=k_1b_1+k_2b_2, e=b_1^2+b_2^2$,所以

$$d^2=cx^2+2dx+e=c\left(x+\frac{d}{c}\right)^2-\frac{d^2}{c}+e$$

所以

$$d^2-c\left(x+\frac{d}{c}\right)^2=e-\frac{d^2}{c}$$

所以

$$\frac{d^2}{e-\dfrac{d^2}{c}}-\frac{\left(x+\dfrac{d}{c}\right)^2}{\dfrac{1}{c}\left(e-\dfrac{d^2}{c}\right)}=1$$

这说明轴截面与旋转体表面的交线是双曲线的一部分，因此旋转体的外表面是单叶双曲线，如图 3.6 所示.

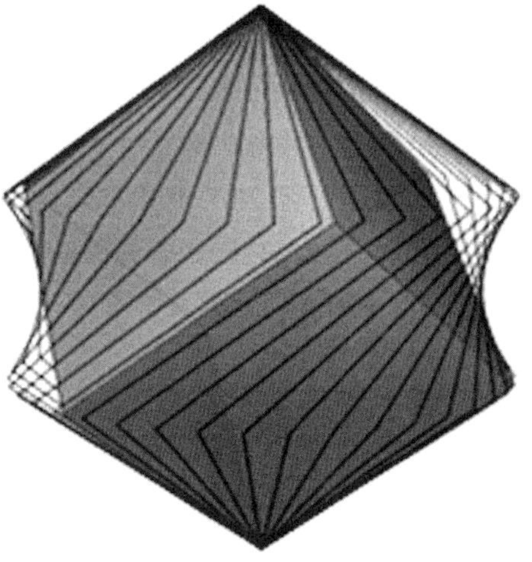

图 3.6

3.12　生活中的“迷糊”数学题

(1) 住宿费问题.

有 3 个人去住宿，一晚 30 元. 3 个人每人掏了 10 元凑够 30 元交给了老板. 后来老板说今天优惠只要 25 元就够了，拿出 5 元命令服务生退还给他们. 服务生偷偷藏起了 2 元，然后把剩下的 3 元钱分给了那 3 个人，每人分到 1 元. 这样，一开始每人掏了 10 元，现在又退回 1 元，也就是 $10-1=9$，每人只花了 9 元钱，3 个人每人 9 元，$3\times 9+2=29$ 元，还有 1 元钱去了哪里？

解　事实上，3 个人每个人交了 9 元，共 27 元，其中给老板 25 元，给服务生 2 元. 题中那样计算，把账算混淆了.

(2) 卖葱问题.

有个人去买葱，问：“葱多少钱一斤？”卖葱的人说：“1 块钱 1 斤，这是 100 斤，总共要 100 元.”买葱的人又问：“葱白跟葱绿分开卖不卖？”卖葱的人说：“卖，葱白 7 毛，葱绿 3 毛.”买葱的人把葱白和葱绿都买下了. 称了称葱白 50 斤，葱绿 50 斤，最后一算葱白 $50\times 0.7=35$ 元，葱绿 $50\times 0.3=15$ 元，$35+15=50$ 元. 买葱的人给了卖葱的人 50 元就走了. 卖葱的人却纳闷了：明明要卖 100 元的葱，而那个买葱的人为什么50元就买走了呢?

解 问题出在单价上!单价是不能分解的.1块钱1斤的葱,卖葱白和葱绿的单价都应该是1块钱1斤.葱白7毛,葱绿3毛,实际上是把价钱改动了,各卖50斤,就把单价改为每斤5毛钱了,所以买葱人只用50元就买走了.

(3) 井深问题.

有口井7 m深,有个蜗牛从井底往上爬,白天爬3 m,晚上往下坠2 m,问蜗牛几天能从井里爬出来?

解 蜗牛白天爬3 m,晚上往下坠2 m,一昼夜上升1 m,第4天共上升了4 m,到达离井口3 m处,第5天它就爬出此井了!

(4) 换桃问题.

1毛钱1个桃,3个桃核换1个桃,你拿1块钱能吃几个桃?想明白了留言,把你吃桃的方法写明白.

解 1块钱买了10个桃,得10个桃核,用9个桃核换3个桃,又得3个桃核,用这3个桃核再换1个桃,这时已吃14个桃,还剩2个桃核.如果能借来1个桃核,那么可又换来1个桃,吃后把桃核还给人家,此时则可吃15个桃.

3.13 四边形怎么拼成了平行四边形

题目 将一张四边形纸片沿两组对边的中点连线剪开,得到四张小纸片,如图3.7所示,用这四张小纸片一定可拼成一个(　　).

A. 梯形　　B. 矩形　　C. 菱形　　D. 平行四边形

答案 D.

解 如图3.7所示,拼法如下:

将四边形 $OEBF$ 绕点 E 旋转180°,得四边形 O_1EAF_1,见①;

将四边形 $OHDG$ 绕点 H 旋转180°,得四边形 O_2HAG_1,见②;

将四边形 $OFCG$ 平移,使点 C 和点 A 重合,得四边形 PF_1AG_1,见③;

四边形 $OHAE$ 不动,见④.

由旋转和平移的性质得 $F_1O_1 \parallel FH$, $PF_1 \parallel FH$,所以点 P, F_1, O_1 在同一条直线上,即 $PO_1 \parallel O_2O$.

同理 $PO_2 \parallel O_1O$.

所以四边形 OO_1PO_2 是平行四边形.

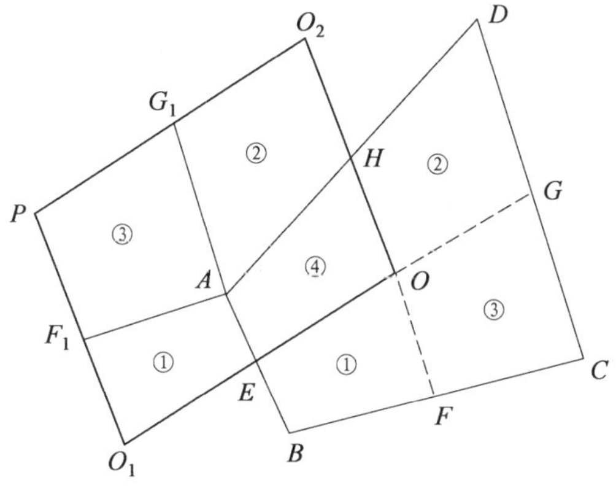

图 3.7

3.14　数鸡蛋的个数问题

题目　一筐鸡蛋,1 个 1 个拿,正好拿完;2 个 2 个拿,还剩 1 个;3 个 3 个拿,正好拿完;4 个 4 个拿,还剩 1 个;5 个 5 个拿,还剩 4 个;6 个 6 个拿,还剩 3 个;7 个 7 个拿,正好拿完;8 个 8 个拿,还剩 1 个;9 个 9 个拿,正好拿完;11 个 11 个拿,正好拿完. 问筐里有多少个鸡蛋?

计算出最少有多少个鸡蛋就可以了.

解　依题意,N 的质因数的积为 $11 \times 9 \times 7 = 693$,且有如下同余式成立

$$n \equiv 0 \pmod{693} \quad ①$$

$$n \equiv 4 \pmod{5} \quad ②$$

$$n \equiv 3 \pmod{6} \quad ③$$

$$n \equiv 1 \pmod{8} \quad ④$$

由式 ① 知 n 为 693 的奇数倍,首先试 $693 \times 3 = 2\ 079$.

这里 2 079 满足式 ②③,但不满足式 ④,注意到 $2\ 079 = 259 \times 8 + 7$.

欲满足式 ④,需要找到正奇数 x 使得 $7x \equiv 1 \pmod{8}$,易知最小的 $x = 7$.

于是 $2\ 079 \times 7 = 14\ 553$ 为所求.

评论　本题属于算术问题,以上用了同余式符号,本质上并没有降低难度,只是书写方便.

3.15 从一道古代数学诗题说起

下面是清朝人徐子云在《算法大成》中的一首诗：

巍巍古寺在山林，不知寺内几多僧.

三百六十四只碗，看看用尽不差争.

三人共食一碗饭，四人共吃一碗羹.

请问先生明算者，算来寺内几多僧.

诗的大意是：寺内有364只碗，如果3个僧人共吃一碗饭，4个僧人共吃一碗羹，那么刚好够用，寺内共有多少个僧人？

此题的关键是对“羹”字的理解.

我开始做此题时犯过一个错误：想当然地把“羹”理解成稀饭，理解成为：寺里僧人，一部分人吃干饭，一部分人吃稀饭，于是这道题就成为一个较为复杂的不定方程问题.

查阅“百度百科”：羹，用蒸煮等方法做成的糊状、冻状食物，有两种：一种是纯肉汁，供食饮；另一种是肉羹，制成五味调和的浓肉汤，后泛指煮或蒸成的汁状、糊状、冻状的食品. 在古代，肉是“肉食者”才能吃到的，贫苦百姓只能用白水煮菜为羹，这就是所谓的菜羹.

僧人禁食肉，当然吃饭时吃的羹是菜羹，即僧人们既吃饭又吃菜(羹). 于是此题解起来就相当简单了.

设有 x 个僧人，则$\frac{x}{3}+\frac{x}{4}=364$，解得 $x=624$，所以有 624 个僧人.

用诗的形式出数学题，这种题目称为诗题. 数学诗是诗的一种，而诗题不能归于数学诗. 诗题应属于数学问题，是数学题的一种文字表述.

中国古代有大量的诗题流传至今，以上寺庙碗数问题就是一例. 古代诗题虽有其趣味性，但在题意的表达上与当代人有一些隔膜. 因此在做此类题时，理解题意显得特别重要.

3.16 解题要有方向感

题目 已知$\frac{1}{2+\sin\alpha_1}+\frac{1}{2+\sin 2\alpha_2}=2$，其中 $\alpha_1,\alpha_2\in\mathbf{R}$，则 $|10\pi-2\alpha_1-$

$2\alpha_2$ | 的最小值为________.

解　由题意,有

$$-1\leqslant \sin\alpha_1\leqslant 1\Rightarrow 1\leqslant 2+\sin\alpha_1\leqslant 3\Rightarrow \frac{1}{3}\leqslant\frac{1}{2+\sin\alpha_1}\leqslant 1$$

同理有
$$\frac{1}{3}\leqslant\frac{1}{2+\sin 2\alpha_2}\leqslant 1$$

于是有
$$\frac{2}{3}\leqslant\frac{1}{2+\sin\alpha_1}+\frac{1}{2+\sin 2\alpha_2}\leqslant 2$$

而已知
$$\frac{1}{2+\sin\alpha_1}+\frac{1}{2+\sin 2\alpha_2}=2$$

所以
$$\sin\alpha_1=-1\text{ 且 }\sin 2\alpha_2=-1,\alpha_1,\alpha_2\in\mathbf{R}$$

所以
$$\alpha_1=-\frac{\pi}{2}+2k\pi\text{ 且 }\alpha_2=-\frac{\pi}{4}+n\pi,k,n\in\mathbf{Z}$$

所以
$$\alpha_1+\alpha_2=-\frac{3\pi}{4}+(2k+n)\pi$$

所以
$$|10\pi-\alpha_1-\alpha_2|=|10\pi-(\alpha_1+\alpha_2)|=\left|10\pi+\frac{3\pi}{4}-(2k+n)\pi\right|$$

当 $k=5,n=1$ 时,$|10\pi-\alpha_1-\alpha_2|$ 的最小值为 $\left|10\pi+\frac{3\pi}{4}-11\pi\right|=\frac{\pi}{4}$

评论　本节的重点是通过研究该题的解法谈一谈解题的方向感.

此题拿到手,看到条件是一个含正弦函数的分式等式,立马想到去整理它,去分母、去括号,等等.结果是无功而返.问题出在一开始就犯了方向性的错误.

题目拿到手,首先是审时度势.审时是审查题目的条件,度势就是瞄准目标设想走什么路径达到.抓住条件中的两个关于正弦的式子之和为 2,而正弦函数是有界的,所以对等式的左右的取值范围加以分析,这才是步入了正轨.而本题的最小值是在当 k,n 取整数值时通过取绝对值而达到的.

想当然的审题习惯害人不浅,凭感觉的解题套路经常碰壁.

解决本题是从整理等式入手还是从左边的取值范围入手,这是两个不同的解题方向.找到了正确的解题方向,就可以顺势而为,势如破竹.解题方向不对,误入歧途,很可能"出师未捷身先死,长使英雄泪满襟".

解题的方向与解题的思路是相联系的,方向是战略性的,思路是战术性的.有了正确的解题方向,才谈得上是正确的解题思路.作为教师,在数学解题的教学中,要培养学生的解题方向感,有方向感与无方向感,在解题的能力层次上是不同的,有方向感的显然技高一筹.

3.17 算不在繁,有径则名

山不在高,有仙则名;水不在深,有龙则灵.

算不在繁,有径则名;题不在难,有巧则灵.

数学选填题,如果直接套公式或概念的,当属基础题;如果需要经过判断和试探才能推算的,当属小巧题.后者一般用来考查学生的智力和能力,教学中值得特别注意.

下面两道题,说难不难,说易非易,关键是能否看穿问题的精髓.

例 1 已知直线 $ax+by-1=0$(a,b 不全为 0) 与圆 $x^2+y^2=50$ 有公共点,且公共点的横、纵坐标均为整数,那么这样的直线有________条.

分析 首先弄清题目的条件:直线经过圆上的整点(横、纵坐标均为整数的点),并非圆内的整点.其次要弄清圆上的整点有多少个.再次要注意有公共点指两种情况,即直线与圆相交和相切.最后要剔除不合题意的直线.

解 因为在圆 $x^2+y^2=50$ 上,横、纵坐标都是整数的点共有 12 个,它们是(1,7),(1,−7),(−1,7),(−1,−7),(7,1),(7,−1),(−7,1),(−7,−1),(5,5),(5,−5),(−5,5),(−5,−5).

(1) 从 12 个点中任取 2 个点可作 $C_{12}^2=66$ 条直线,注意到直线 $ax+by-1=0$(a,b不全为 0) 不经过原点,而上述 66 条直线中有 6 条是经过原点的,所以只有 60 条直线符合题意;

(2) 过 12 个点中的每个点都可作圆 $x^2+y^2=50$ 的切线,所以另有 12 条直线也符合题意,如图 3.8 所示.

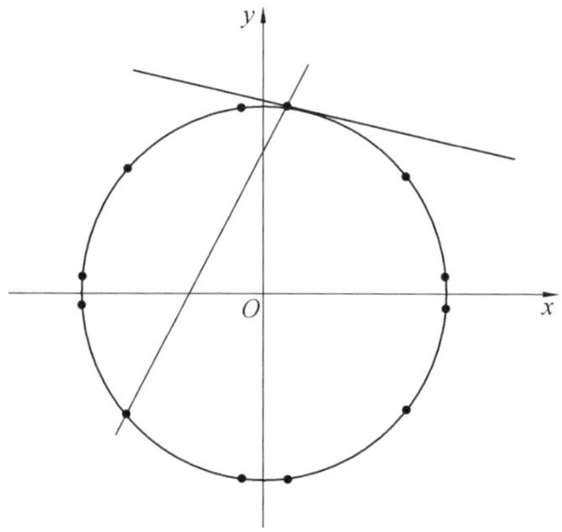

图 3.8

综上所述，符合题意的直线共有 $60+12=72$ 条.

例 2　双曲线 $x^2-y^2=1$ 的左、右顶点分别为 A_1,A_2,P 为其右支上一点，且 $\angle A_1PA_2=4\angle PA_1A_2$，则 $\angle PA_1A_2$ 等于(　　).

A. 无法确定　　B. $\frac{\pi}{36}$　　C. $\frac{\pi}{18}$　　D. $\frac{\pi}{12}$

分析　此题初看有点怪，双曲线的两顶点与曲线上一点构成三角形，且一内角是另一内角的 4 倍. 但是，见怪不怪，其怪自败，其实奇怪中应蕴含着某种蹊跷！不妨放开胆子算一算，看 $\angle A_2PQ$ 的大小！

解　如图 3.9 所示，建立平面直角坐标系，依题意，$A_1(-1,0)$，$A_2(1,0)$.

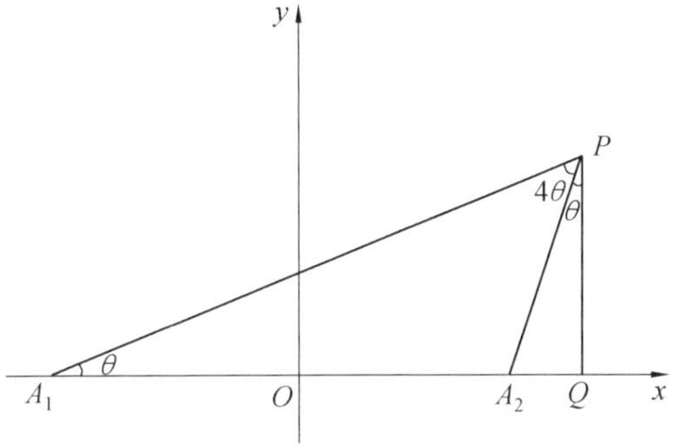

图 3.9

设点 $P(x_1,y_1)(x_1>0,y_1>0)$，过点 P 作 $PQ\perp x$ 轴于点 Q，则

$$|A_1Q|=x_1+1,\ |A_2Q|=x_1-1$$

又由点 P 在双曲线 $x^2-y^2=1$ 上，可知

$$|PQ|=y_1=\sqrt{x_1^2-1}$$

所以

$$\tan\angle PA_1A_2=\frac{PQ}{A_1Q}=\frac{\sqrt{x_1^2-1}}{x_1+1}=\sqrt{\frac{x_1-1}{x_1+1}}$$

$$\tan\angle A_2PQ=\frac{A_2Q}{PQ}=\frac{x_1-1}{\sqrt{x_1^2-1}}=\sqrt{\frac{x_1-1}{x_1+1}}$$

所以

$$\angle PA_1A_2=\angle A_2PQ$$

设 $\angle PA_1A_2=\angle A_2PQ=\theta$，则 $\angle A_1PA_2=4\angle PA_1A_2=4\theta$.

在 $\mathrm{Rt}\triangle PA_2Q$ 中，$\angle PA_1Q+\angle A_1PA_2+\angle A_2PQ=4\theta+\theta+\theta=6\theta=\frac{\pi}{2}$.

所以 $\angle PA_1A_2=\theta=\frac{\pi}{12}$. 故选 D.

3.18 数列题似绕口令

可怜天下父母心，可怜天下出题人.

下面的题中，数列的项的下标有深刻的含义，也颇为有趣，如同绕口令一般，绕来绕去，绕得不好，会把解题人绕糊涂；绕得好，会绕出味道来.

例 已知数列$\{a_n\}$的首项$a_1=a\neq\frac{1}{4}$，且$a_{n+1}=\begin{cases}\frac{1}{2}a_n & (n\text{ 为偶数})\\ a_n+\frac{1}{4} & (n\text{ 为奇数})\end{cases}$，记$b_n=a_{2n-1}-\frac{1}{4}$.

(1) 求a_2,a_3；

(2) 判断数列$\{b_n\}$是否为等比数列，并证明你的结论；

(3) 求$\lim\limits_{n\to\infty}(b_1+b_2+\cdots+b_n)$.

解 (1) 由$a_{n+1}=\begin{cases}\frac{1}{2}a_n & (n\text{ 为偶数})\\ a_n+\frac{1}{4} & (n\text{ 为奇数})\end{cases}$，表明数列$\{a_n\}$的通项公式由两段构成，因为$n$分为奇、偶数，所以$a_{n+1}$由它前一项$a_n$递推而得.

因为1是奇数，所以$a_2=a_1+\frac{1}{4}=a+\frac{1}{4}$.

因为2是偶数，所以$a_3=\frac{1}{2}a_2=\frac{1}{2}\left(a+\frac{1}{4}\right)$.

(2) 由$b_n=a_{2n-1}-\frac{1}{4}$，表明新数列$\{b_n\}$与旧数列$\{a_n\}$存在着稳定的错位关系，即：

b_1	b_2	b_3	b_4	$\cdots$	b_{n-1}	b_n	b_{n+1}	$\cdots$
$a_1-\frac{1}{4}$	$a_3-\frac{1}{4}$	$a_5-\frac{1}{4}$	$a_7-\frac{1}{4}$	$\cdots$	$a_{2n-3}-\frac{1}{4}$	$a_{2n-1}-\frac{1}{4}$	$a_{2n+1}-\frac{1}{4}$	$\cdots$

已知$b_{n+1}=a_{2n+1}-\frac{1}{4}$，此时$a_{2n+1}$的下标$2n+1$由偶数$2n$加1组成，故应按第1段(偶数段)处理，于是有

$$b_{n+1}=a_{2n+1}-\frac{1}{4}=\frac{1}{2}a_{2n}-\frac{1}{4}=\frac{1}{2}\left(a_{2n}-\frac{1}{2}\right)$$

此时 a_{2n} 的下标 $2n$ 由奇数 $2n-1$ 加 1 组成，故应按第 2 段（奇数段）处理，于是又有

$$b_{n+1}=\frac{1}{2}\left(a_{2n}-\frac{1}{2}\right)=\frac{1}{2}\left(a_{2n-1}+\frac{1}{4}-\frac{1}{2}\right)=\frac{1}{2}\left(a_{2n-1}-\frac{1}{4}\right)$$

重复以上过程就有

$$\frac{b_{n+1}}{b_n}=\frac{a_{2n+1}-\frac{1}{4}}{a_{2n-1}-\frac{1}{4}}=\frac{\frac{1}{2}a_{2n}-\frac{1}{4}}{\frac{1}{2}a_{2n-2}-\frac{1}{4}}=\frac{a_{2n}-\frac{1}{2}}{a_{2n-2}-\frac{1}{2}}$$

$$=\frac{a_{2n-1}+\frac{1}{4}-\frac{1}{2}}{a_{2n-3}+\frac{1}{4}-\frac{1}{2}}=\frac{a_{2n-1}-\frac{1}{4}}{a_{2n-3}-\frac{1}{4}}=\frac{b_n}{b_{n-1}}$$

所以 $\{b_n\}$ 为等比数列.

(3) 既然 $\{b_n\}$ 为等比数列，且它的首项 $b_1=a_1-\frac{1}{4}=a-\frac{1}{4}$，第 2 项 $b_2=a_3-\frac{1}{4}=\frac{1}{2}\left(a+\frac{1}{4}\right)-\frac{1}{4}=\frac{1}{2}\left(a-\frac{1}{4}\right)$，所以公比为 $q=\frac{1}{2}$，所以

$$\lim_{n\to\infty}(b_1+b_2+\cdots+b_n)=\frac{b_1}{1-q}=\frac{a-\frac{1}{4}}{1-\frac{1}{2}}=2a-\frac{1}{2}$$

评论　解完题后，我们有必要想想数列 $\{a_n\}$，$\{b_n\}$ 到底是什么样的？根据上面的讨论，不难知道：

数列 $\{a_n\}$ 为

$$a,a+\frac{1}{4},\frac{1}{2}a+\frac{1}{8},\frac{1}{2}a+\frac{3}{8},\frac{1}{4}a+\frac{3}{16},\frac{1}{4}a+\frac{7}{16},\cdots$$

数列 $\{b_n\}$ 为

$$b_1=a_1-\frac{1}{4}=a-\frac{1}{4}$$

$$b_2=a_3-\frac{1}{4}=\frac{1}{2}a+\frac{1}{8}-\frac{1}{4}=\frac{1}{2}\left(a-\frac{1}{4}\right)$$

$$b_3=a_5-\frac{1}{4}=\frac{1}{4}a+\frac{3}{16}-\frac{1}{4}=\frac{1}{4}\left(a-\frac{1}{4}\right)$$

$$\vdots$$

我们发现，这两个数列很有趣，第一个数列的各项是依次在前一项基础上加 $\frac{1}{4}$

或乘以$\frac{1}{2}$,而第二个数列是隔项地挑出第一个数列第 1,3,5,7,… 项,且分别减去$\frac{1}{4}$,于是就凑成了一个等比数列!

哪来的如此巧妙?

这正是:出题人匠心独具,数列竟成绕口令.

3.19 剖析两道数学题的“好”与“坏”

好的数学题,面目清秀、赏心悦目.面貌模糊、五官不正的数学题,多是不好的题目.

例 1 过点 $P(1,2)$ 作直线 l,使其与两坐标轴相交所成的三角形的面积等于 a,当 a 取不同值时,这样的直线 l 可能有(　　)条.

A. 2 或 3　　B. 1 或 2 或 3　　C. 2 或 3 或 4　　D. 1 或 2 或 3 或 4

笔者猜测,本题的初衷可能是:已知直线 l 过定点 $P(1,2)$,它与 x,y 轴相交截得的三角形的面积为定值 a,这样的直线最多有多少条?

如果这样表述,题意相当清楚,面积 a 给定了,我们求直线的条数即求直线斜率 k 的个数,在求的过程中自然要讨论 a 的取值情况.

可是,题目有一句“当 a 取不同值时”,把水搅浑了.其效果是:当 a 取每一个确定的(正)值时,这样的直线 l 至少有一条,那么,当 a 取不同值时,这样的值有无数个,因此无正确选项!

有人辩解道:数学题就是要考察审题能力,设陷阱、下绊子很正常.

一道数学题,本来可以表达得干净利索、清楚明白的,偏要添油加醋,绕道而行,放置烟幕弹,是虚张声势,是居心不良.哪怕出于好心,生怕学生不加以讨论,因此加几个字强调,结果却适得其反,这样也不可取.

但并不等于说,数学题一定要“清澈见底”“月朗风清”,否则就不是好的数学题,有的题看起来“雨蒙蒙,雾蒙蒙”,实际上也是好题.

例 2 设二次函数 $f(x)=x^2+x+a$,若 $f(m)<0$,则函数 $y=f(x)$ 在区间 $(m,m+1)$ 内有零点吗? 证明你的结论.

分析 从图像入手.函数 $f(x)$ 的开口向上,再由 $f(m)<0$ 知,函数 $f(x)$ 的图像与 x 轴必有两个交点,设交点为 $A(x_1,0)$,$B(x_2,0)$,则

$$|AB|=|x_1-x_2|=\sqrt{(x_1+x_2)^2-4x_1x_2}=\sqrt{1-4a}<1\Rightarrow 0<a\leqslant\frac{1}{4}$$

注意，a 的取值范围看似无用，其实起了关键作用. 因为

$$f(m)=m(m+1)+a<0\Rightarrow m(m+1)<-a<0\Rightarrow m<0,\text{且 } m+1>0$$

所以

$$f(m+1)=(m+1)^2+(m+1)+a>0$$

即

$$f(m+1)>0$$

又因为二次函数是连续函数，且

$$f(m)\ f(m+1)<0$$

所以函数 $f(x)$ 在区间 $(m,m+1)$ 内必有一个零点.

做完之后发现，例 2 没有想象中的容易，也没有想象中的困难.

从例 1 和例 2，可见一道题的“好”与“坏”，与条件的“繁”与“简”“曲”与“直”没有太大的关系，这些都只是形式，重要的在于实质.

3.20　代数变换的三大作用

将代数式子进行变形，称为代数变形. 代数变形也称为代数变换.

代数变换有什么作用？笼统地说是为了解题，细致地应怎么说，鲜有人加以总结.

我在教学中，对学生指出代数变换有三大作用，学生感到非常新鲜，很愿意接受，有振聋发聩的效果.

代数变换，第一个作用是化简. 约分就是典型的化简，把根式化为最简根式、合并同类项等，都是化简的例子.

代数变换，第二个作用是化标. 所谓化标，就是将代数式化为标准的形式，把二次函数化为 $y=ax^2+bx+c(a\neq 0)$ 的形式，把椭圆方程化为 $\frac{x^2}{a^2}+\frac{y^2}{b^2}=1(a>b>0)$ 的形式，这些都是化标.

代数变换，第三个作用是化一. 所谓化一，就是将代数式化为统一的形式. 分数的加减法需要通分，各个分数化为相同的分母，这就是化一. 在处理三角函数时，把正余切、正余割化为正余弦，也是化一.

化简、化标、化一是代数变换的三大作用！

3.21　展开与打开

在教学生时，遇到一道很简单的题：

求证：$\sin(\alpha+\beta)\sin(\alpha-\beta)=\cos^2\beta-\cos^2\alpha$.

证明时把左边写成$(\sin\alpha\cos\beta+\cos\alpha\sin\beta)(\sin\alpha\cos\beta-\cos\alpha\sin\beta)$，我自然地说成是“展开”.

下一步去掉括号后，得到$\sin^2\alpha\cos^2\beta-\cos^2\alpha\sin^2\beta$，这时我又顺口冒出“打开”二字.

展开与打开，两词不是差不多吗？非也，过细推敲，它们还是有微小差别的.

例如，把和、差、倍、半角的三角函数写成单角的三角函数，就像铺开一轴画卷，要慢慢地“展开”：

$\sin(\alpha+\beta)=\sin\alpha\cos\beta+\cos\alpha\sin\beta$，从左到右是展开.

又如，几个多项式相乘，必须强行地把括号去掉，称之为“打开”：

$(a+2b)(3a-b)=3a^2+5ab-2b^2$，从左到右是打开.

展开与打开，同工而异曲.

展开与打开，透露出解题者的情感.

展开与打开，凝聚着解题者的匠心.

3.22　化归的途径

虽然直译法是解数学题中最直接且最基本的方法，但它并不能“包打天下”. 意译法，也称为转化法或化归法，它指将题设的条件或结论加以转化从而获解，是一种间接的方法. 此方法迂回包抄、起伏跌宕、出奇制胜、功效卓著，故常被采用.

转化或化归，可从各种方向考虑，为达目的，穷尽技能.

第一，从几何方向考虑，可考虑用图像法，一旦找到几何意义，利用图形的直观性极易获解.

例 1　如果 $2x+5y\geqslant 1$，求函数 $f(x,y)=x^2+y^2+4x-2y+5$ 的最小值.

分析　不等式 $2x+5y\geqslant 1$ 的几何意义是平面直角坐标系中位于直线 $2x+5y=1$ 右上方的半平面区域（包含边界），$f(x,y)=(x+2)^2+(y-1)^2$ 表示此区域内的点 (x,y) 到定点 $(-2,1)$ 的距离，欲求函数 $f(x,y)$ 的最小值，即求定点 $(-2,1)$ 到直线 $2x+5y=1$ 的距离.

第二，从代数方向考虑，可考虑用变换命题法，通过转变视角，使问题清澈见底.

例 2　已知函数 $y=\lg\dfrac{1+2^x+a\cdot 4^x}{3}$ 在 $(-\infty,1]$ 上有意义，求实数 a 的取值范围.

分析　将问题转化为 $1+2^x+a\cdot 4^x>0$ 在 $(-\infty,1]$ 上恒成立，即 $a>-\left[\left(\dfrac{1}{2}\right)^{2x}+\left(\dfrac{1}{2}\right)^{x}\right]$ 在 $(-\infty,1]$ 上恒成立，求实数 a 的取值范围.

此式右边是关于 x 的函数，可设 $g(x)=-\left[\left(\dfrac{1}{2}\right)^{2x}+\left(\dfrac{1}{2}\right)^{x}\right]$，问题又转化为求函数 $g(x)$ 的最大值，然后 a 只需大于 $g(x)$ 的最大值即可.

而 $g(x)$ 在 $(-\infty,1]$ 上是增函数，所以 $g(x)_{\max}=g(1)=-\dfrac{3}{4}$，所以 $a>-\dfrac{3}{4}$ 为所求.

例 3　对于任意的 $a\in[-1,1]$，函数 $f(x)=x^2+(a-4)x+4-2a$ 恒大于 0，求实数 x 的取值范围.

分析　本题已知参变量 a 的范围和函数的值域，求自变量 x 的范围，如此设问不落窠臼，令人颇为棘手. 不妨反客为主，将函数以 a 为线索重新整理，有

$$g(a)=f(x)=x^2+(a-4)x+4-2a=(x-2)a+(x^2-4x+4),\ a\in[-1,1]$$

可知函数 $g(a)(a\in[-1,1])$ 的图像是一条线段. 要求 $g(a)$ 在区间 $[-1,1]$ 上恒大于 0，只需 $g(-1)>0$ 且 $g(1)>0$，所以

$$\begin{cases}(x-2)(-1)+(x^2-4x+4)>0\\(x-2)+(x^2-4x+4)>0\end{cases}$$

解得 $x<1$ 或 $x>3$.

第三，从三角方向考虑，可考虑用换元法，通过三角换元，简捷地解决问题.

例 4　已知 x,y 满足 $\dfrac{(x-2)^2}{4}+(y-1)^2=1$，求 $\dfrac{x+1}{y}$ 的最小值.

分析　本题的条件形如 $\cos^2\alpha+\sin^2\alpha=1$，因此可考虑用换元法解题.

令 $x=2+2\cos\alpha$，$y=1+\sin\alpha$，则

$$\frac{x+1}{y}=\frac{3+2\cos\alpha}{1+\sin\alpha}$$

第二次换元，令 $m=\dfrac{3+2\cos\alpha}{1+\sin\alpha}$，去分母得

$$m+m\sin\alpha=3+2\cos\alpha$$

所以
$$m\sin\alpha-2\cos\alpha=3-m$$
于是有
$$\sqrt{m^2+4}\sin(\alpha-\theta)=3-m(\text{其中 }\theta\text{ 是辅助角})$$
所以
$$\sin(\alpha-\theta)=\frac{3-m}{\sqrt{m^2+4}}$$
所以
$$\left|\frac{3-m}{\sqrt{m^2+4}}\right|\leqslant 1$$
解得 $m\geqslant\frac{5}{6}$,所以$\frac{x+1}{y}$ 的最小值是$\frac{5}{6}$.

此可谓:

直译失效转意译,巧妙化归显神力;

命题等价形式变,一旦突破都欢喜.

3.23 解题的严谨性

请看一道由某公众号给出的题目及其解答:

题目 已知 $f(x)=6x^2-18x+12,x\in\left[1,\frac{3}{2}\right]$,$g(x)=\frac{9-\sqrt{9-6x}}{6}$,$x\in[0,+\infty)$,$f(x)$ 与 x 轴围成的面积为S_1,$g(x)$ 与 x 轴围成的面积为S_2,求 S_1+S_2.

解 $y=\frac{9-\sqrt{9-6x}}{6}\Leftrightarrow x=-6y^2+18y-12=-6(y-1)(y-2)$

且
$$f(x)=6(x-1)(x-2)$$
$f(x)$ 与 $g(x)$ 表示的是开口相同的抛物线,而且 $f(x)$ 与 x 轴的相对位置与 $g(x)$ 与 y 轴的相对位置相同,如图 3.10 所示,$f(x)$ 开口向上,$g(x)$ 开口向左,S_1+S_2 可剪拼成一个边长为$\frac{3}{2}$ 的正方形,故所求面积为$\left(\frac{3}{2}\right)^2=\frac{9}{4}$.

该题从题目到解答都存在诸多漏洞,具体如下.

关于题目:

(1)"已知 $f(x)=6x^2-18x+12,x\in\left[1,\frac{3}{2}\right]$",$f(x)$ 的图像与 x 轴仅相交于一点(1,0)(图 3.10),怎能与 x 轴围成一个封闭区域?

(2)"已知……,$g(x)=\frac{9-\sqrt{9-6x}}{6}$,$x\in[0,+\infty)$",$g(x)$ 中 x 的允许值范

围是 $x \leqslant \frac{3}{2}$，定义域怎能指定为 $[0,+\infty)$？

(3) $g(x)$ 的图像与 x 轴无交点，何以与 x 轴围成一个封闭区域？

关于解答：

(4) $y=\frac{9-\sqrt{9-6x}}{6}$ 与 $x=-6(y-1)(y-2)$ 等价吗？结果是否定的，因为两式中的 x,y 的取值范围不同. 具体来说，式子 $y=\frac{9-\sqrt{9-6x}}{6}$ 满足 $x \leqslant \frac{3}{2}$ 且 $y \leqslant \frac{3}{2}$，而式子 $x=-6(y-1)(y-2)$ 满足 $y \in \mathbf{R}$ 且 $x \leqslant \frac{3}{2}$.

(5)"$f(x)$ 与 $g(x)$ 表示的是开口相同的抛物线"，应为：$f(x)$ 与 $g(x)$ 的图像所在的曲线是开口大小相等的抛物线. 因为函数 $f(x)$，$g(x)$ 的图像分别是曲线段，所在曲线才是抛物线. 另外，抛物线开口的大小用相等来刻画，而不是用"相同"来刻画.

漏洞必须堵上，错误必须纠正，如下：

题目　已知函数 $f(x)=6x^2-18x+12, x \in \left[1,\frac{3}{2}\right]$，函数 $g(x)=\frac{9-\sqrt{9-6x}}{6}, x \in \left[0,\frac{3}{2}\right]$，且 $f(x)$ 的图像与 x 轴及 $x=\frac{3}{2}$ 围成的封闭区域的面积为 S_1，$g(x)$ 的图像与 x 轴、$x=0$ 及 $x=\frac{3}{2}$ 围成的封闭区域的面积为 S_2，求 S_1+S_2.

解　设方程 $y=6x^2-18x+12, x \in \left[1,\frac{3}{2}\right], y \in \left[-\frac{3}{2},0\right]$，对应的曲线段为 C_1，由

$$y=\frac{9-\sqrt{9-6x}}{6}, x \in \left[0,\frac{3}{2}\right],\ y \in \left[1,\frac{3}{2}\right]$$

$$\Leftrightarrow x=-6(y-1)(y-2), x \in \left[0,\frac{3}{2}\right],\ y \in \left[1,\frac{3}{2}\right]$$

并设此方程对应的曲线段为 C_2，

因为 C_1，C_2 所在的曲线均为开口大小相等的抛物线，前者开口向左，后者开口向上；并且，这两条抛物线与 x 轴、y 轴的相对位置是相同的，如图 3.10 所示，所以 S_1+S_2 可剪拼成一个边长为 $\frac{3}{2}$ 的正方形，故 $S_1+S_2=\left(\frac{3}{2}\right)^2=\frac{9}{4}$.

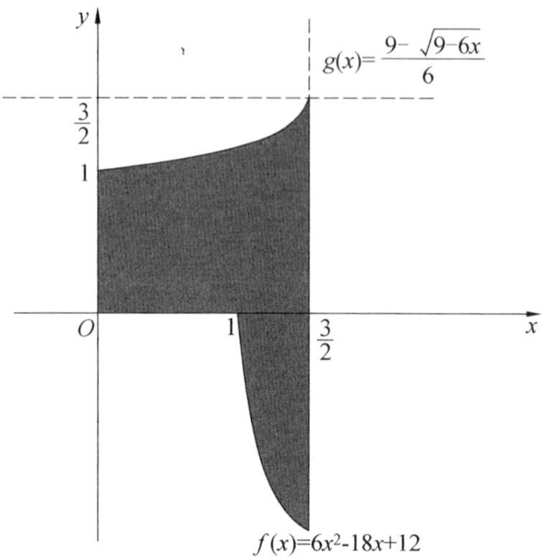

图 3.10

数学是一门严谨的学科.数学的严谨表现在于数学概念的准确,演绎推理的严格,文字叙述的严密,配置图形的精当.

从以上分析可见,原题及其解答是很不严谨的.

数学的严谨性,要体现在教师的教学过程中.解数学题,不仅要求正确、简捷,而且还要求严谨、审题细致、表达准确、逻辑严密、图形合适、步骤有序、格式规范,做到推理有据、论证充分、过程简洁、结论明确.

3.24 阴影部分的面积

例 1 如图 3.11 所示,边长为 4 的正方形,以一个顶点为圆心、4 为半径作一个$\frac{1}{4}$圆的扇形,以一条边为直径作一个半圆,扇形和半圆交错部分即阴影部分,求阴影部分的面积.

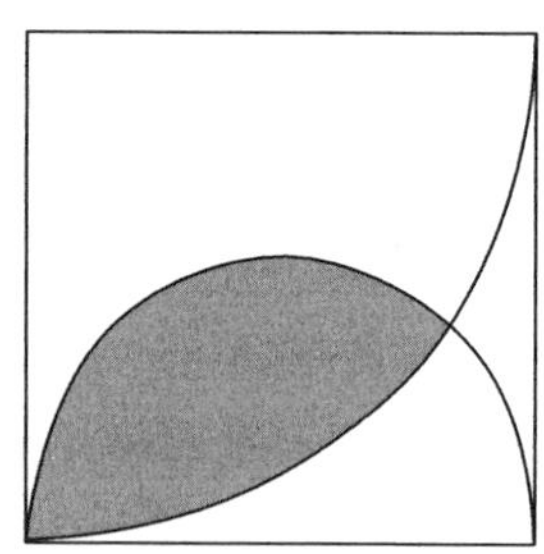

图 3.11

据说这道题是一道初中的自招题.此题构图简洁,目标醒目,人们往往小觑了它.看似简单却一时做不出来的题目,越发激起人们的兴趣.因此这么多年来此题一直受到青睐.

实际上此题用最朴素的"割补法"可以解决.

解法 1　在正方形 $ABCD$ 中，点 E 是 BC 的中点，圆 A 过点 B，D，圆 E 过点 B，C，圆 A 与圆 E 相交于点 B，M，如图 3.12(a) 所示.

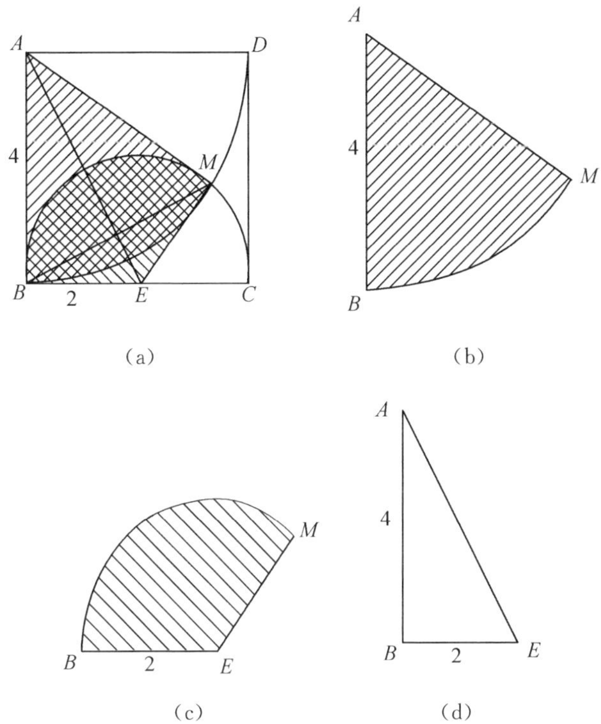

图 3.12

联结 AE，AM，易知 AM 与圆 E 相切于点 M，则 $\mathrm{Rt}\triangle ABE \cong \mathrm{Rt}\triangle AME$.

设扇形 ABM 的面积为 S_1(图 3.12(b))，扇形 EBM 的面积为 S_2(图 3.12(c))，$\triangle ABE$ 的面积为 S_3(图 3.12(d))，所求阴影部分的面积为 S，则

$$S = S_1 + S_2 - 2S_3$$

计算 S_1：$\angle BAM = 2\arcsin\frac{1}{\sqrt{5}}$，圆的半径为 4，所以

$$S_1 = \frac{1}{2} \cdot 2\arcsin\frac{1}{\sqrt{5}} \cdot 4^2 = 16\arcsin\frac{1}{\sqrt{5}}$$

计算 S_2：$\angle BEM = 2\arccos\frac{1}{\sqrt{5}}$，圆的半径为 2，所以

$$S_2 = \frac{1}{2} \cdot 2\arccos\frac{1}{\sqrt{5}} \cdot 2^2 - 4\arccos\frac{1}{\sqrt{5}}$$

而

$$2S_3=4\times 2=8$$

所以

$$S=16\arcsin\frac{1}{\sqrt{5}}+4\arccos\frac{1}{\sqrt{5}}-8$$

注意到

$$\arcsin\frac{1}{\sqrt{5}}+\arccos\frac{1}{\sqrt{5}}=\frac{\pi}{2},2\arcsin\frac{1}{\sqrt{5}}=\arcsin\frac{4}{5}$$

所以

$$\begin{aligned}S&=4\cdot\frac{\pi}{2}+12\arcsin\frac{1}{\sqrt{5}}-8\\&=2\pi+6\arcsin\frac{4}{5}-8\end{aligned}$$

若取 $\pi=3.141\ 5,\arcsin\frac{4}{5}=0.927\ 3$，则 $S=3.846\ 8$.

当然本题可以用定积分来计算：

解法 2 设曲线 $f(x)=4-\sqrt{16-x^2}$ 与 $g(x)=\sqrt{4-(x-2)^2}$ 交于点 O,M，易知 $x_M=\frac{16}{5}$，于是阴影部分的面积由以下定积分决定

$$\begin{aligned}S&=\int_0^{\frac{16}{5}}[g(x)-f(x)]\mathrm{d}x\\&=\int_0^{\frac{16}{5}}(\sqrt{16-x^2}+\sqrt{4-(x-2)^2}-4)\mathrm{d}x\\&=\int_0^{\frac{16}{5}}\sqrt{16-x^2}\,\mathrm{d}x+\int_0^{\frac{16}{5}}\sqrt{4-(x-2)^2}\,\mathrm{d}(x-2)-\int_0^{\frac{16}{5}}4\mathrm{d}x\\&=\left[\left(\frac{1}{2}\cdot cx-2\right)\sqrt{4-(x-2)^2}+\frac{4}{2}\cdot\arcsin\frac{x-2}{2}-4x+\frac{x}{2}\sqrt{16-x^2}+\frac{16}{2}\cdot\arcsin\frac{x}{4}\right]\Bigg|_0^{\frac{16}{5}}\\&=\pi+2\arcsin\frac{3}{5}+8\arcsin\frac{4}{5}-8\end{aligned}$$

注意到

$$\arcsin\frac{3}{5}+\arcsin\frac{4}{5}=\frac{\pi}{2}$$

所以 $S=2\pi+6\arcsin\frac{4}{5}-8$.

上面介绍了两种解法，解法 1 用到了反三角函数，解法 2 则用到了定积分，确实超出了初中数学的范围.

对于此题，有没有一种方法让所有的初中生都能接受呢？

有的！粗估法，即数格子的方法，人人都会.

既然是粗估，我们就把正方形的边长细分得多一些，让我们粗估的数值更方便得到.

例 2　边长为 20 cm 的正方形，以一个顶点为圆心、20 cm 为半径作一个 $\frac{1}{4}$ 圆的扇形，以一条边为直径作一个半圆，扇形和半圆形交错部分即阴影部分，求阴影部分的面积.

解　把正方体分割成 20×20 个边长为 1 的小正方形，如图 3.13 所示.

用数格子的方法来估测：整格的有 73 个，半格的有 36 个，这个图形的面积大约是 $73 + \frac{36}{2} = 91\ \text{cm}^2$.

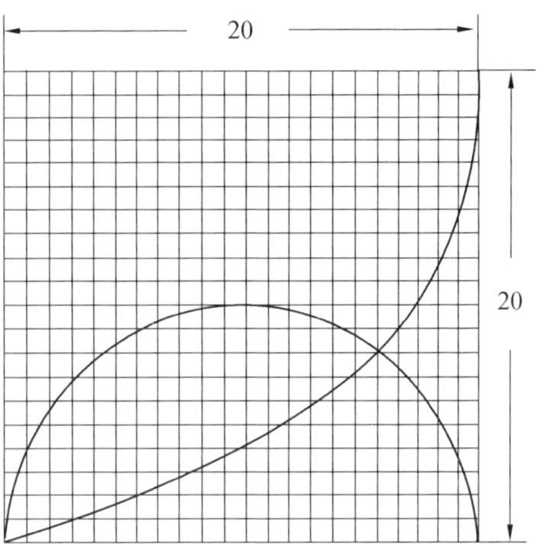

图 3.13

小学数学《义务教育数学课程标准(2011 版)》对于估算有明确的要求，即要求学生“理解估算的意义”“会用方格纸估计不规则图形的面积”.

估算法是学生必备的技能. 通过对估算的学习，可以培养学生的数感、观察能力、空间想象能力和逻辑推理能力. 因此把这一类问题作为自招题是可以的.

关于不规则图形的面积有一个著名的皮克定理：

给定顶点坐标均是整点(或正方形格点)的简单多边形，S 为图形面积，m 为内部格点数，n 为边界上的格点数，则有

$$S = m + \frac{n}{2} - 1$$

根据皮克定理，本题中，$m = 89$，$n = 8$，所以

$$S = 89 + \frac{8}{2} - 1 = 91$$

3.25 抽象函数的定义域问题

有两道关于抽象函数的定义域问题，困扰着一批批学生，一些教师也难以讲清楚.我把这一专题写成本节时，也颇费思量，数易其稿.

(1) 已知 $f(x)$ 的定义域为 D，求 $f[g(x)]$ 的定义域；

(2) 已知 $f[g(x)]$ 的定义域为 D，求 $f(x)$ 的定义域.

破解这类问题之前，再次明确函数定义域的含义：函数 $f(x)$ 中，自变量 x 的取值范围叫作函数 $f(x)$ 的定义域.

在此前提下，解决问题(1)(2)，关键还是在于对题意的理解.

先看问题(1).

例 1 已知 $f(x)$ 的定义域为$(-3,5]$，求 $f(2x-1)$ 的定义域.

解 因为 $f(x)$ 的定义域为$(-3,5]$，所以

$$-3 < x \leqslant 5$$

因为 $f(2x-1)$ 是把 $f(x)$ 中的 x 换成 $2x-1$ 所得到的，所以

$$-3 < 2x-1 \leqslant 5$$

解得

$$-1 < x \leqslant 3$$

所以 $f(2x-1)$ 的定义域为$(-1,3]$.

评论 以上用到了“顶替”的思想和方法.

由已知 $f(x)$ 的定义域为 D 可知 $x \in D$.我们认为，在 $f[g(x)]$ 中，$g(x)$ 顶替了 $f(x)$ 中 x 的位置，于是 $g(x)$ 必须接受 x 的“限制”，因此有 $g(x) \in D$.解不等式 $g(x) \in D$ 可得到此处 x 的范围 M，即 $f[g(x)]$ 的定义域为 M.

再看问题(2).

例 2 已知 $f(2x-1)$ 的定义域为$(-1,3]$，求 $f(x)$ 的定义域.

解 因为 $f(2x-1)$ 的定义域为$(-1,3]$，所以 $-1 < x \leqslant 3$.

令 $u=2x-1$，则 $f(x)$ 的定义域即 $f(u)$ 的定义域，由

$$-1 < x \leqslant 3 \Rightarrow -2 < 2x \leqslant 6 \Rightarrow -3 < 2x-1 \leqslant 5$$

即

$$-3 < u \leqslant 5$$

所以 $f(u)$ 的定义域为$(-3,5]$，所以 $f(x)$ 的定义域为$(-3,5]$.

评论 以上用到了“转化”的思想和方法.

由已知 $f[g(x)]$ 的定义域为 D 可知 $x \in D$.在 $f[g(x)]$ 中令 $u=g(x)$，于是求 $f(x)$ 的定义域就转化为求 $f(u)$ 的定义域，即求 u 的取值范围 M.再由 $x \in D$ 可

得到 $u=g(x)\in M$,故 $f(x)$ 的定义域为 M.

下面看一个更为复杂的例子.

例 3　若函数 $f(2^x)$ 的定义域为$[-1,1]$,求函数 $f(\log_3 x)$ 的定义域.

解　因为 $f(2^x)$ 的定义域为$[-1,1]$,即 $-1\leqslant x\leqslant 1$,令 $u=2^x$,则 $f(u)$ 的定义域是 u 的取值范围.

由 $-1\leqslant x\leqslant 1\rightarrow \dfrac{1}{2}\leqslant 2^x\leqslant 2$,因此 $f(u)$ 的定义域为$\left[\dfrac{1}{2},2\right]$,在 $f(u)$ 中把 u 换成$\log_3 x$,因此有$\dfrac{1}{2}\leqslant \log_3 x\leqslant 2$,解得$\sqrt{3}\leqslant x\leqslant 9$.

所以函数 $f(\log_3 x)$ 的定义域为$[\sqrt{3},9]$.

评论　以上综合运用了"转化"和"顶替"的思想和方法.综上所述:

类型(1)的特点是知简求繁,用的是"顶替"的方法,这是一份担当.

类型(2)的特点是知繁求简,用的是"转化"的方法,这是一种机智.

3.26　一道囊括二次、三次函数值域的佳题

众所周知,定义域为指定区间的二次、三次函数的值域问题,因为与区间有关、也与驻点位置有关,所以需要讨论,让一些学生感到迷惑.

为了排疑解惑,我们在教学中有必要精选例题.

例　设函数 $f(x)=-\dfrac{1}{3}x^3+\dfrac{1}{2}x^2+2ax$.

(1) 若 $f(x)$ 在$\left(\dfrac{2}{3},+\infty\right)$上存在单调递增区间,求 a 的取值范围;

(2) 当 $0<a<2$ 时,$f(x)$ 在$[1,4]$上的最小值为$-\dfrac{16}{3}$,求 $f(x)$ 在该区间上的最大值.

分析　(1) 函数 $f(x)$ 在$\left(\dfrac{2}{3},+\infty\right)$上存在单调递增区间,等价于 $f'(x)>0$ 在$\left(\dfrac{2}{3},+\infty\right)$上有解.

注:"有解"与"恒成立"是完全不同的两种说法.前者只要求"存在(有解)",后者则要求"全部(有解)".

于是,$f'(x)>0$ 在$\left(\dfrac{2}{3},+\infty\right)$上有解,等价于 $f'(x)$(其中 $x>\dfrac{2}{3}$)的最大值

为正数.

$f'(x)=-x^2+x+2a=-\left(x-\frac{1}{2}\right)^2+2a+\frac{1}{4}$

对称轴为 $x=\frac{1}{2}$,区间为 $x\in\left(\frac{2}{3},+\infty\right)$,可知对称轴在区间的左边(即驻点在区间的左边),如图 3.14 所示,所以 $f'(x)$ 的最大值 $=f'\left(\frac{2}{3}\right)=\frac{2}{9}+2a>0$,可得 $a>-\frac{1}{9}$.

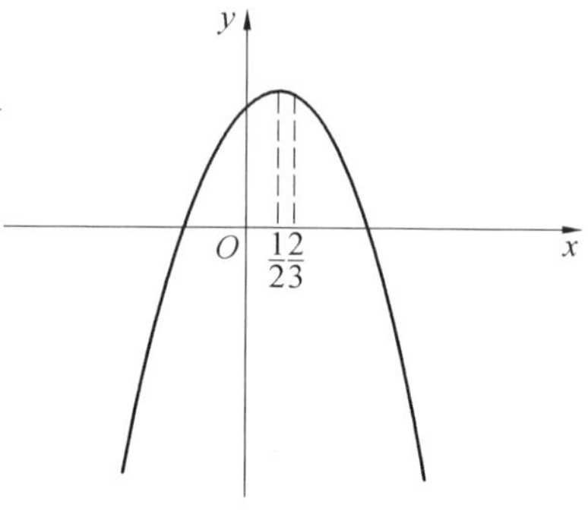

图 3.14

(2) 本小题的关键在于,要明确:① 函数的单调性,② 给定的区间[1,4] 截取的是"波浪"曲线的哪一段,③ 利用条件 $0<a<2$,判断驻点位于区间[1,4] 的何处.要达到以上要求,过程如下:

令 $f'(x)=-x^2+x+2a=0$,得驻点 $x_1=\frac{1-\sqrt{1+8a}}{2}$,$x_2=\frac{1+\sqrt{1+8a}}{2}$,可知函数 $f(x)$ 在 $(-\infty,x_1)$ 内单调递减,在 (x_1,x_2) 内单调递增,在 $(x_2,+\infty)$ 内单调递减.

又当 $0<a<2$ 时,可知 $x_1=\frac{1-\sqrt{1+8a}}{2}<1<x_2=\frac{1+\sqrt{1+8a}}{2}<4$,即 $x_1<1<x_2<4$,如图 3.15 所示.

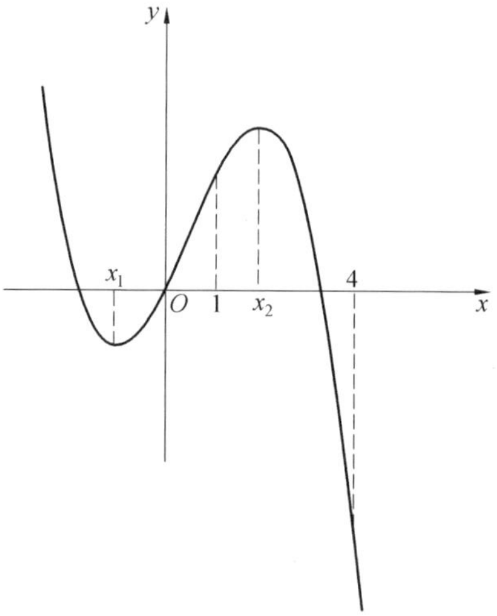

图 3.15

所以 $f(x)$ 在 $[1,4]$ 上的最大值为 $f(x_2)$.

现在的问题是,曲线 $f(x)(x\in[1,4])$ 的左右端点哪一个"低",从而取得最小值呢?

又 $f(4)-f(1)=-\frac{27}{2}+6a<0$,所以 $f(4)<f(1)$.

因此 $f(x)$ 在 $[1,4]$ 上的最小值为

$$f(4)=-\frac{1}{3}\cdot 4^3+\frac{1}{2}\cdot 4^2+2\cdot 4a$$

$$=-\frac{40}{3}+8a=-\frac{16}{3}$$

解得 $a=1$,从而 $x_2=\frac{1+\sqrt{1+8}}{2}=2$,所以 $f(x)$ 在 $[1,4]$ 上的最大值为

$$f(4)=-\frac{1}{3}\times 2^3+\frac{1}{2}\times 2^2+2\times 2=\frac{10}{3}$$

3.27　小议三次函数

三次函数 $f(x)=ax^3+bx^2+cx+d(a\neq 0)$,由于它相对简单、容易上手,故成为初学导数时的热门内容.

三次函数的导函数是二次函数,这样一来,二次、三次函数混在一起,零点、驻点、正负值、单调性,这些概念极易混淆.导数的教学往往是在高二下学期,在匆忙赶进度的过程中完成的,容易走过场,煮夹生饭.

如果是上述情况,那么,适时地梳理三次函数及其导函数的相关知识,不失为亡羊补牢的补救措施.

(1) 函数分类.

从三次项系数为正或负来分,分为开口向上和开口向下两种情况,这一点类似于二次函数.

从驻点个数来分,分为驻点个数为 0 个、1 个和 2 个三种情况,如表 1 所示.

(2) 开口方向.

为了运用方便,我们对有驻点的三次函数的开口方向作如下约定:

① 把三次函数的图像称为立方抛物线;

② 以波峰点和波谷点的连线的中间某点(注:即拐点,即二阶导数的零点,亦即立方抛物线的对称中心)为界,右边的这段曲线称为观察曲线,如表 1 所示.

③ 若观察曲线的开口向上,则称立方抛物线的开口向上,否则称为开口向下.

(3) 两个对应.

① 导函数的零点与原函数的驻点相对应.

② 导函数的正(负)值区间与原函数的递增(递减)区间相对应.

以下是表 1,其中函数 $f(x)=ax^3+bx^2+cx+d$,导函数 $f'(x)=3ax^2+2bx+c$,其判别式为 $\Delta_0=4(b^2-3ac)$.

表 1

图	0 个驻点($\Delta_0<0$)	1 个驻点($\Delta_0=0$)	2 个驻点($\Delta_0>0$)
开口向上	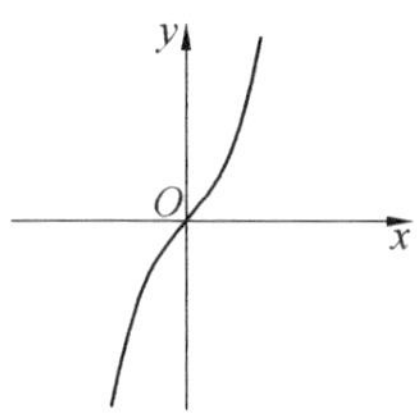	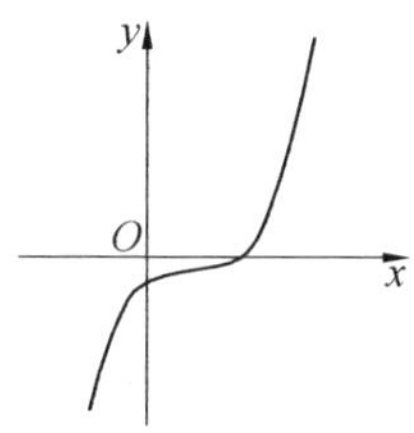	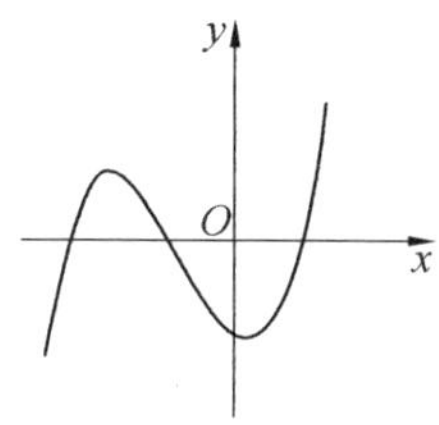
开口向下($a<0$)	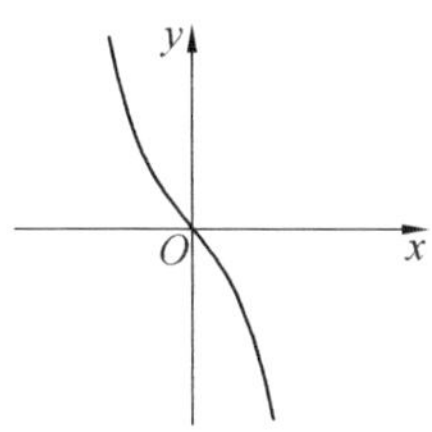	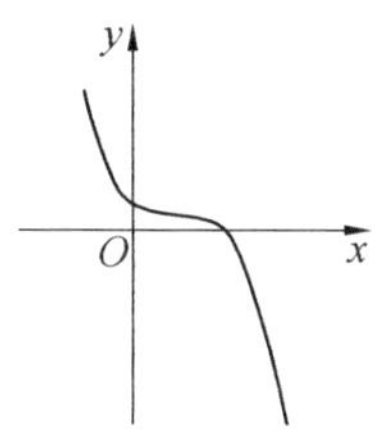	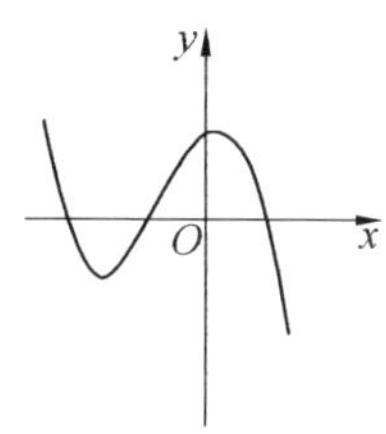

3.28 不等式恒成立与有解

数学里的有些法则其实就是生活常识,不等式恒成立或有解的问题,解决这一类问题只需要运用生活常识就可以了.

例如,$m>f(x)$ 恒成立 $\Leftrightarrow m>f(x)_{\max}$;

$m<f(x)$ 恒成立 $\Leftrightarrow m<f(x)_{\min}$.

又如:$m>f(x)$ 有解 $\Leftrightarrow m>f(x)_{\min}$;

$m<f(x)$ 有解 $\Leftrightarrow m<f(x)_{\max}$.

例 1　已知关于 x 的不等式 $|x-2|-|x+3|\geqslant a$ 恒成立,求实数 a 的取值范围.

解　$a\leqslant|x-2|-|x+3|$ 恒成立 $\Leftrightarrow a\leqslant|x-2|-|x+3|$ 的最小值.

由图像法可知,$|x-2|-|x+3|$ 的最小值为 -5,所以 $a\leqslant-5$.

例 2　已知关于 x 的不等式 $|x-2|-|x+3|\geqslant|m+1|$ 有解,求实数 m 的取值范围.

解　$|m+1|\leqslant|x-2|-|x+3|$ 有解 $\Leftrightarrow|m+1|\leqslant|x-2|-|x+3|$ 的最大值.

由图像法可知,$|x-2|-|x+3|$ 的最大值为 5,所以 $|m+1|\leqslant5$,解得 $-6\leqslant m\leqslant4$.

例 3　已知关于 x 的不等式 $|x+2|+|x-1|<a$ 的解集为 Φ,求实数 a 的取值范围.

解　$a>|x+2|+|x-1|$ 的解集为 Φ 等价于 $a\leqslant|x+2|+|x-1|$ 恒成立,等价于 $a\leqslant|x+2|+|x-1|$ 的最小值,而 $|x+2|+|x-1|$ 的最小值为 3,所以 $a\leqslant3$.

3.29　互余、互补

有人提问:为什么两角相加等于 90° 叫作互余,等于 180° 叫作互补?

回复如下:

首先说“互余”“互补”的叫法,是约定俗成的,再换别的叫法,虽也可以但没必要,且别人不认可.

再说为什么偏偏对两角相加等于 90° 或 180° 叫作“互余”或“互补”.

在初中几何中,直角或平角是常见的特殊图形,将一个直角或平角分成两个角之和的情形比比皆是,为方便,“互余”“互补”的叫法应运而生.

在高中几何中,所谓象限角就是把角放在直角坐标系里,使角的始边在 x 轴的非负半轴上,再看角的终边落在第几象限.在角的终边上任取一点 M(异于顶点),点 M 的坐标 (x,y) 及它到原点的距离 r,这三个量每取两个的比就是任意角的三角函数.

我们发现,一个角的三角函数值等于它的余角的余函数值(正、余弦互为余函数,正、余切互为余函数,正、余割互为余函数),进而推广到:

若 $\alpha+\beta=90^\circ+k360^\circ$($k$ 为整数),则 α 的三角函数值等于 β 的余函数值.

若 $\alpha+\beta=180^\circ+k360^\circ$($k$ 为整数),则 α 的三角函数值等于 β 的同名函数值,放上原角所在象限原函数的符号.

以上两条是诱导公式的一部分,有了诱导公式,任意角的三角函数都能化为锐角三角函数.

原来,两角的和等于 90° 或 180° 涉及这么多知识,可见称之为"互余""互补"不仅是名正言顺的,而且是顺理成章的.

3.30 二项式定理的通项公式

有人提问:二项式定理 $(a+b)^n$ 的展开式中,通项公式为何用 $T_{r+1}=C_n^r a^r b^{n-r}$,而不用 $T_{r+1}=C_n^r b^r a^{n-r}$?

回复如下:

注意到式子 $(a+b)^n$ 中,a 在 b 的前面,在英文字母的排序中也是这样.显然这里有一个顺序问题."顺序"的含义是:a 是第一个数,是主元,它要优先.

因此,对于 $(a+b)^n=(a+b)(a+b)\cdot\cdots\cdot(a+b)$ (n 个因子相乘),当我们展开这个式子时,要优先考虑 a,于是,从 n 个因子中取出 r 个 a,从剩余的 $n-r$ 个因子中取 $n-r$ 个 b,组成项 $a^r b^{n-r}$,且其系数必为 C_n^r.

以上就是 $T_{r+1}=C_n^r a^r b^{n-r}$ 的"今生今世",既然如此,那么用 $T_{r+1}=C_n^r a^r b^{n-r}$,而不用 $T_{r+1}=C_n^r b^r a^{n-r}$,就顺理成章了.

总之,由于 a 与 b 的顺序,决定了对 a 的优先,从而在推算过程中如此这般,自然而然地形成了"用这个""不用那个"的局面.

3.31 两种理解中哪一种对呢

有人提问:若函数 $f(x)=\sqrt{ax^2+(2a-1)x+1}$ 的定义域为$[1,2]$,求实数 a 的取值范围.对此题的条件有两种理解,哪种理解对呢?

一种理解:不等式 $ax^2+(2a-1)x+1\geqslant 0$ 的解集为$[1,2]$.

另一种理解:不等式 $ax^2+(2a-1)x+1\geqslant 0$ 在$[1,2]$上恒成立.

回复如下:

我们知道,函数的定义域分为两种情形:一是自然定义域;二是指定定义域.

自然定义域指能使解析式有意义的自变量的允许值范围.自然定义域也称存

在域，它是解析式所默认允许的，“自然”二字不必写出.

指定定义域是自变量被指定的取值范围. 自变量的范围一经指定，那么这个函数的定义域就是指定的，“指定”二字不必写出. 如果定义域是指定的，那么表明：(1) 此函数在指定的定义域内有定义；(2) 指定定义域是自然定义域的子集.

本题中，已知“函数 $f(x)=\sqrt{ax^2+(2a-1)x+1}$ 的定义域为$[1,2]$”，定义域是明确指定了的，也就是说：不等式 $ax^2+(2a-1)x+1\geqslant 0$ 在$[1,2]$上是恒成立的. 可见第二种理解是对的.

接着往下解：

不等式 $ax^2+(2a-1)x+1\geqslant 0$ 在$[1,2]$上恒成立，等价于 $a\geqslant\dfrac{x-1}{x^2+2x}$ 在$[1,2]$上恒成立.

设 $g(x)=\dfrac{x-1}{x^2+2x}$，则 $g'(x)=\dfrac{-(x-1)^2+3}{(x^2+2x)^2}$，当 $x\in[1,2]$ 时，$g'(x)>0$，可得 $g(x)$ 在$[1,2]$上单调递增，则 $g(x)$ 的最大值为 $g(2)=\dfrac{1}{8}$，所以 $a\geqslant\dfrac{1}{8}$ 为所求.

有人“抬杠”说：“当 $a=2$ 时，该函数的定义域就不是$[1,2]$”.

实际上，当 $a=2$ 时，函数 $f(x)=\sqrt{ax^2+(2a-1)x+1}$ 的自然定义域是

$$\{x\mid ax^2+(2a-1)x+1\geqslant 0\}=(-\infty,-1]\cup\left[-\frac{1}{2},+\infty\right)$$

而本题的指定定义域是$[1,2]$，两者不是一回事，并且

$$[1,2]\subseteq(-\infty,-1]\cup\left[-\frac{1}{2},+\infty\right)$$

即指定定义域是自然定义域的子集，说明两者是没有矛盾的.

3.32　对“函数 $f(x)$ 的定义域为$[1,2]$”如何理解

接上节内容，绕了一圈，还是回到基本问题：对“函数 $f(x)$ 的定义域为$[1,2]$”如何理解？

定义域是什么？先看函数的定义：

设 A,B 是非空的数集，如果按照某个确定的对应关系 f，使对于集合 A 中的任意一个数 x，在集合 B 中都有唯一确定的数 $f(x)$ 和它对应，那么就称 $f:A\to B$ 为从集合 A 到集合 B 的一个函数.

定义域就是以上函数定义中的集合 A,这个 A 是客观存在的.

但是,教学中会遇到这样两种情形:

第一种情形是给出一个解析式,称之为函数 $f(x)$,不写自变量 x 的范围;

第二种情形是给出一个解析式,称之为函数 $f(x)$,写了自变量 x 的范围.

为了教学方便,我们就称第一种情形的定义域是存在域,或自然定义域.同时我们称第二种情形的定义域是指定定义域.

简言之:函数式后面什么都不写,就是自然定义域;一旦写了具体定义域,就是指定定义域.

归纳一下,就是:

(1) 函数 $f(x)=\sqrt{2x^2+3x+1}$ 与函数 $g(x)=\sqrt{2x^2+3x+1}\ (x\in[1,2])$ 是两个不同的函数.

(2) 所谓"求函数 $f(x)=\sqrt{2x^2+3x+1}$ 的定义域",就是求其自然定义域,答案是 $(-\infty,-1]\cup[-\frac{1}{2},+\infty)$.

(3)"已知函数 $g(x)=\sqrt{2x^2+3x+1}\ (x\in[1,2])$",既然定义域已经指定为 $[1,2]$,就不需要再求了.

(4) $g(x)=\sqrt{2x^2+3x+1}\ (x\in[1,2])$,很明显,定义域指定为 $A=[1,2]$,而函数 $f(x)=\sqrt{2x^2+3x+1}$ 的定义域为 $\{x\mid ax^2+(2a-1)x+1\geqslant 0\}=(-\infty,-1]\cup[-\frac{1}{2},+\infty)$,这里 $A\subseteq B$.

再举一例如下:

例 已知函数 $f(x)=\sqrt{ax+1}$ 的定义域为 $[1,2]$,求实数 a 的取值范围.

解 依题意,不等式 $ax+1\geqslant 0$ 在 $[1,2]$ 上恒成立 $\Leftrightarrow a\geqslant -\frac{1}{x}$ 在 $[1,2]$ 上恒成立;

令 $g(x)=-\frac{1}{x}$,易知 $g(x)$ 在 $[1,2]$ 上是增函数,所以 $-\frac{1}{x}$ 的最大值为 $-\frac{1}{2}$,故 $a\geqslant -\frac{1}{2}$.

3.33 有意义与有定义

"函数 $f(x)$ 在区间 $[1,2]$ 上有意义"与"函数 $f(x)$ 在区间 $[1,2]$ 上有定义",两者是不是等价的?

回答是肯定的.

初一没有学函数定义域概念,但已开始为定义域概念作铺陈了.例如,要使式子$\frac{1}{2x-6}$有意义,求字母 x 的取值范围.或者,求式子$\frac{1}{2x-6}$中字母 x 的允许值范围.

明眼人一看就知道,这就是求函数 $y=\frac{1}{2x-6}$ 的定义域.

到了高中,函数概念堂皇登场,函数 $y=\frac{1}{2x-6}$ 的定义域就是初中的使式子有意义的取值范围,也就是我在前面文章中反复推荐的自然定义域.可是,这时的定义域,如同戏曲《铡美案》中的驸马陈世美不认自己的糟糠之妻秦香莲了,不正是人们所唾弃的吗?

不禁想起鲁迅笔下的人物孔乙己,他知道茴字有五种不同的写法,并津津乐道.是的,同一字的不同写法,对于训诂研究是必要的,但是作为通识教育,拿到中学课堂上就完全不适宜了.

同理,鉴于"有意义"与"有定义"的教学历程,真的不应该把二者活生生地剥离开来.

因此,我认为"有意义"与"有定义"应归于同一个含义.

为什么不把"有意义"与"定义域"放在一起说?

因为"有意义"是陈述句,"定义域"是名词,句子与名词是不能比照的,而"有意义"与"有定义"是可以比照的.

3.34　这是错题吗

有一道简易逻辑题:若命题 $p:x\in A\cap B$,则 $\neg p$ 是(　　).

A. $x\in A$ 且 $x\notin B$　B. $x\notin A$ 或 $x\notin B$　C. $x\notin A$ 且 $x\notin B$　D. $x\in A\cup B$

有群友认为这道题是错题,因为 $x\in A\cap B$ 只表示关系,是一个判断,所以不是命题.

到底是不是错题呢?

在数学中,我们把可以判断真假的陈述句叫作命题.

上题中,"命题 $p:x\in A\cup B$"确实是一个判断,这个判断说"x 是集合 $A\cap B$ 的元素"为真,所以 p 是命题.

我们知道,命题由条件和结论两部分组成.命题 p 的完整形式是:若 x 是全集的一个元素,则 x 属于集合 $A \cap B$.

事实上,本题有正确的选项. $\neg p$(非 P) 是对命题 p 的否定,而不是否命题,而所谓对命题的否定,是指在保留条件的前提下对结论的否定,那么 $\neg p$ 应该是 $x \notin A \cap B$,故选 C.

可见,本题不仅没有出错,而且是一道佳题,通过此题可以澄清对"命题的否定"与"否命题"的模糊认识,从而受益.

第4章　解题点滴

4.1　常持"同理心"

在初中平面几何中,有的题目连发几问:① 点 E 在线段 BC 上;② 点 E 在线段 BC 的延长线上;③ 点 E 在线段 CB 的延长线上.

不少学生对此感到棘手,甚至一筹莫展.

其实,解决此类问题有一个既普通又奏效的方法,即同理法.

什么叫"同理"? 同理就是相同的道理. 不过,有些题目不仅道理相同,而且连不同情况下所用的字母也相同.

例1　在正方形 $ABCD$ 中,点 E 在直线 BC 上,联结 AE,过点 E 作 $EF \perp AE$,交正方形 $ABCD$ 的外角平分线所在的直线于点 F.

(1) 如图 4.1 所示,当点 E 在线段 BC 上时,求 BD,CE,CF 之间的数量关系;

(2) 如图 4.2 所示,当点 E 在线段 BC 的延长线上时,求 BD,CE,CF 之间的数量关系;

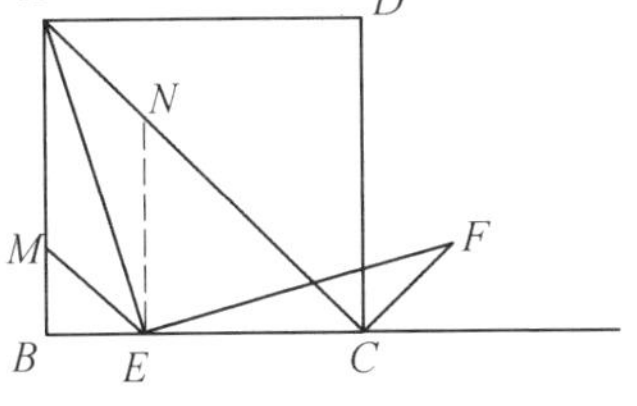

图 4.1

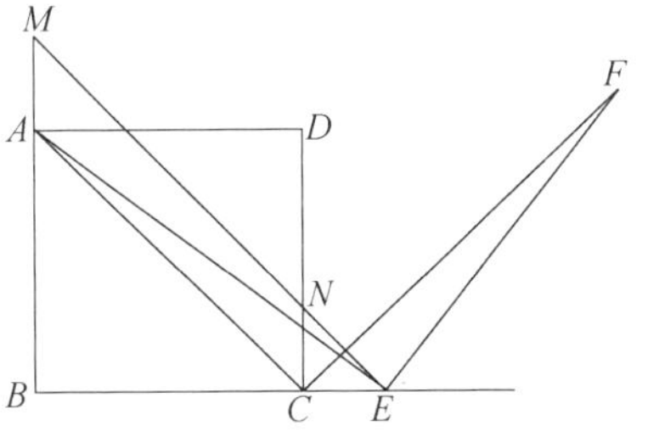

图 4.2

(3) 如图 4.3 所示,当点 E 在线段 CB 的延长线上时,求 BD,CE,CF 之间的数量关系.

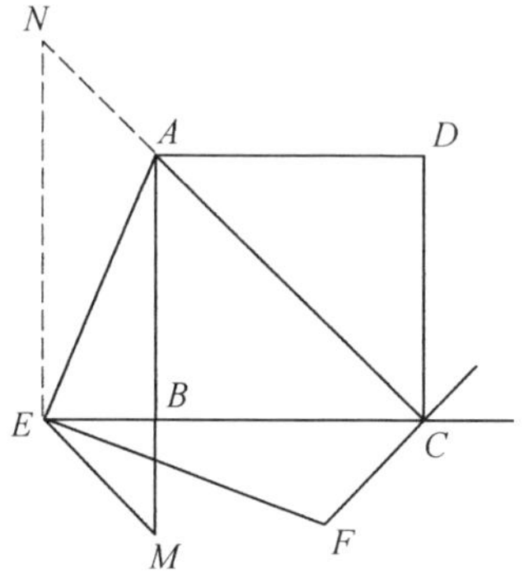

图 4.3

分析　本题的难点在于第(1) 小题.

(1) 当点 E 在线段 BC 上时,抓住"EC 是 BC 的一部分"这一条件,而 $AB=BC$,于是在 AB 上截取,即在 AB 上取点 M,使 $BM=BE$,联结 ME,发现有 $\triangle AME \cong \triangle ECF$,如图 4.1 所示,所以 $ME=CF$.

这样问题就容易解决了.

注意到 $\mathrm{Rt}\triangle ABC$ 是等腰直角三角形,作 $EN \parallel AB$,可得到 $\square AMEN$,岂不有 $ME=AN$?

豁然开朗:$AC=AN+NC=FC+\sqrt{2}EC$.

(2) 当点 E 在线段 BC 的延长线上时,同理,按(1) 的做法,在 BA 的延长线上取点 M(字母一样),使 $BM=BE$,联结 ME,发现有 $\triangle AME \cong \triangle ECF$(与(1) 完全一样),如图 4.2 所示,所以 $ME=CF$.

注意到 $\mathrm{Rt}\triangle ABC$ 是等腰直角三角形,$AC \parallel MN$,可得到 $\square AMNC$,所以 $AC=MN$,于是

$$BD=AC=ME-EN=FC-\sqrt{2}EC$$

(3) 当点 E 在线段 CB 的延长线上时,同理,按(1) 的作法,在 AB 的延长线上取点 M(字母一样),使 $BM=BE$,联结 ME,则有 $\triangle AME \cong \triangle ECF$(与(1) 完全一样),如图 4.3 所示,所以 $ME=CF$.

注意到 $\mathrm{Rt}\triangle ABC$ 是等腰直角三角形,作 EN 平行于 AB 交 CA 的延长线于点 N,可得到 $\square AMEN$,所以 $ME=AN$,于是

$$BD = AC = \sqrt{2}CE - CF$$

从这个例子我们看出，当我们把需要讨论的各种情况中的一种情况探索清楚了，同理，只需略加改动地运用到其他情形，甚至“原封不动”地连字母也不需要换就能成功.

例 2　如图 4.4 所示，在正方形 $ABCD$ 中，BD 是对角线，点 E 在 BD 上，$\triangle BEG$ 是等腰直角三角形，且 $\angle BEG = 90^\circ$，点 F 是 DG 的中点，联结 EF，CF.

(1) 求证：$EF = CF$，且 $EF \perp CF$；

(2) 如图 4.5 所示，若等腰 $\mathrm{Rt}\triangle BEG$ 绕点 B 按顺时针方向旋转 45°，其他条件不变，请判断 $\triangle CEF$ 的形状，并证明你的结论.

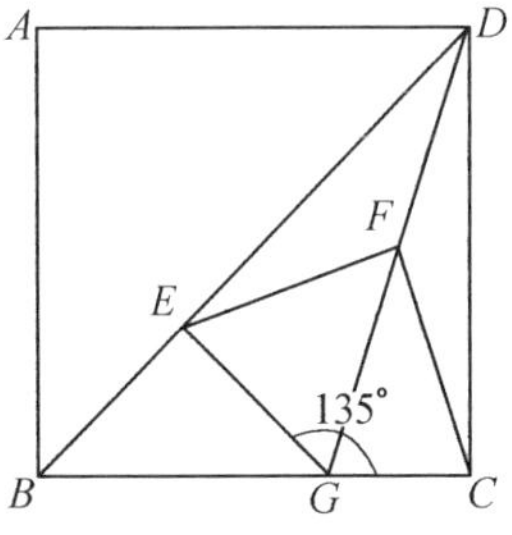

图 4.4

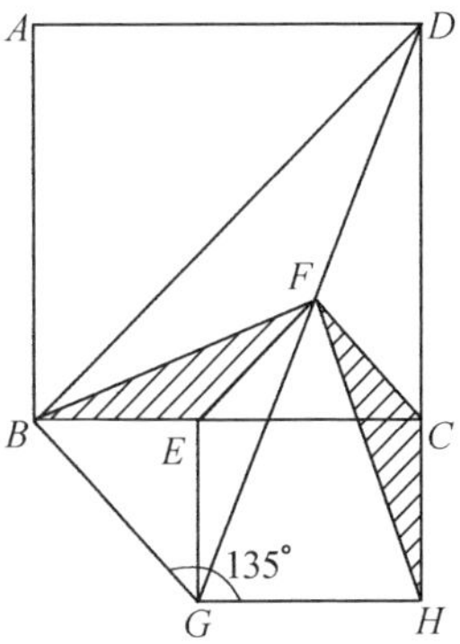

图 4.5

证明　(1) 因为 F 是 DG 的中点，所以

$$\left.\begin{aligned}&\text{在 } \mathrm{Rt}\triangle DEG \text{ 中}, EF = \frac{1}{2}DG\\&\text{在 } \mathrm{Rt}\triangle DCG \text{ 中}, CF = \frac{1}{2}DG\end{aligned}\right\} \Rightarrow EF = CF$$

再由 $\angle EGB = 45^\circ$，得 $\angle EGC = 135^\circ$.

又因为 $\angle FCG = \angle FGC$，$\angle FEG = \angle FGE$，所以

$$\angle FCG + \angle FEG = 135^\circ$$

所以根据四边形内角和为 360°，有

$$\angle EFC = 360^\circ - 135^\circ - 135^\circ = 90^\circ$$

即 $EF \perp CF$.

(2) 现将等腰 $\mathrm{Rt}\triangle BEG$ 绕点 B 按顺时针旋转 45°，如图 4.5 所示，我们可以大胆预测：$EF = CF$，且 $EF \perp CF$，即 $\triangle CEF$ 为等腰直角三角形.

事实上，略作改动，同理有：

因为 F 是 DG 的中点，所以

$$\left.\begin{aligned}&\text{在 } \mathrm{Rt}\triangle DBG \text{ 中}, BF = \frac{1}{2}DG\\&\text{在 } \mathrm{Rt}\triangle DHG \text{ 中}, FH = \frac{1}{2}DG\end{aligned}\right\} BF = FH$$

再由 $\angle EGB = 45^\circ$，得 $\angle BGH = 135^\circ$.

同(1)，根据四边形内角和为 360°，可知 $\angle BFH = 90^\circ$.

再由 $\triangle BFE \cong \triangle HFC$ 得 $\angle BFE = \angle HFC$，从而 $\angle EFC = 90^\circ$，即 $EF \perp CF$.

常持“同理心”，崎岖化坦途，常常取得“毕其功于一役”的效果. 这是因为在同一模式下几何量之间有着紧密的联系，表现为它们有同等“地位”. 这个时候，若能恰当地运用“同理”思想，就能明确前进的方向，顺利获解.

“同理”思想，从思维的角度来看，它是一种类比思维. 类比思维是培养学生创造性思维能力的重要形式，具有较强的探索和预测作用.

4.2 解析法启蒙一例

平面几何的研究对象自然是平面图形，平面图形由点构成. 建立平面直角坐标系，利用对点的坐标的计算来解决几何问题，这种方法叫作解析法. 解析法是用代数的方法处理几何问题，规律性强，从而为解题带来了许多方便.

初二学生对在直角坐标系下解题是不熟悉的，也不习惯，遇到难题更是一筹莫展. 为了帮助学生适应在直角坐标系下的计算，必须对他们进行解析法的启蒙. 在启蒙中，要给学生灌输和训练如下基本想法和做法：

(1) 涉及坐标轴上的点有三个量：刻度、到原点距离、坐标. 这三个量既有联系又有区别. 同一坐标轴上两点的距离是两点处的刻度差的绝对值.

(2) 坐标平面内的点，它的坐标就是这个点到坐标轴的有向距离，当不考虑方向时就是线段的长度. 例如计算三角形的面积时，常常使一条边平行于坐标轴，那么三角形的高就是顶点的横(纵) 坐标的绝对值.

(3) 两直线相交，就联立两个一次函数解析式(方程)，解这个方程组可得交点的横、纵坐标.

(4) 求直线与 x 轴的交点，在解析式中只需令 $y=0$；求直线与 y 轴的交点，在解析式中只需令 $x=0$.

一次函数启蒙了，二次函数就好办了. 这样就为高中学习解析几何打下了良好的基础.

下面举一个例子，我们在解题时用的就是上述想法.

例 一次函数 $y=-\frac{\sqrt{3}}{3}x+1$ 的图像与 x 轴，y 轴交于点 A，B，以线段 AB 为边在第一象限内作正 $\triangle ABC$，如图 4.6 所示.

(1) 求 $\triangle ABC$ 的面积；

(2) 如果在第二象限内有一点 $P\left(a,\frac{1}{2}\right)$，试用含有 a 的代数式表示四边形 $ABPO$ 的面积，并求出当 $\triangle ABP$ 的面积与 $\triangle ABC$ 的面积相等时 a 的值；

(3) 在 x 轴上，是否存在点 M，使 $\triangle MAB$ 为等腰三角形？若存在，请直接写出点 M 的坐标；若不存在，请说明理由.

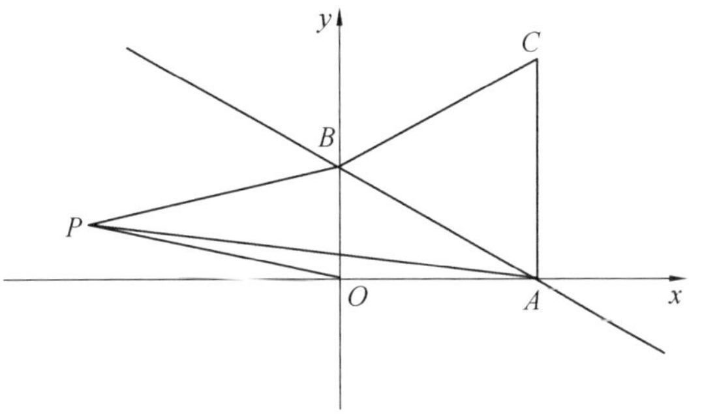

图 4.6

解　(1) $\triangle ABC$ 是正三角形，欲求面积，则先求边长.

在 $y=-\frac{\sqrt{3}}{3}x+1$ 中，令 $y=0$，得 $x=\sqrt{3}$，所以 $A(\sqrt{3},0)$.

又 $B(0,1)$，可知 $|AB|=2$，所以

$$S_{\triangle ABC}=\frac{\sqrt{3}}{4}\times 2^2=\sqrt{3}$$

(2) 如图 4.6 所示，$S_{\text{四边形}ABPO}=S_{\triangle ABO}+S_{\triangle PBO}$，而 $\triangle ABO$ 的边 OA，OB 的长与点 A，B 的坐标有关，而 $\triangle PBO$ 以 OB 为底边，对应的高为点 P 横坐标的相反数，总之可以把坐标“变通”为线段长，从而求出四边形的面积

$$S_{\text{四边形}ABPO}=\frac{1}{2}\times\sqrt{3}\times 1+\frac{1}{2}\times 1\times(-a)=\frac{\sqrt{3}-a}{2}$$

注意到

$$S_{\triangle AOP}=\frac{1}{2}\times\sqrt{3}\times\frac{1}{2}=\frac{\sqrt{3}}{4}$$

所以

$$S_{\triangle ABP}=S_{\text{四边形}ABPO}-S_{\triangle AOP}=\frac{\sqrt{3}-a}{2}-\frac{\sqrt{3}}{4}$$

由题意知

$$S_{\triangle ABP}=S_{\triangle ABC}$$

所以

$$\frac{\sqrt{3}-a}{2}-\frac{\sqrt{3}}{4}=\sqrt{3}$$

解得 $a=-\dfrac{3\sqrt{3}}{2}$.

(3) 如图 4.7 所示,点 M 在 x 轴上,以 AB 为腰的等腰 $\triangle MAB$ 存在,这样的点 M 有三个,即 $M_1(-\sqrt{3},0)$,$M_2(\sqrt{3}-2,0)$,$M_4(2+\sqrt{3},0)$.

以 AB 为底边的等腰 $\triangle MAB$ 存在,这样的点 M 有一个,即 $M_3\left(\dfrac{\sqrt{3}}{3},0\right)$.

所以满足要求的点共有四个,它们是 $M_1(-\sqrt{3},0)$,$M_2(\sqrt{3}-2,0)$,$M_3\left(\dfrac{\sqrt{3}}{3},0\right)$,$M_4(2+\sqrt{3},0)$.

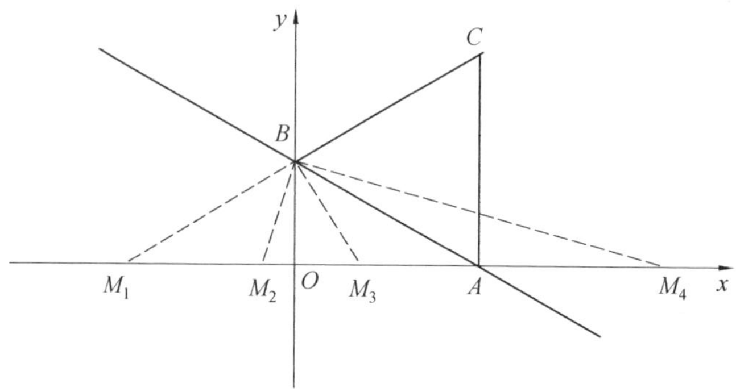

图 4.7

在讲解本题的过程中,要把“三角形的相关边长和高都是用坐标来变通得到的”这一基本的想法,明白无误地告诉学生.这样才能达到“启蒙”的作用.

4.3 给定区间的二次函数

二次函数 $y=ax^2+bx+c(a\neq 0)$,当 $x\in D$(D 是一区间)时,求它的最大值或最小值.

这是一类常见的问题,图像法是解决问题的最佳方案,画图的关键是抛物线(段)的对称轴与给定区间的相对位置.这正是学生感到棘手的地方,讨论起来容易丢三落四.

有没有一个好的办法,让学生能够顺理成章地按程序办事?这一解题程序可以起到化难为易的作用,即便遇到繁杂的情形,只要按部就班,也能顺利解决问题.

解题程序如下:

第一步，将二次函数配方，写成顶点式：$y=a\left(x+\frac{b}{2a}\right)^2+\frac{4ac-b^2}{4a}$.

第二步，明确地标出对称轴和给定区间，并上下对齐：

对称轴：$x=-\frac{b}{2a}$；

给定区间：$x\in[m,n]$.

第三步，就以下三种情形分别画图，“看图说话”，加以讨论：

(1) 对称轴在区间之左，即 $-\frac{b}{2a}<m$；

(2) 对称轴在区间之内，即 $m\leqslant-\frac{b}{2a}\leqslant n$；

(3) 对称轴在区间之右，即 $-\frac{b}{2a}>n$.

(必要时还要做进一步的考虑，考查对称轴在区间内时偏左还是偏右.)

第四步，综合几种情形后写出答案.

2002 年全国高考(理科)第 21 题涉及二次函数在区间上的最值，这是一道典型的题目.

我们试以本节的方法，讨论如下：

题目　设 a 为实数，函数 $f(x)=x^2+|x-a|+1, x\in\mathbf{R}$.

(1) 讨论 $f(x)$ 的奇偶性；

(2) 求 $f(x)$ 的最小值.

分析　第(1) 小题较容易，对 $a=0$ 及 $a\neq0$ 两种情况讨论即可.

难在第 (2) 小题. 首先要打开绝对值符号，因而要对 x 的范围加以讨论；接着，要对抛物线的对称轴与给定区间的相对位置加以讨论. 两个方面的讨论必须混在一起进行，这样一来就容易混淆. 如按程序办事，就会条理分明，具体过程如下：

解　当 $x<a$ 时，函数 $f(x)=x^2+|x-a|+1=\left(x-\frac{1}{2}\right)^2+a+\frac{3}{4}$.

对称轴：$x=\frac{1}{2}$；

给定区间：$x\in(-\infty,a)$.

(1) 当对称轴在区间之内或之左，即 $a\leqslant\frac{1}{2}$ 时，函数 $f(x)$ 在 $x\in(-\infty,a)$ 上单调递减，它的最小值为 $f(a)=a^2+1$(图 4.8)；

(2) 当对称轴在区间之右,即 $a>\frac{1}{2}$ 时,$f\left(\frac{1}{2}\right)\leqslant f(a)$,函数 $f(x)$ 在 $(-\infty,a)$ 上的最小值为 $f\left(\frac{1}{2}\right)=a+\frac{3}{4}$(图 4.9).

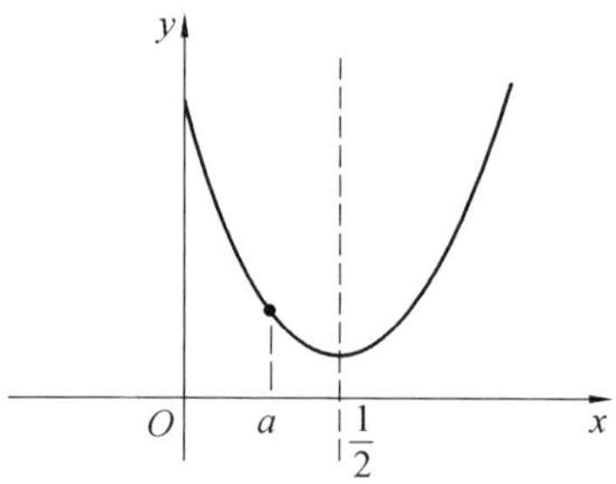

图 4.8

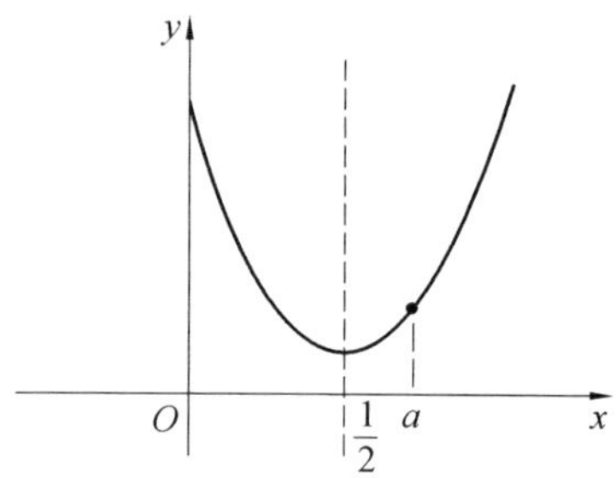

图 4.9

当 $x\geqslant a$ 时,函数 $f(x)=\left(x+\frac{1}{2}\right)^2-a+\frac{3}{4}$.

对称轴:$x=-\frac{1}{2}$;

给定区间:$x\in[a,+\infty)$.

(1) 对称轴在区间之左,即 $a<-\frac{1}{2}$ 时,函数 $f(x)$ 在 $[a,+\infty)$ 上,$f\left(-\frac{1}{2}\right)\leqslant f(a)$,它的最小值为 $f\left(-\frac{1}{2}\right)=\frac{3}{4}-a$(图略);

(2) 对称轴在区间之内或之右,即 $a\geqslant-\frac{1}{2}$ 时,函数 $f(x)$ 在 $[a,+\infty)$ 上单调递增,函数 $f(x)$ 在 $[a,+\infty)$ 上的最小值为 $f(a)=a^2+1$(图略).

综上所述,当 $a<-\frac{1}{2}$ 时,函数 $f(x)$ 的最小值为 $\frac{3}{4}-a$;

当 $-\frac{1}{2}\leqslant a\leqslant\frac{1}{2}$ 时,函数 $f(x)$ 的最小值为 a^2+1;

当 $a>\frac{1}{2}$ 时,函数 $f(x)$ 的最小值为 $a+\frac{3}{4}$.

通过以上例子的分析可知,解决给定区间的二次函数的最值问题,如果按程序解题,由于心里有底,所以从容不迫,操作起来得心应手、简便易行,还可以做到不遗不漏、正确率高.

4.4　固定向量与变动向量

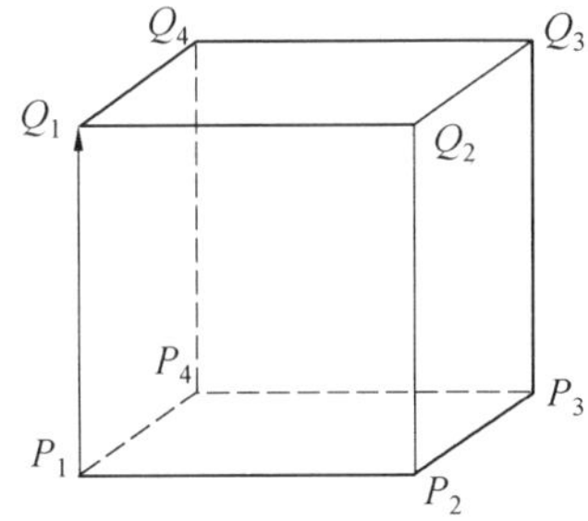

图 4.10

题目　如图 4.10 所示，若正方体 $Q_1Q_2Q_3Q_4-P_1P_2P_3P_4$ 的棱长为1，集合 $M=\{x \mid x=\overrightarrow{P_1Q_1}\cdot\overrightarrow{S_iT_j},\ S_i,T_j\in\{P_i,Q_j\},i,j\in\{1,2,3,4\}\}$，对于下列命题：

① $\overrightarrow{S_iT_j}=\overrightarrow{P_iQ_j}$ 时，$x=1$；

② $\overrightarrow{S_iT_j}=\overrightarrow{P_iQ_j}$ 时，$x=-1$；

③ 当 $x=1$ 时，(i,j) 有 8 种不同取值；

④ 当 $x=1$ 时，(i,j) 有 16 种不同取值；

⑤$M=\{-1,0,1\}$.

其中正确的命题是________.

分析　这是一道有关空间向量的题，条件中 $x=\overrightarrow{P_1Q_1}\cdot\overrightarrow{S_iT_j}$，向量$\overrightarrow{P_1Q_1}$ 是固定的，向量$\overrightarrow{S_iT_j}$ 是变动的，所以实数 x 是一个固定的向量与一个变动的向量的数量积.

解(坐标法)　如图 4.11 所示，建立空间直角坐标系.

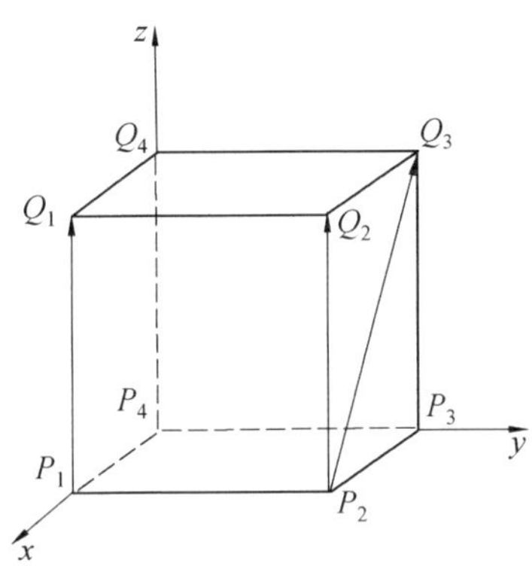

图 4.11

命题 ①：固定的向量是$\overrightarrow{P_1Q_1}=(0,0,1)$. 变动的向量$\overrightarrow{S_iT_j}=\overrightarrow{P_iQ_j}$，也就是下底面与上底面各取一个顶点联结组成的向量. 于是本题是求固定的$\overrightarrow{P_1Q_1}$ 与变动的$\overrightarrow{P_iQ_j}$ 的数量积. 由于$\overrightarrow{P_1Q_1}$ 的横、纵坐标为 0，而竖坐标为 1，所以数量积 $x=\overrightarrow{P_1Q_1}\cdot\overrightarrow{P_iQ_j}$ 取决于$\overrightarrow{P_iQ_j}$ 的竖坐标.

我们知道，点 Q_j 是正方体的上底面的顶点，其竖坐标为 $z_Q=1$，点 P_i 是下底面的顶点，其竖坐标为 $z_P=0$，所以向量$\overrightarrow{P_iQ_j}=(x,y,1)$.

因此 $x=\overrightarrow{P_1Q_1}\cdot\overrightarrow{P_iQ_j}=(0,0,1)\cdot(x,y,1)=1$，即命题 ① 为真.

命题 ②：由命题 ① 为真，可知命题 ② 为假.

命题 ③④：当 $x=\overrightarrow{P_1Q_1}\cdot\overrightarrow{P_iQ_j}=1$ 时，如前分析，它决定$\overrightarrow{P_iQ_j}$ 的竖坐标为 1，而顶点 P_i 的取法有 $i=1,2,3,4$ 共四种，而顶点 Q_j 的取法也有 $j=1,2,3,4$ 共 4 种，由乘法原理知，(i,j) 共有 16 种不同的取值，故命题 ③ 为假，而命题 ④ 为真.

⑤ 由 ① 知当$\overrightarrow{S_iT_j}=\overrightarrow{P_iQ_j}$ 时 $x=1$，同时可知当$\overrightarrow{S_iT_j}=\overrightarrow{Q_jP_i}$ 时 $x=-1$，且当$\overrightarrow{S_iT_j}=\overrightarrow{P_iP_j}$ 或$\overrightarrow{S_iT_j}=\overrightarrow{Q_iQ_j}$ 时$\overrightarrow{P_1Q_1}\perp\overrightarrow{S_iT_j}$，故 $x=0$，即 $M=\{-1,0,1\}$.

综上所述，正确的命题是 ①④⑤.

① 的另一种解法（定义法）：$x=\overrightarrow{P_1Q_1}\cdot\overrightarrow{P_iQ_j}$ 中，$\overrightarrow{P_1Q_1}$ 是固定的，于是我们考察$\overrightarrow{P_iQ_j}$，分三种情况，如图 4.12 所示：

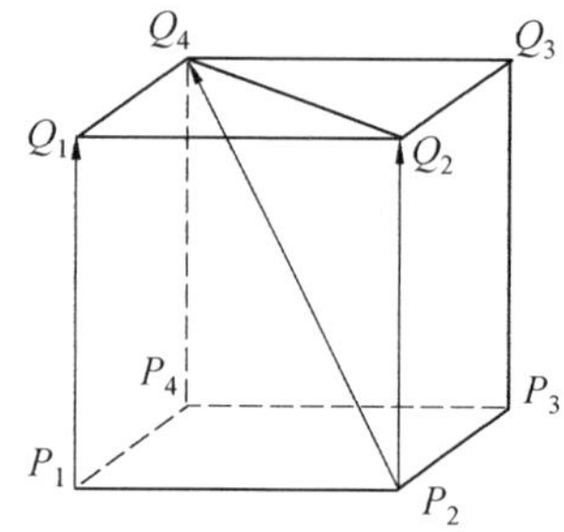

图 4.12

(1) 若 P_iQ_j 是正方体的棱，则$\overrightarrow{P_iQ_j}=\overrightarrow{P_1Q_1}$，因此

$$x=\overrightarrow{P_1Q_1}\cdot\overrightarrow{P_1Q_1}=1$$

(2) 若 P_iQ_j 是正方体的面对角线时，则$\langle\overrightarrow{P_iQ_j},\overrightarrow{P_1Q_1}\rangle=45^\circ$，$|\overrightarrow{P_iQ_j}|=\sqrt{2}$，因此

$$x=|\overrightarrow{P_1Q_1}|\cdot|\overrightarrow{P_iQ_j}|\cos 45^\circ=1\cdot\sqrt{2}\cdot\frac{\sqrt{2}}{2}=1$$

(3) 若 P_iQ_j 是正方体的体对角线时，有

$$x=|\overrightarrow{P_1Q_1}|\cdot|\overrightarrow{P_iQ_j}|\cos\langle\overrightarrow{P_1Q_1},\overrightarrow{P_iQ_j}\rangle=1\cdot\sqrt{3}\cdot\frac{\sqrt{3}}{3}=1$$

故命题 ① 为真.

解决本题的关键是读懂题意，理解集合 $M=\{x\mid x=\overrightarrow{P_1Q_1}\cdot\overrightarrow{S_iT_j},S_i,T_j\in\{P_i,Q_j\},i,j\in\{1,2,3,4\}\}$.

注意向量的起点和终点分别取自于何处.

4.5 一道双曲线题

下面是一道关于双曲线的题目：

如图 4.13 所示，双曲线$\frac{x^2}{a^2}-\frac{y^2}{b^2}=1(a>0,b>0)$ 的两顶点为 A_1,A_2，虚轴两

端点为 B_1,B_2，两焦点为 F_1,F_2. 若以 A_1A_2 为直径的圆内切于菱形 $F_1B_1F_2B_2$，切点分别为 A,B,C,D.

(1) 求离心率 e 的值；

(2) 设菱形 $F_1B_1F_2B_2$ 的面积为 S_1，矩形 $ABCD$ 的面积为 S_2，求 $\frac{S_1}{S_2}$.

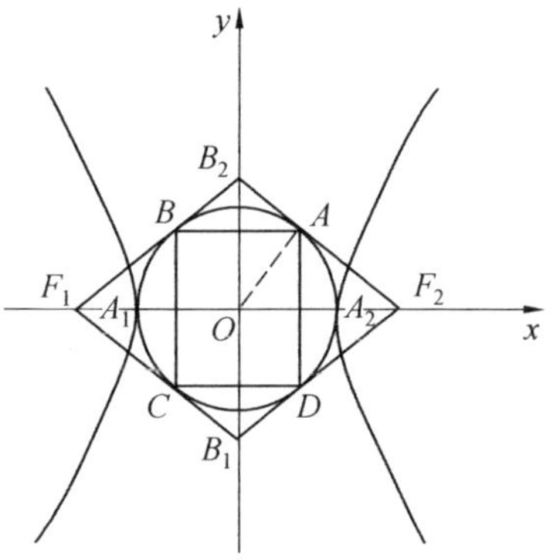

图 4.13

解法 1　(1) 在 $Rt\triangle OB_2F_2$ 中，$OA\perp B_2F_2$，且 $OA=a$，则

$$a=\frac{bc}{\sqrt{b^2+c^2}}$$

所以 $a^2=\frac{b^2c^2}{b^2+c^2}$.

在双曲线中，$b^2=c^2-a^2$，于是有

$$a^2=\frac{(c^2-a^2)c^2}{c^2-a^2+c^2}$$

即

$$c^4-3a^2c^2+a^4=0$$

所以

$$e^4-3e^2+1=0$$

解得 $e^2=\frac{3+\sqrt{5}}{2}$，从而 $e=\sqrt{\frac{3+\sqrt{5}}{2}}=\frac{\sqrt{5}+1}{2}$.

(2) 显然 $S_1=2bc$. 设 $BC=2m$，$BA=2n$，则

$$\frac{m}{n}=\frac{c}{b}$$

又因为 $m^2+n^2=a^2$，所以

$$m=\frac{ac}{\sqrt{b^2+c^2}},n=\frac{ab}{\sqrt{b^2+c^2}}$$

所以

$$S_2=4mn=\frac{4a^2bc}{b^2+c^2}$$

所以

$$\frac{S_1}{S_2}=2bc\cdot\frac{b^2+c^2}{4a^2bc}=\frac{b^2+c^2}{2(c^2-b^2)}=\frac{1}{2}\cdot\frac{1+\left(\frac{c}{b}\right)^2}{\left(\frac{c}{b}\right)^2-1}$$

$$=\frac{1}{2}\cdot\frac{\frac{\sqrt{5}+1}{2}+1}{\frac{\sqrt{5}+1}{2}-1}=\frac{2+\sqrt{5}}{2}$$

此法是一种常规的解法，网上多用这种方法，但给出的答案：一是混乱，二是有误. 如果用点 O 到直线 B_2F_2 的距离为 a，也可以得同样的方程.

解法 2 (1) 如图 4.14 所示，在 Rt△AOB_2 中，$\frac{a}{b}=\sin\alpha$，在 Rt△AOF_2 中，$\frac{a}{c}=\cos\alpha$，所以 $\frac{a^2}{b^2}+\frac{a^2}{c^2}=1$，所以 $\frac{a^2}{c^2-a^2}+\frac{a^2}{c^2}=1$，所以 $\frac{1}{e^2-1}+\frac{1}{e^2}=1$，解得 $e^2=\frac{3+\sqrt{5}}{2}$，从而 $e=\frac{1+\sqrt{5}}{2}$.

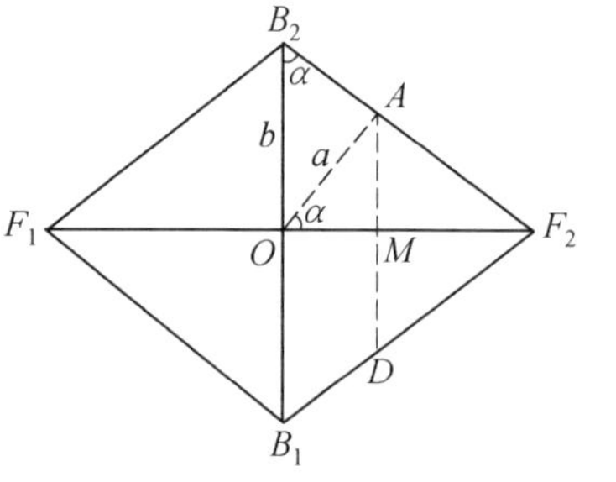

图 4.14

(2) 由 $\cos\alpha=\frac{a}{c}=\frac{1}{e}=\frac{2}{1+\sqrt{5}}=\frac{\sqrt{5}-1}{2}$，得

$$\cos^2\alpha=\left(\frac{\sqrt{5}-1}{2}\right)^2=\frac{3-\sqrt{5}}{2}$$

所以

$$\sin^2\alpha=1-\frac{3-\sqrt{5}}{2}=\frac{\sqrt{5}-1}{2}$$

联结 AD 交 OF_2 于点 M，所以

$$\frac{S_1}{S_2}=\frac{S_{\triangle OB_2F_2}}{2S_{\triangle OAM}}=\frac{\frac{1}{2}OB_2\cdot OF_2}{OM\cdot AM}=\frac{\frac{1}{2}\,\frac{a}{\sin\alpha}\cdot\frac{a}{\cos\alpha}}{a\cdot a\sin\alpha}$$

$$=\frac{1}{2}\cdot\frac{1}{\sin^2\alpha\cos^2\alpha}=\frac{1}{2}\cdot\frac{1}{\frac{3-\sqrt{5}}{2}\cdot\frac{\sqrt{5}-1}{2}}=\frac{\sqrt{5}+2}{2}$$

此法是一种漂亮的方法. 设一角为 α，巧妙地将 a,b,c 置于两个三角等式里，通过消去角，而得到关于 e 的方程，从而解得 e.

解法 3 (1) $|OF_2|=c$，$|OB_2|=b$，$|OA|=a$，因为 Rt△OAF_2 ∽ Rt△B_2OF_2，所以 $\frac{OA}{AF_2}=\frac{OB_2}{OF_2}$，即 $\frac{a}{b}=\frac{b}{c}$，所以 $b^2=ac$，所以 $c^2-ac-a^2=0$，所以 $e^2-e-1=0$，所以 $e=\frac{\sqrt{5}-1}{2}$.

(2) 由 $S_1=2bc$，如图 4.15 所示，联结 AD 交 OF_2 于点 M，由

$$OA^2 = OM \cdot OF_2$$

得

$$OM = \frac{a^2}{c}, AM = \frac{ab}{c}$$

$$S_2 = 4 \mid OM \mid \cdot \mid AM \mid = \frac{4a^3 b}{c^2}$$

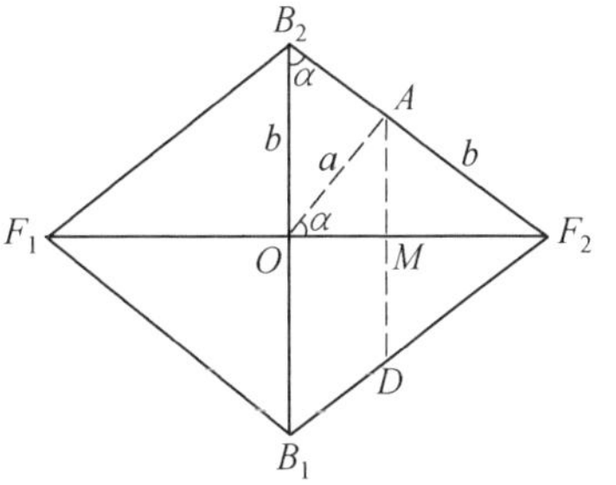

图 4.15

所以

$$\begin{aligned}\frac{S_1}{S_2} &= \frac{2bc}{\frac{4a^3 b}{c^2}} \\ &= \frac{1}{2}e^3 = \frac{1}{2}\left(\frac{1+\sqrt{5}}{2}\right)^3 \\ &= \frac{\sqrt{5}+2}{2}\end{aligned}$$

此法利用相似三角形很快得到了 a,b,c 的关系:$b^2 = ac$,轻松地求出 e. 再乘胜前进,利用直角三角形射影定理将相关线段用 a,b,c 表示,从而得到 S_2 的式子. 最终 $\frac{S_1}{S_2}$ 可以用 e 表示出来,与第一问遥相呼应,相当精彩.

本题是一道好题,解法灵活,殊途同归,值得推荐.

4.6　正方体的投影

有这样一道立体几何问题:

如图 4.16 所示,在正方体 $A_1B_1C_1D_1 - ABCD$ 中,平面 α 过点 A 且与 AC_1 垂直,设 $\triangle ACD_1$ 在平面 α 上的正投影的面积为 S_1,正方体 $A_1B_1C_1D_1 - ABCD$ 在平面 α 上的正投影的面积为 S_2,求 S_1 与 S_2 的比值.

有一资料对此题给出了如下的解答:因为正方体的体对角线 AC_1 与平面 α 垂直,所以它所有的棱与平面 α 的夹角相同. 又因为正方体的棱长相等,故正投影是一个正六边形,如图 4.17 所示(图中的字母是正方体相应顶点在平面 α 上的投影).

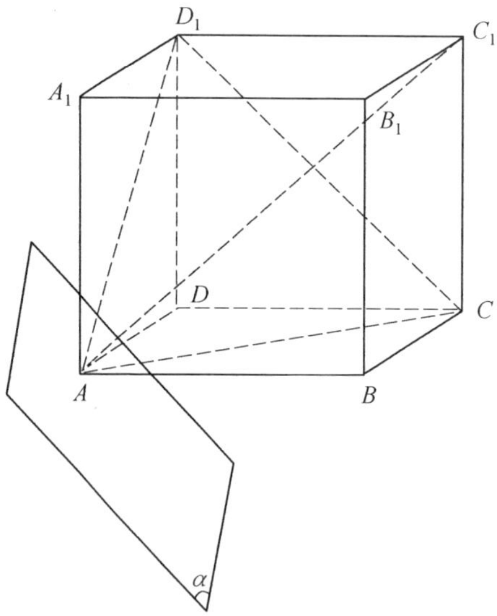

图 4.16

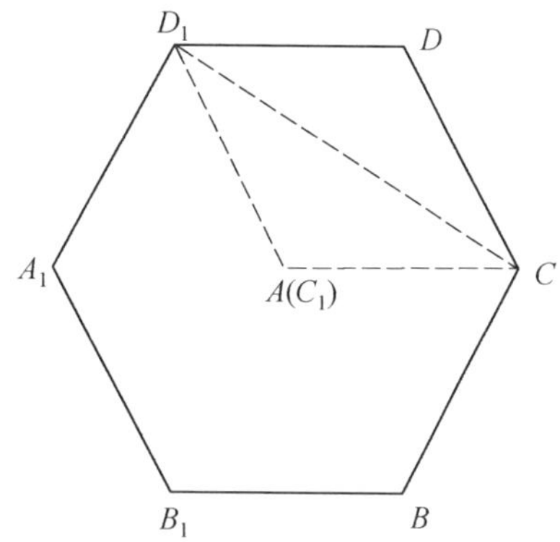

图 4.17

在正方体中,$\triangle ACD_1$ 在 α 中的投影为正六边形中的 $\triangle ACD_1$,显然$\dfrac{S_1}{S_2}=\dfrac{1}{6}$.

以上的解答,读者看了满意吗？笔者是不满意的.起码,它在两个关键地方没有交代清楚,读者读了这个解答未必能真懂.这两个关键地方是：

① 图形不直观,缺乏说服力；

② 为什么正方体所有的棱与平面 α 所成的角相等,没有给明理由.

现在我们弥补上述不足.

如图 4.18 所示,这个图相当直观地显示出:正方体 $A_1B_1C_1D_1-ABCD$ 在平面 α 上的射影为正六边形.

在正方体 $A_1B_1C_1D_1-ABCD$ 中,从点 A 引出的棱可以组成$\overrightarrow{AB}$,$\overrightarrow{AD}$,$\overrightarrow{AA_1}$ 三个向量,这三个向量与向量$\overrightarrow{AC_1}$ 所成的角相等,而向量 AC_1 是平面 α 的法向量,所以向量$\overrightarrow{AB}$,$\overrightarrow{AD}$,$\overrightarrow{AA_1}$ 与平面 α 的夹角相同,而正方体的其余的 9 条棱分别与$\overrightarrow{AB}$,$\overrightarrow{AD}$,$\overrightarrow{AA_1}$ 平行,因此正方体所有的棱(共 12 条棱)与平面 α 所成的角是相等的.

如图 4.19 所示,$\triangle ACD_1$ 在 α 上的正投影是 $\triangle ACD_1$,正方体 $A_1B_1C_1D_1-ABCD$ 在平面 α 上的正投影是正六边形 AB_1BCDD_1,其面积之比$\dfrac{S_1}{S_2}=\dfrac{1}{6}$.

可见解立体几何题目时画图的重要性.图 4.16 以正方体为主体,平面 α 为"陪衬",不够直观,而图 4.18 把平面 α 水平放置,正方体放在其上,正投影十分明显,画出来的图形非常直观,投影前后的线段关系清晰可见,运用图形解题得心应手.

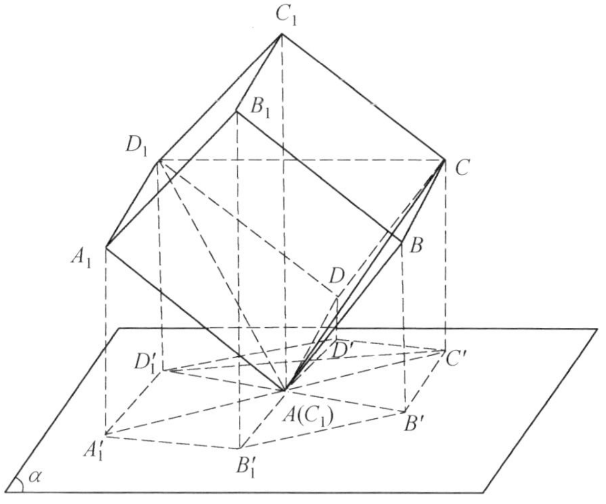

图 4.18

顺便说一下,题目的灵巧很多时候在于设问.同样的思路,如果把体对角线 AC_1 改为面对角线 AC,$\triangle ACD_1$ 改为 $\triangle AC_1D$,这道题的"味道"就不同了.

变通题:如图 4.19,在正方体 $A_1B_1C_1D_1-ABCD$ 中,平面 α 过点 A 且与 AC 垂直,设 $\triangle AC_1D$ 在平面 α 上的正投影的面积为 S_1,正方体 $A_1B_1C_1D_1-ABCD$ 在平面 α 上的正投影的面积为 S_2,求 S_1 与 S_2 的比值.(答:$\frac{1}{4}$)

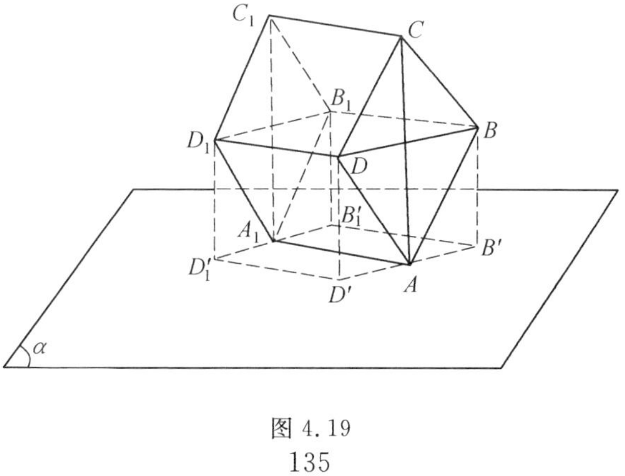

图 4.19

4.7 正四面体的投影

上一节我们讨论了一个正方体在一平面上的投影，提到了画图的重要性.下面我们看一看正四面体在一个平面内的投影.

下面有一个问题：一个正四面体在平面上的射影可能是：

(1) 正三角形；

(2) 正方形；

(3) 等腰三角形；

(4) 等腰梯形；

(5) 一般梯形.

令人意外的是，以上五个选项均有可能！以下我们逐一给出.

(1) 如果投影面是正四面体的一个侧面，那么正四面体在这个面的投影就是正三角形，如图 4.20 所示.

(2) 在正方体 $A_1B_1C_1D_1-ABCD$ 中，四面体 $B-C_1A_1D$ 在平面 $ABCD$ 上的投影是正方形 $ABCD$，如图 4.21 所示.

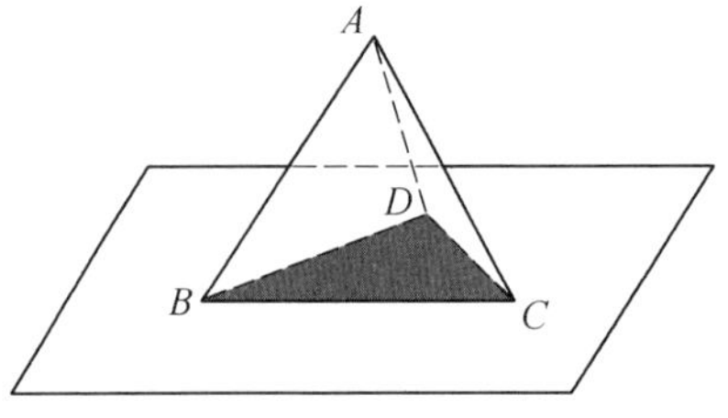

图 4.20

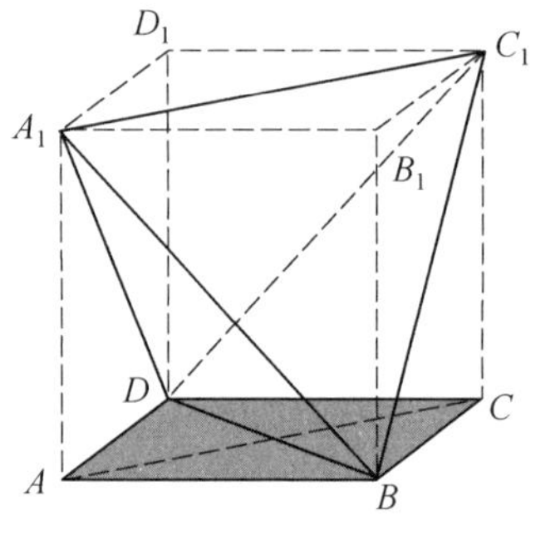

图 4.21

(3) 在正方体 $A_1B_1C_1D_1-ABCD$ 中，四面体 $B-C_1A_1D$ 在平面 B_1BDD_1 上的投影为等腰 $\triangle OBD$(O 是上底面中心)，如图 4.22 所示.

(4) 在正方体 $A_1B_1C_1D_1-ABCD$ 中，四面体 $B-C_1A_1D$ 在平面 B_1BEE_1 上的投影为等腰梯形 $BHGF$(E_1，E 分别是 A_1D_1，AD 的中点)，如图 4.23 所示.

(5) 在正方体 $A_1B_1C_1D_1-ABCD$ 中，四面体 $B-C_1A_1D$ 在平面 B_1BEE_1 上的投影为一般梯形 $BHGF$(E_1，E 不是 A_1D_1，AD 的中点，且 $E_1E\ /\!/\ A_1A$)，如

图 4.24 所示.

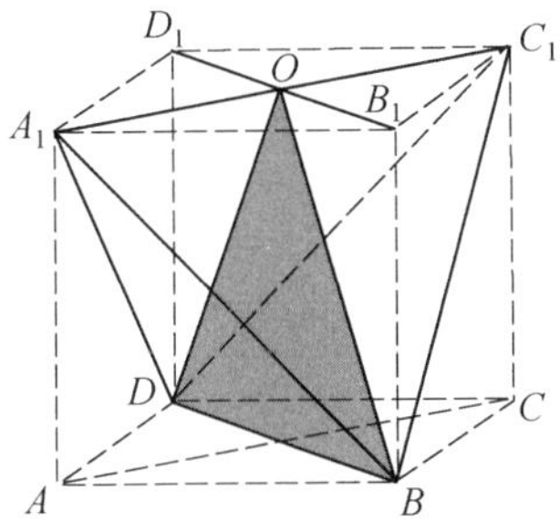

图 4.22

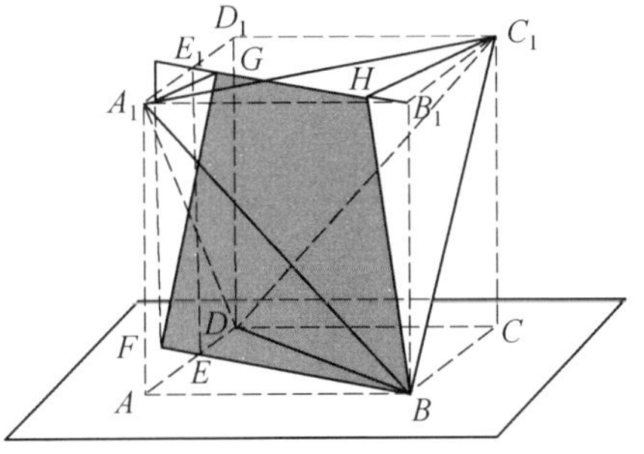

图 4.23

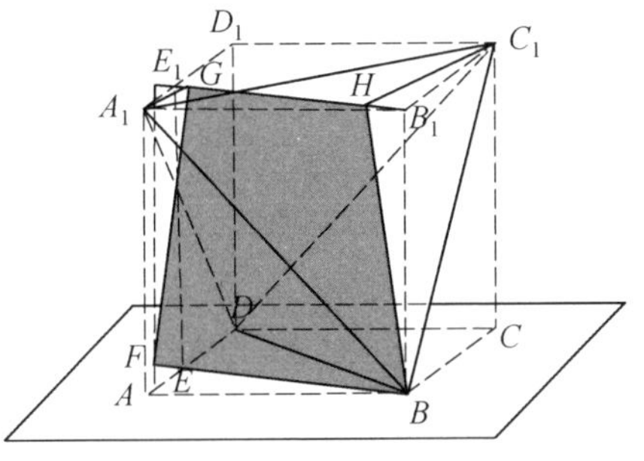

图 4.24

4.8　向量的回路一例

向量的分解是学习向量过程中的难点问题.

复杂的分解问题,一般不能直接得到,需要列方程组来解决它.

列方程的依据是向量共线(即平行)的充要条件:若 $\boldsymbol{a} /\!/ \boldsymbol{b}$,则 $\boldsymbol{a}=\lambda\boldsymbol{b}(\lambda \in \mathbf{R})$.

列方程组时,要对某一向量用两个回路完成它,一个回路用加法的合成法则,另一个回路则用向量平行的条件.

下面是一道典型的例子.

例　在平行四边形 $ABCD$ 中,AC 与 BD 交于点 O,E 是线段 OD 的中点,AE 的延长线与 CD 交于点 F,若向量 $\overrightarrow{AC}=\boldsymbol{a}$,$\overrightarrow{BD}=\boldsymbol{b}$,则向量 $\overrightarrow{AF}=$ ________.

解 如图 4.25 所示，$\overrightarrow{AB}=\frac{1}{2}(\boldsymbol{a}-\boldsymbol{b})$，$\overrightarrow{AD}=\frac{1}{2}(\boldsymbol{a}+\boldsymbol{b})$，所以

$$\begin{aligned}\overrightarrow{AF}&=t\cdot\overrightarrow{AE}=t(\overrightarrow{AB}+\overrightarrow{BE})\\&=t\cdot\frac{1}{2}(\boldsymbol{a}-\boldsymbol{b})+t\cdot\frac{3}{4}\boldsymbol{b}\\&=\frac{t}{2}\cdot\boldsymbol{a}+\frac{t}{4}\cdot\boldsymbol{b}\end{aligned}\qquad ①$$

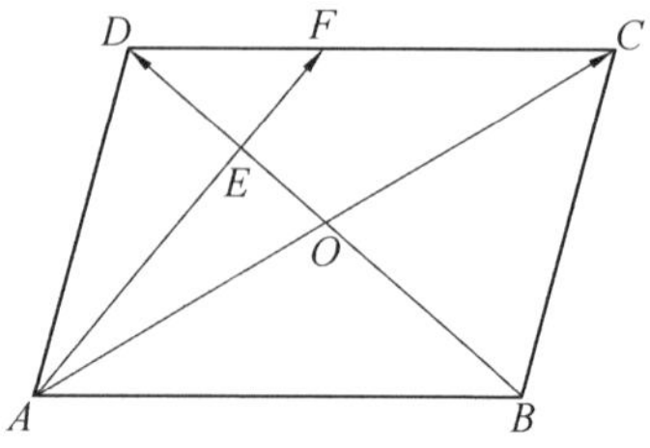

图 4.25

又

$$\begin{aligned}\overrightarrow{AF}&=\overrightarrow{AD}+\overrightarrow{DF}\\&=\overrightarrow{AD}+s\,\overrightarrow{DC}\\&=\frac{1}{2}(\boldsymbol{a}+\boldsymbol{b})+\frac{s}{2}(\boldsymbol{a}-\boldsymbol{b})\\&=\frac{1+s}{2}\cdot\boldsymbol{a}+\frac{1-s}{2}\cdot\boldsymbol{b}\end{aligned}\qquad ②$$

由式 ①② 得

$$\frac{t}{2}\cdot\boldsymbol{a}+\frac{t}{4}\cdot\boldsymbol{b}=\frac{1+s}{2}\cdot\boldsymbol{a}+\frac{1-s}{2}\cdot\boldsymbol{b}$$

$$\frac{t}{2}=\frac{1+s}{2}\qquad ③$$

$$\frac{t}{4}=\frac{1-s}{2}\qquad ④$$

由式 ③④ 解得

$$s=\frac{1}{3}$$

所以
$$\overrightarrow{AF}=\frac{2}{3}\boldsymbol{a}+\frac{1}{3}\boldsymbol{b}$$

本题方程组 ③④ 的列出，经历两个回路完成的，第一个回路是点 $A\to$ 点 $B\to$ 点 E，这里运用了点 E 是 OD 的中点这一条件（注意：不运用条件绝对是不行的），同时运用 AE 与 AF 共线；第二个回路是点 $A\to$ 点 $D\to$ 点 F，这里用到了 DF 与 DC 共线.

此处联想到唐诗诗句："两个黄鹂鸣翠柳，一行白鹭上青天"，仿此有：

两条回路回天力，一组方程凯歌还.

4.9　兴趣探索与深入研究

兴趣探索与深入研究是两种不同需求下产生的行为，可以说是两种不同的境界. 有兴趣才去探索，再深入钻研就是研究了.

我对下面不等式(1)(2) 进行了探索，此乃兴趣之所致：

(1) 设 $a,b\in\mathbf{R}$，且 $a+b=1$，则 $\left(\frac{1}{a}-a\right)\left(\frac{1}{b}-b\right)\leqslant\frac{9}{4}$.

证明　$\frac{1}{a}-a=b\left(1+\frac{1}{a}\right)$，同理有 $\frac{1}{b}-b=a\left(1+\frac{1}{b}\right)$，所以

$$\begin{aligned}\left(\frac{1}{a}-a\right)\left(\frac{1}{b}-b\right)&=ab\left(1+\frac{1}{a}\right)\left(1+\frac{1}{b}\right)\\&=(a+1)(b+1)=ab+a+b+1\\&=ab+2\leqslant\frac{1}{4}+2=\frac{9}{4}\end{aligned}$$

(2) 若 $a,b,c\in\mathbf{R}_+$，且 $a+b+c=1$，求证：$\left(\frac{1}{a}-a\right)\left(\frac{1}{b}-b\right)\left(\frac{1}{c}-c\right)\geqslant\frac{512}{27}$.

证明　根据题意，有

$$\left(\frac{1}{a}-a\right)\left(\frac{1}{b}-b\right)\left(\frac{1}{c}-c\right)$$

$$=\frac{(1-a^2)(1-b^2)(1-c^2)}{abc}$$

$$=\frac{1}{abc}[1-(a^2+b^2+c^2)+a^2b^2+b^2c^2+c^2a^2-a^2b^2c^2]$$

$$=\frac{1}{abc}[1-(a+b+c)^2+2(ab+bc+ca)+a^2b^2+b^2c^2+c^2a^2-a^2b^2c^2]$$

$$=\frac{1}{abc}[2(ab+bc+ca)+a^2b^2+b^2c^2+c^2a^2-a^2b^2c^2]$$

$$\geqslant\frac{1}{abc}[2(ab+bc+ca)+ab^2c+bc^2a+ca^2b-a^2b^2c^2]$$

（利用不等式 $x^2+y^2+z^2\geqslant xy+yz+zx$）

$$=2\left(\frac{1}{a}+\frac{1}{b}+\frac{1}{c}\right)+b+c+a-abc$$

$$=1+2\left(\frac{1}{a}+\frac{1}{b}+\frac{1}{c}\right)-abc$$

$$\geqslant 1+2\cdot\frac{9}{a+b+c}-\left(\frac{a+b+c}{3}\right)^{3}$$

（利用不等式$\frac{1}{a}+\frac{1}{b}+\frac{1}{c}\geqslant\frac{9}{a+b+c}$和均值不等式）

$$=1+18-\frac{1}{27}=\frac{512}{27}$$

当我取特殊值进行尝试时，让我感到意外的是，当变元是 2 个、3 个时，结果恰好相反，真有趣！结果有了，真要认证，需要深入研究. 据好友石焕南教授（北京联合大学师范学院）介绍，十多年前有一批人对此不等式的推广做过研究. 我当然不乐意再做这件事情了.

乘兴而为、顺水推舟，娱乐了一下，叫兴趣探索.

欲罢不忍、发散推广，取得了成果，叫深入研究.

4.10　关于幂函数的图像

形如 $y=x^{\alpha}(\alpha\in\mathbf{R})$ 的函数叫作幂函数.

关于幂函数的图像，首先指出，无论如何幂函数的图像在第一象限内是有的. 至于其他象限内是否有图像，要分 α 为有理数和无理数这两种情况加以讨论.

(1)α 是有理数.（有的教材干脆就约定 α 为有理数，并记为 n.）

当 α 为正数时，幂函数图像为抛物线型. 并且，若 $\alpha>1$，则图像是“竖抛”的（见表 1，以下同）；若 $0<\alpha<1$，则图像是“横抛”的.

当 α 是负数时，幂函数图像为双曲线型.

当 α 为零时，幂函数图像为挖去点(0,1)且平行于 x 轴的直线.

至于其他象限是否有图像，就要看函数的奇偶性了.

设 $\alpha=\frac{p}{q}$（p,q 是既约的正整数），当 q 为偶数时，函数无奇偶性可言；当 q 为奇数时，若 p 为奇数，则函数为奇函数，若 p 为偶数，则函数为偶函数.

设 $\alpha=-\frac{p}{q}$（p,q 是既约的正整数），函数的奇偶性同上.

归纳起来，函数的图像如以下表 1 所示.

表 1

$\alpha=\frac{p}{q}$	$n>0$（抛物线）		$n<0$
	$n>1$ 竖抛	$0<n<1$ 横抛	（双曲线）
$\frac{\text{偶}}{\text{奇}}$	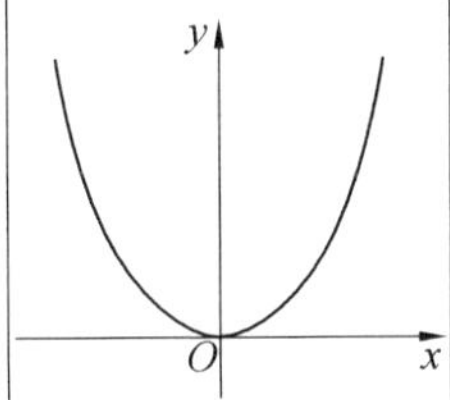	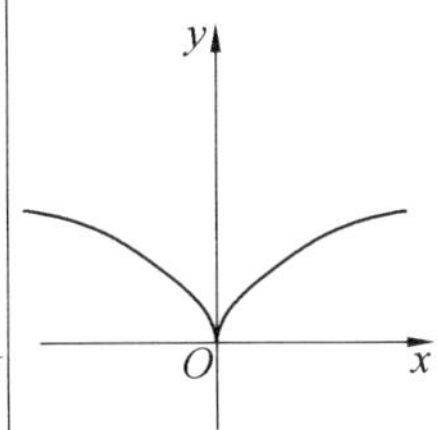	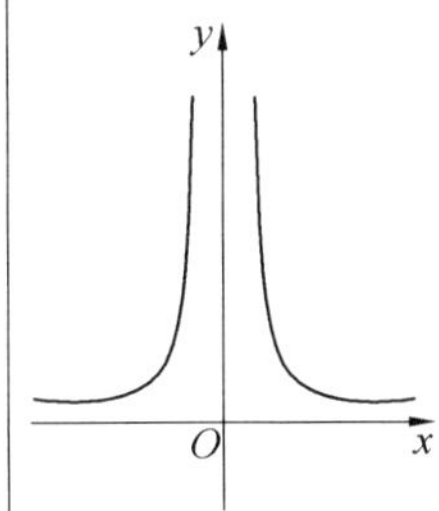
$\frac{\text{奇}}{\text{奇}}$	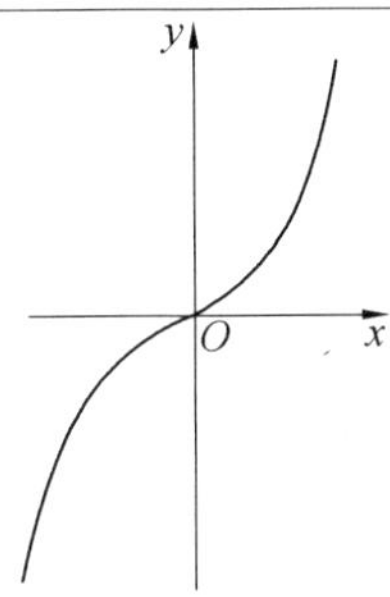	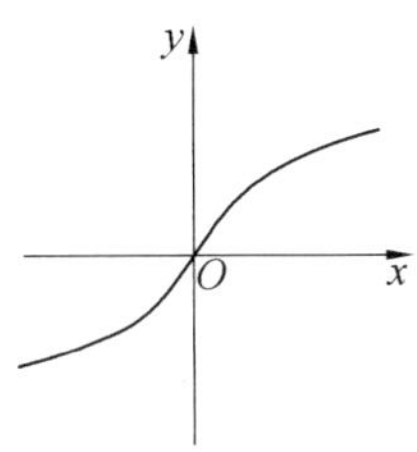	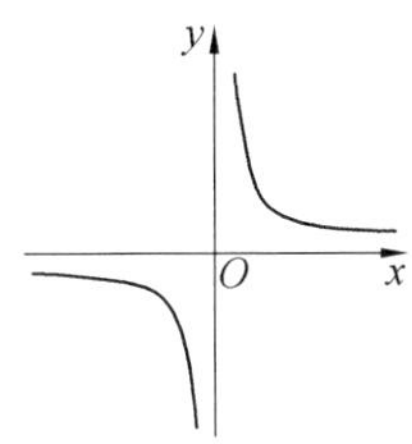
$\frac{\text{奇}}{\text{偶}}$	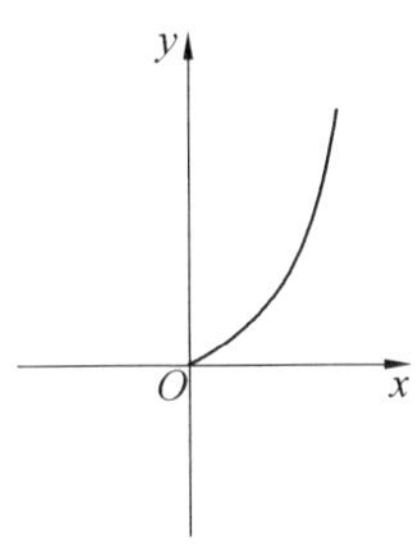	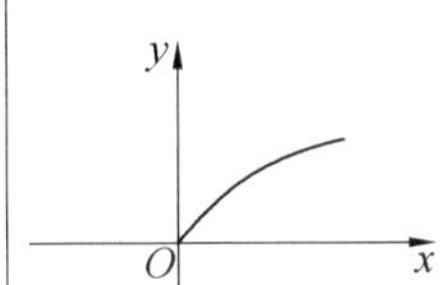	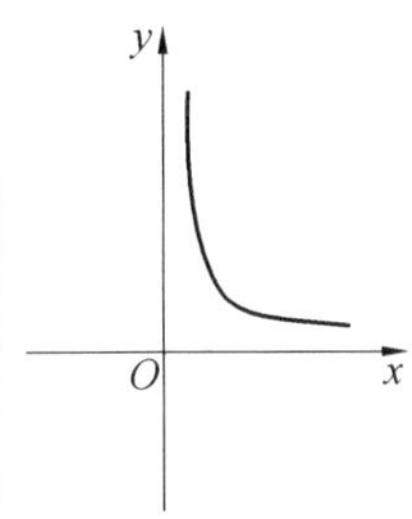

(2)α 是无理数. 函数无奇偶性可言了. 函数仅在第一象限内有图像. 比如 $y=x^{\sqrt{2}}$ 的图像经过原点，是竖立的半支抛物线，它夹在函数 $y=x$ 和 $y=x^2$ 在第一象限内的图像之间，如图 4.26 所示，其他情况类推.

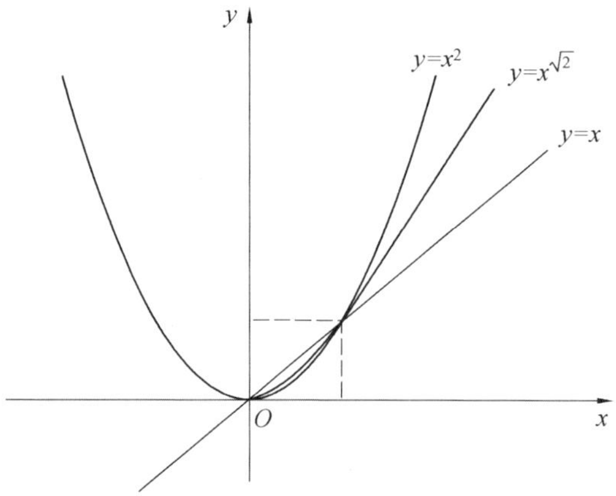

图 4.26

4.11 m 条直线与 m 个圆的交点

问题 1 设 m,n 是正整数，平面内 m 个圆和 n 条直线最多有多少个交点？

解 这样的交点可分成三类：

(1) 圆与圆的交点.

在 m 个圆中任选两个圆共有 $C_m^2=\frac{m(m-1)}{2}$ 种选法，而每两个圆最多有 2 个交点，因此 m 个圆最多有 $2C_m^2=m(m-1)$ 个交点.

(2) 直线和直线的交点.

在 n 条直线中任选两条直线共有 $C_n^2=\frac{n(n-1)}{2}$ 种选法，由于每两条直线最多有 1 个交点，所以 n 条直线最多有 $\frac{n(n-1)}{2}$ 个交点.

(3) 直线和圆的交点.

由于每一条直线与一个圆最多有 2 个交点，所以 m 个圆和 n 条直线最多有 $2mn$ 个交点.

由此可见，平面内 m 个圆和 n 条直线最多有 $m(m-1)+\frac{n(n-1)}{2}+2mn$ 个交点.

问题 2 设 m,n 是正整数，平面内 m 个圆和 n 条直线最多把平面分成多少个区域？

解　为解决这个问题，我们依次证明如下命题：

(1)m 个圆最多把平面分成 $m(m-1)+2$ 个区域；

(2)n 条直线最多把平面分成 $\frac{n(n+1)}{2}+1$ 个区域；

(3)m 个圆和 n 条直线最多把平面分成 $2mn+m(m-1)+\frac{n(n+1)}{2}+1$ 个区域.

证明：(1) 先在平面上画一个圆，这个圆把平面分成两个区域.

再画第二个圆，第二个圆被第一个圆分成 2 段，这 2 段中的每一段都增加一个区域，一共增加 2 个区域；

再画第三个圆，第三个圆被前两个圆分成 4 段，这 4 段中的每一段都增加一个区域，一共增加 4 个区域；

……

再画第 m 个圆，第 m 个圆被前 $m-1$ 个圆分成 $2(m-1)$ 段，这 $2(m-1)$ 段中的每一段都增加一个区域，一共增加 $2(m-1)$ 个区域.

所以，这 m 个圆最多把平面分成的区域数为

$$2+2+4+\cdots+2(m-1)=m(m-1)+2$$

(2) 在平面上画一条直线，这条直线把平面分成两个区域.

再画第二条直线，第二条直线被第一条直线分成 2 段，这 2 段中的每一段都增加一个区域，一共增加 2 个区域；

再画第三条直线，第三条直线被前两条直线分成 3 段，这 3 段中的每一段都增加一个区域，一共增加 3 个区域；

……

第 n 条直线被前 $n-1$ 条直线分成 n 段，这 n 段中的每一段都增加一个区域，一共增加 n 个区域.

所以，这 n 条直线最多把平面分成的区域数为

$$2+2+3+\cdots+n=\frac{n(n+1)}{2}+1$$

(3) 先在平面上画 m 个圆，这 m 个圆最多把平面分成 $m(m-1)+1$ 个区域.

再画一条直线，这条直线与这 m 个圆相交，最多有 $2m$ 个交点，这 $2m$ 个交点将该直线分成 $2m+1$ 段(即这条直线被这 m 个圆分成 $2m+1$ 段)，因为每一段都增加一个区域，但这 $2m+1$ 段中的第一段和最后一段属于同一个区域，所以一共增加

$2m$ 个区域；

再画第二条直线，第二条直线最多被这 m 个圆和第一条直线共分成 $2m+2$ 段，每一段都增加一个区域，一共增加 $2m+2$ 个区域；

再画第三条直线，第三条直线最多被这 m 个圆和前两条直线共分成 $2m+3$ 段，每一段都增加一个区域，一共增加 $2m+3$ 个区域；

……

再画第 n 条直线，第 n 条直线最多被这 m 个圆和前 $n-1$ 条直线共分成 $2m+n$ 段，每一段都增加一个区域，一共增加 $2m+n$ 个区域.

所以，这 n 条直线一共增加 $2m+(2m+2)+\cdots+(2m+n)$ 个区域，于是 m 个圆和 n 条直线最多把平面分成的区域数为

$$\begin{aligned}&m(m-1)+2+2m+(2m+2)+\cdots+(2m+n)\\=&2mn+m(m-1)+\frac{n(n+1)}{2}+1\end{aligned}$$

4.12 最简真分数的和

分母为 2 015 的所有最简真分数的和是多少？有没有什么结论？

先介绍欧拉(Euler)函数．

设正整数 n 的标准素分解式 $n=p_1^{\alpha_1}p_2^{\alpha_2}\cdots p_k^{\alpha_k}$，那么，所有小于 n 的正整数中与 n 互素的整数的个数叫欧拉函数，记为 $\varphi(n)$，且

$$\varphi(n)=n\left(1-\frac{1}{p_1}\right)\left(1-\frac{1}{p_2}\right)\cdots\left(1-\frac{1}{p_k}\right)$$

再给出如下定理：

以正整数 n 为分母的最简真分数的和为 $\frac{1}{2}\varphi(n)$．

证明 因为与 n 互素的整数有 $\varphi(n)$ 个，其中 $\varphi(n)$ 是欧拉函数.

又因为以 n 为分母的最简真分数是成对出现的，且每一对之和为 1，即若有一个真分数 $\frac{x}{n}$，则必有另一个真分数 $\frac{n-x}{n}$，且 $\frac{x}{n}+\frac{n-x}{n}=1$.

所以分母为 n 的所有最简真分数的和为 $\frac{1}{2}\varphi(n)$．

当 $n=2\,015$ 时，$2\,015=5\times13\times31$，所以

$$\varphi(2\,015)=2\,015\left(1-\frac{1}{5}\right)\left(1-\frac{1}{13}\right)\left(1-\frac{1}{31}\right)=1\,440$$

所以分母为 2 015 的所有最简真分数的和是 720.

4.13 "将军饮马"几何题

以下是一道初二的数学题.

题目　已知梯形的上底是 2，下底是 8，高是 4，求梯形周长的最小值.

解　如图 4.27，在梯形 $ABCD$ 中，$AD \parallel BC$，$AD=2$，$BC=8$，$DE \perp BC$，$DE=4$，现求 $AB+BC+CD+DA$ 的最小值.

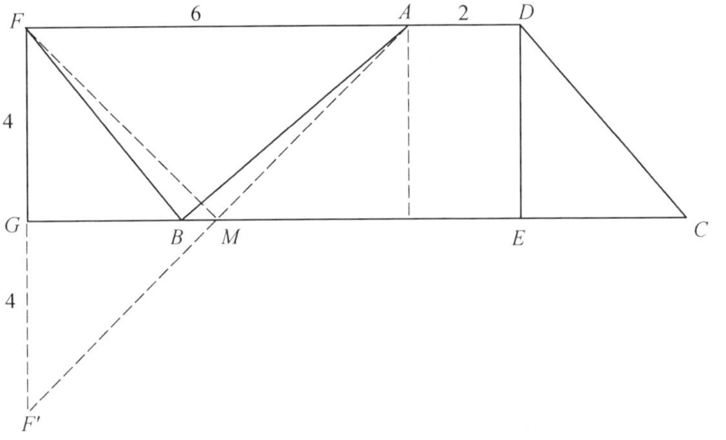

图 4.27

由条件可知，只需求 $AB+CD$ 的最小值.

将 Rt$\triangle CDE$ 平移到 Rt$\triangle BFG$ 处，则问题转化为求 $AB+BF$ 的最小值，这是著名的"将军饮马问题".

作点 F 关于直线 GC 的对称点 F'，联结 $F'A$，这时 $F'A$ 的长就是 $AB+BF$ 的最小值.

在 Rt$\triangle AFF'$ 中，易知，$FA=6$，$FF'=8$，所以 $F'A=10$，所以梯形 $ABCD$ 的周长的最小值为 $DA+AB+F'A=2+8+10=20$.

评论　所谓"将军饮马问题"，它是一类对称问题，是指已知一条直线和直线同侧的两点，在直线 L 上找一点使得该点到直线外两点的距离之和最小(饮马最方便).

4.14 六年级的一道题

题目 请设计一组圆形标牌,符合以下要求:

① 每个标牌的直径均为整数(单位:mm);

② 最小的一枚标牌直径为 15 mm,最大的一枚直径不超过 46 mm,从小到大排列;

③ 后一个标牌直径比前一个标牌直径最少大 30%,且每种规格的标牌仅需一枚.

(1) 请设计一组符合上述条件的标牌,使该组不同直径的标牌个数尽可能多,那么这组标牌的直径分别是多少毫米?

(2) 将一张长 80 mm、宽 46 mm 的长方形纸板用于标牌剪样,则当剪下该组中哪几种规格直径的标牌时,该纸板的利用率最大?请直接写出选择的标牌直径,并求出此时纸板的利用率(精确到 1%),利用率 =[剪下圆形标牌的总面积 / 纸板面积]×100%.

解 本题要求设计的一组圆形标牌符合三个要求,看来这道题是比较烦琐的.另外本题有两个设问,层层加码,更是“雪上加霜”.

(1) 由于对标牌有三个条件,那么我们就按部就班,顺着题意,逐一计算:

第一块标牌,直径 D_1 取 15 mm;

第二块标牌,直径 $D_2 \geqslant 15 \times 1.3 = 19.5$,取 20 mm;

第三块标牌,直径 $D_3 \geqslant 20 \times 1.3 = 26$,取 26 mm;

第四块标牌,直径 $D_4 \geqslant 26 \times 1.3 = 33.8$,取 34 mm;

第五块标牌,直径 $D_5 \geqslant 34 \times 1.3 = 44.2$,取 45 mm.

所以标牌直径分别是 15 mm,20 mm,26 mm,34 mm,45mm,共 5 块标牌.

(2) 由于给定的纸板尺寸是 80 mm×46 mm,要使纸板的利用率最大,那么就要使得四周留的边角余料最少,现有的标牌只有 5 块,如图 4.28 所示,选用直径分别为 15 mm,20 mm,26 mm 和 45 mm 的四块纸板就能使边角余料最少,所用面积共为

$$(7.5^2 + 10^2 + 13^2 + 22.5^2) \times 3.14 = 2\ 610.91(\text{mm}^2)$$

纸板面积为 $80 \times 46 = 3\ 680(\text{mm}^2)$.

使用率为 $2\ 610.91 \div 3\ 680 \approx 0.71$.

本题作为六年级上学期期末压轴题其分量是足够的.第(1) 问考验学生的“胆

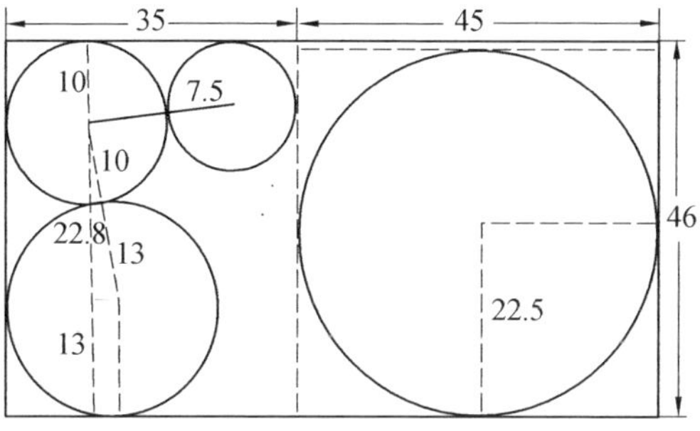

图 4.28

量”,敢不敢按照题目的要求,一步一步地给出 D_1,D_2,D_3,D_4,D_5. 破除了心理障碍,其实这道题并不难完成. 难点在于第(2)问,选取哪几块纸板使得边角余料最少. 如果能找到如图 4.28 的最佳方案,那么此题则完全攻克.

4.15　初三年级一道压轴题

有一道初三年级的压轴题:

题目　如图 4.29 所示,在等腰梯形 $ABCD$ 中,$AD\parallel BC$,$AD=7$,$AB=CD=15$,$BC=25$,E 为腰 AB 上一点,且 $AE:BE=1:2$,F 为 BC 上一动点,$\angle FEG=\angle B$,EG 交射线 BC 于点 G,直线 EG 交射线 CA 于点 H,设 $BF=x$,$CH=y$,求 y 与 x 的函数关系式及其定义域.

分析　下面的文字,我把具体的推理或演算过程省略,只突出解题的思路.

这道题实际上分两种情形,即:

情形 1:点 G 在点 F 的右侧.

首先 $x\neq 6$,否则直线 $FE\parallel CA$,它们没有交点,从而不符合题意,如图4.29;其次 $x\notin(6,8)$,否则直线 FE 与线段 AC 的延长线相交也不符合题意,如图4.30.

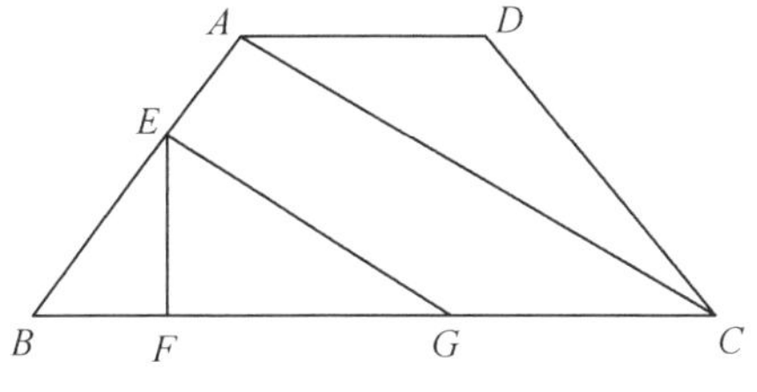

图 4.29

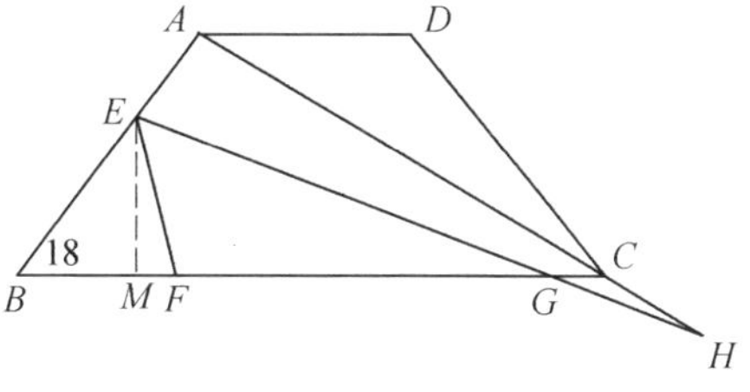

图 4.30

因此当 $x \in [0,6) \cup [8,25)$ 时，我们可以推得 $y = \dfrac{40}{x-6} + 20$，如图 4.31 和 4.32.

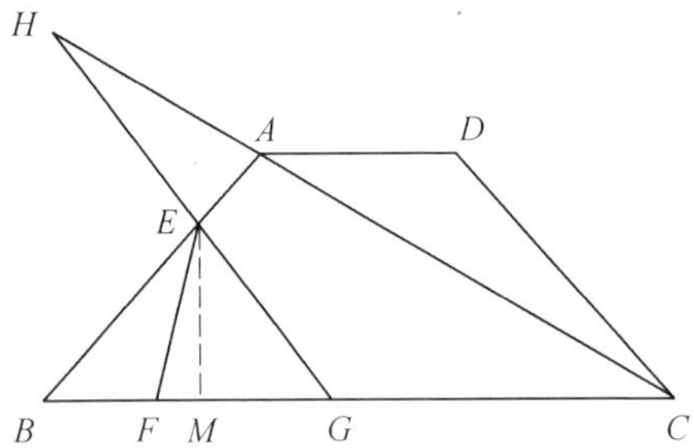

图 4.31

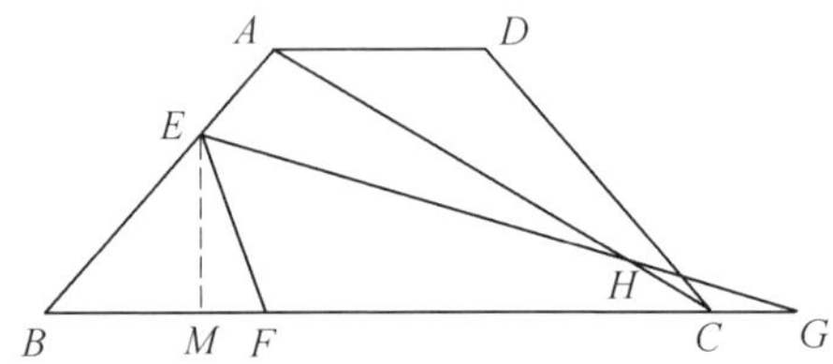

图 4.32

情形 2：点 G 在点 F 的左侧.

这时，若 $x = \dfrac{25}{3}$，则点 G 与 B 重合；若 $x \in \left[0, \dfrac{25}{3}\right)$，则点 G 在线段 CB 的延长线上，这与题意不符合，故不予考虑，见图 4.33.

因此，当 $x \in \left[\dfrac{25}{3}, 25\right)$ 时，我们可以推得 $y = \dfrac{260x + 2\ 000}{7x + 150}$，见图 4.34.

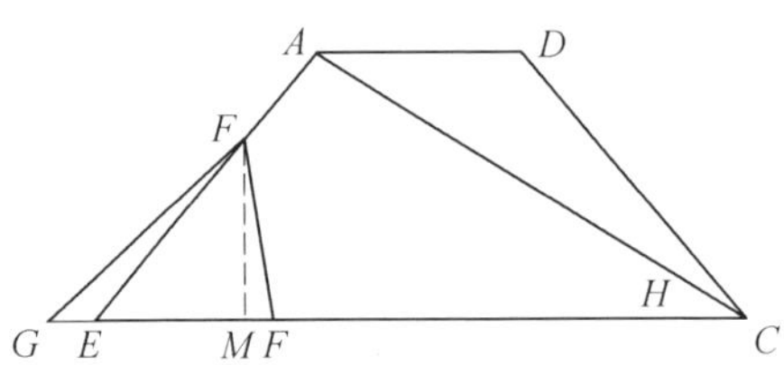

图 4.33

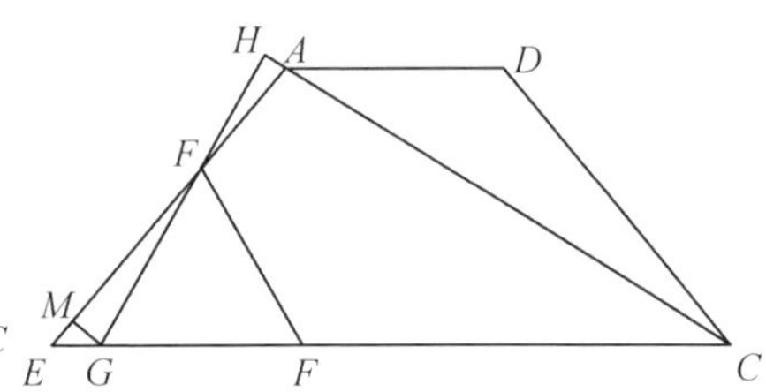

图 4.34

评论　这道压轴题出得好不好？我认为既有好的方面，又有不好的方面.

对两种情形下进行了讨论，难度足够了，即便不讨论，找出两个直角三角形证明其相似也非易事.

两种情形源于点 F 与点 G 的左右相对位置，两种情形下的计算途径却迥然不同. 这样安排无疑是雪上加霜，如此"节外生枝"，无非是想"考倒"学生，其实并没有必要.

同时,可惜的是,就是在第一种情形下(即点 G 在点 F 的右侧),有一个绝妙的设问被遗弃了,即当 $BF=x\in(6,8)$ 时,直线 FE 与线段 AC 的延长线相交.此时的结果与另两种情况的结果仅有一个符号的差别,即 $y=\frac{40}{x-6}-20$.本来妙笔可生花,但却失之交臂,太可惜.

鉴于此,笔者建议把此题略加修改,变为:

在等腰梯形 $ABCD$ 中,$AD\parallel BC$,$AD=7$,$AB=CD=15$,$BC=25$,E 为腰 AB 上一点,且 $AE:BE=1:2$,F 为 BC 上一动点,$\angle FEG=\angle B$,EG 交射线 BC 于点 G,并且点 G 在点 F 的右侧,直线 EG 交直线 AC 于点 H,设 $BF=x$,$CH=y$,求 y 与 x 的函数关系式及其定义域.

4.16 一道试题的瑕疵

有老师对如下试题的解答做了研究.说实话,我感兴趣的不是如何解答,而是这道题应该如何表述.

我认为,如果题目表达出了问题,就有可能把人引入歧途,既然如此,如何作答?

以下是 2015 年上海复旦大学附属中学自主招生试题:

题目 二次函数 $f(x)$ 的图像开口向上,与 x 轴交于 A,B 两点,与 y 轴交于点 C,以 D 为顶点,若 $\triangle ABC$ 的外接圆与 y 轴相切,且 $\angle DAC=150°$,则当 $x\neq 0$ 时,求 $\frac{f(x)}{|x|}$ 的最小值.

分析 推敲一下,就会发现此题的表达有欠妥之处——叙述的次序欠当,造成不连贯,“断了气”,易引起解题人的误解.

本题的意思是二次函数图像的顶点为 D,可是,为什么不及时说出,而在叙述了开口方向、与 x 轴交点、与 y 轴交点之后,才姗姗来迟呢!众所周知,顶点的指向性不是专一的,可以是抛物线的顶点、三角形的顶点或者角的顶点等,这里的点 D 是指什么的顶点呢?

如果把题目这样改动一下:“已知二次函数 $f(x)$ 的图像开口向上,顶点为点 D,……”你想误会都不可能,因为题意是那么明白无误、无懈可击.

有人提问了:① 开口向上;② 与 x 轴交于 A,B 两点;③ 与 y 轴交于点 C;④ 以 D 为顶点,这四个条件有顺序吗?

当然从来没人硬性规定它们的顺序,但并不意味着,它们之间全然没有次序的讲究.

打个比方,有简介如下:李某,广州人,1964年出生,获中国香港"2017年未来偶像争霸战"冠军,男.

以上介绍全部据实,材料无错.可是,表述上是不是有些别扭?如果把"男"放在名字之后就顺当了.

一般地,在叙述一个对象时,应该把离对象最"近"的属性优先介绍,或者把如放在靠后可能有歧义的属性提到前面来介绍.

上述四个条件中,抛物线开口向上,顶点是点 D,应该优先介绍,而它与坐标轴的交点文字较长,应放在稍后介绍,这就顺当了.

如果要坚持把个人简介中的性别放在最后也可以,坚持这样没有大错,那别人就无言以对了.

有人说数学题的表达是枝节问题,何必在此吹毛求疵?非也,数学作为一种文化,如同语文一样,表达要准确,语境要鲜明.这可是基本功.我们数学老师不应是文化界的"大老粗",不懂得分寸,只会胡乱表达,体现的是什么样的文化素质呢?

原题中"顶点是点 D",最好不要表达成"以 D 为顶点".因为,"顶点是点 D"和"以 D 为顶点",细究起来是有优劣之分的.

唐朝诗人贾岛写有"鸟宿池边树,僧推月下门"的诗句.他觉得"推"字念起来不够味儿,想改成"敲"字,之后对"推"与"敲"反复琢磨,直到他偶遇韩愈,才确定用"敲"字比用"推"字好,于是把那句诗改成"僧敲月下门".

写诗需要推敲,写文章需要推敲,写数学题也需要推敲.

数学条件若是相互独立的,从逻辑上讲,这些条件之间应该没有顺序.但是,我们在日常生活中判断事理总是要考虑三个方面:"情、理、法"."逻辑上无顺序"这只是"于法"."于情""于理"呢,就要适当照顾一下顺序,介绍某人一大堆最后才说他是"男"的表达方式毕竟是不顺当的.

4.17 拉格朗日插值多项式

有老师就如下恒等式发问:如何证明它?还说:难道用"暴力法"吗?

$$\frac{a^2(x-b)(x-c)}{(a-b)(a-c)}+\frac{b^2(x-c)(x-a)}{(b-c)(b-a)}+\frac{c^2(x-a)(x-b)}{(c-a)(c-b)}=x^2$$

当然可以不用"暴力法",比较好的方法是:

令 $f(x)=a^2\cdot\frac{(x-b)(x-c)}{(a-b)(a-c)}+b^2\cdot\frac{(x-c)(x-a)}{(b-c)(b-a)}+c^2\cdot\frac{(x-a)(x-b)}{(c-a)(c-b)}$，这里显然有 $a\neq b\neq c$.

为什么？它是一个二次函数，又易知 $f(a)=a^2$，$f(b)=b^2$，$f(c)=c^2$，即二次函数 $f(x)$ 的图像过 $A(a,a^2)$，$B(b,b^2)$，$C(c,c^2)$ 三点，又由于过 $A(a,a^2)$，$B(b,b^2)$，$C(c,c^2)$ 三点的二次函数的图像是唯一的(这是可以证明的，文末给出证明)，而二次函数 $f(x)=x^2$ 的图像也恰好过上述 A,B,C 三点，所以

$$f(x)=\frac{a^2(x-b)(x-c)}{(a-b)(a-c)}+\frac{b^2(x-c)(x-a)}{(b-c)(b-a)}+\frac{c^2(x-a)(x-b)}{(c-a)(c-b)}=x^2$$

实际上，本题是拉格朗日二次插值多项式的一个应用.

一般地，如果二次函数 $f(x)$ 的图像过 $A(x_1,y_1)$，$B(x_2,y_2)$，$C(x_3,y_3)$ 三点，那么 $f(x)$ 由如下多项式(拉格朗日插值多项式)所确定

$$f(x)=y_1\cdot\frac{(x-x_2)(x-x_3)}{(x_1-x_2)(x_1-x_3)}+y_2\cdot\frac{(x-x_3)(x-x_1)}{(x_2-x_3)(x_2-x_1)}+y_3\cdot\frac{(x-x_1)(x-x_2)}{(x_3-x_1)(x_3-x_2)}$$

下面对二次函数 $f(x)$ 存在且唯一给出证明：

设 $f(x)=ax^2+bx+c$，则有

$$ax_1^2+bx_1+c=y_1$$
$$ax_2^2+bx_2+c=y_2$$
$$ax_3^2+bx_3+c=y_3$$

以上是关于 a,b,c 的三元线性方程组，证明它有解且唯一，只需证明

$$D_3=\begin{vmatrix}x_1^2 & x_1 & 1\\ x_2^2 & x_2 & 1\\ x_3^2 & x_3 & 1\end{vmatrix}\neq 0$$

即证明其转置行列式

$$D_3'=\begin{vmatrix}1 & 1 & 1\\ x_1 & x_2 & x_3\\ x_1^2 & x_2^2 & x_3^2\end{vmatrix}\neq 0$$

而 D_3' 是三阶范德蒙行列式，且 $D_3'=\prod\limits_{1\leqslant j<i\leqslant 3}(x_i-x_j)=(x_3-x_2)(x_3-x_1)\cdot(x_2-x_1)$，由于二次函数图像上的三点满足 $x_1\neq x_2\neq x_3$，因此 $D_3'\neq 0$，故得证.

4.18　一图用两次

题目　已知函数 $f(x)=\begin{cases}1-|x|\ (x\leqslant 1)\\ x^2-4x+3(x>1)\end{cases}$，若 $f[f(m)]\geqslant 0$，则实数 m 的取值范围是(　　).

A. $[-2,2]$　　　　B. $[-2,2]\cup[4,+\infty)$

C. $[-2,2+\sqrt{2}]$　　　　D. $[-2,2+\sqrt{2}]\cup[4,+\infty)$

解　在 $f[f(m)]\geqslant 0$ 中，令 $t=f(m)$，则有 $f(t)\geqslant 0$.

由 $f(t)$ 图像(图 4.35) 可知

$$-1\leqslant t\leqslant 1 \text{ 或 } t\geqslant 3$$

即

$$-1\leqslant f(m)\leqslant 1 \text{ 或 } f(m)\geqslant 3$$

令 $1-|m|=-1$，可得 $m=-2$.

又令 $m^2-4m+3=1$，可得 $m=2+\sqrt{2}$.

再令 $m^2-4m+3=3$，可得 $m=4$.

然后由图 4.36 可知：$m\in[-2,2+\sqrt{2}]\cup[4,+\infty)$.

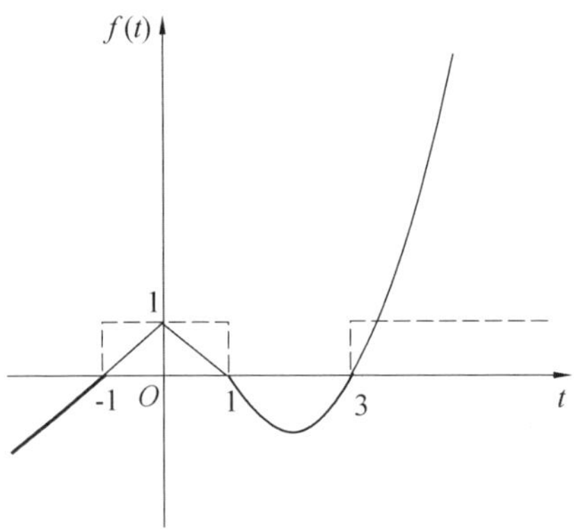

图 4.35

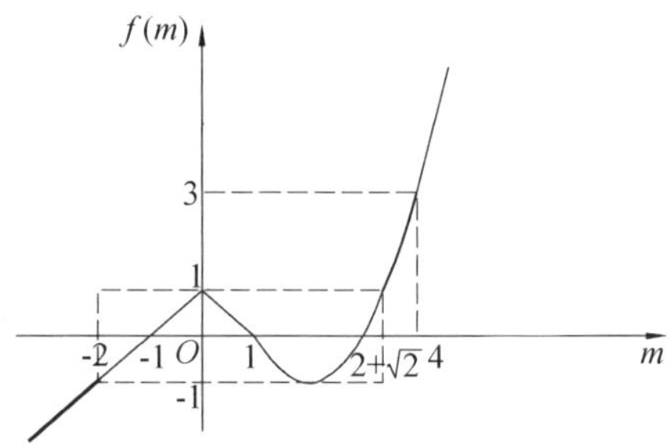

图 4.36

上面的文字在微信群里发出之后，有群友说“这一类型的题目无非是迭代，说成是图像法的极致，有标题党的嫌疑.”

对于上述的评论，我的看法如下：

本题是讲给普通高中生听的(不是奥赛尖子生，也不是优等生)，所以我们在学生可接受的前提下发表意见.

第一,虽然“迭代”这一类复合函数是常见的,但是用图像法求范围在我看来是少见的,所以用了“极致”这一有色彩的字眼,强调“同一图像,用了两次”这个不同于一般. 如果抬杠说,复合 3 次、4 次、n 次才能算“极致”,那我无言以对.

第二,标题党的主要特征是无限制地夸大,言过其实,牛头不对马嘴. 我们在审查文章的标题时,也不必过于紧张,不能谈虎色变,但凡用了色彩的标题都归于标题党. 我虽用了“极致”二字,但纵观全文并没有跑题和升调,所以“标题党”的帽子不合适.

第三,同一个函数,却两次运用它,先后所用的自变量字母 t 与 m 不同,相应的取值范围也随之不同,学生很少遇到这种题型,故容易造成困扰. 更增加了标题增添色彩的必要性.

第四,建议图中用不同颜色标出,这是教学上的需要,使之更鲜明,给学生强烈的印象. 当然不画色彩线也完全可以说清楚.

4.19　题不在难,有巧则名

“山不在高,有仙则名;水不在深,有龙则灵.” 这是我国唐朝文学家刘禹锡所作《陋室铭》里的名句. 比照数学习题,可谓“题不在难,有巧则名;算不在繁,有径则灵.”

为什么这里要强调“灵”与“巧”? 这是因为,提高数学解题能力,必须要在“灵”与“巧”这两个字上下功夫.

下面我们看几个例子.

例 1　如图 4.37,半圆的直径为 AB,它位于正方形 $ABCD$ 内,半圆上有一点 H(异于 A,B),延长 AH 至点 E,使得 $AH = HE$,以 AE 为边作正方形 $AEFG$,求 $\angle CEF$ 的度数.

解法 1　乍看此题,$\angle CEF$“悬空”着,似乎不着边际,其大小无法计算. 若从结论出发,则找不到思路. 那么,从条件出发“顺藤摸瓜”吧!

利用正方形和半圆的性质,可知这半圆弧的中点正好是正方形的中心. 于是联结 AC,那么对角线 AC 的中点 M 就是圆弧的中点,而点 H 是 AE 的中点,联结 MH,就得到 $\triangle ACE$ 的中位线,因此 $MH \parallel CE$.

利用半圆上的圆周角为直角,联结 BH,可知 $BH \perp AE$,于是 $BH \parallel FE$.

所以,$\angle CEF = \angle MHB$,而 $\angle MHB$ 在半圆内,它所对的弧正好是 $\frac{1}{4}$ 圆周,因

此 $\angle MHB=45°$,如图 4.38,至此问题获解.

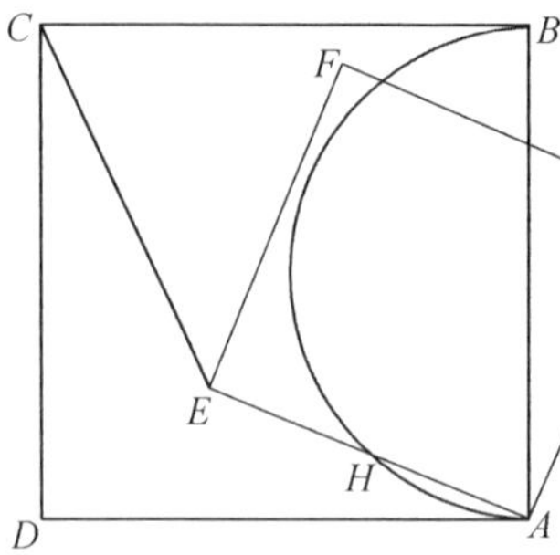

图 4.37

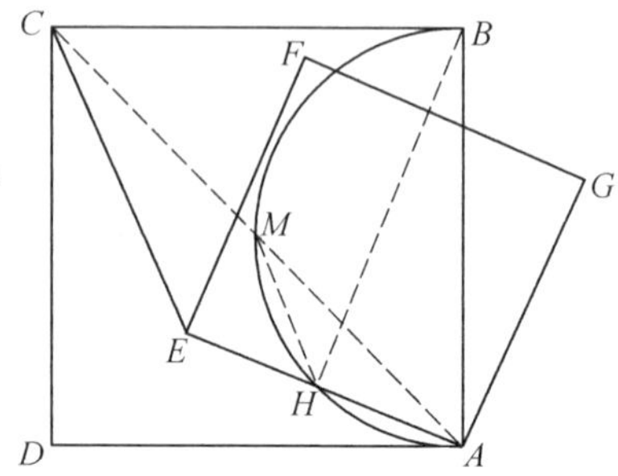

图 4.38

解法 2 再看此题,$\angle CEF$ 的邻角是 $\angle FEH$,而 $\angle FEH$ 是直角. 四边形 $CEAB$ 的内角中,$\angle ABC$ 是直角,以下只需弄清楚 $\angle BCE$,$\angle EAB$ 的大小,或者二者之和的大小.

再看条件,联结 BH,BE,由 BH 是 AE 的中垂线可知 $BA=BE$,进而 $BE=BC$,利用等腰三角形的底边相等,于是有

$$\angle BCE=\angle BEC,\angle BEA=\angle BAE$$

由四边形 $CEAB$ 内角之和为 $360°$,知

$$\angle CEA=\angle BEC+\angle BEA=\frac{360°-90°}{2}=135°$$

所以 $\angle CEF=135°-90°=45°$,如图 4.39,至此问题获解.

解法 3 以上用的是平面几何知识逻辑推理的方法,能否用解析几何方法计算呢?

如图 4.40,建立平面直角坐标系,设正方形边长为 2,则 $A(0,0)$,$C(-2,2)$,$B(0,2)$.

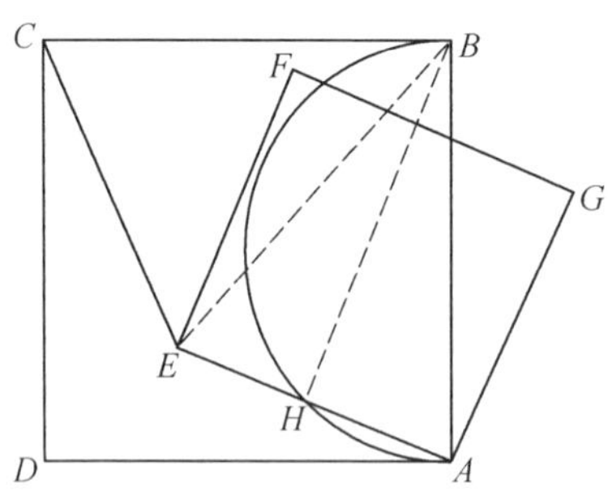

图 4.39

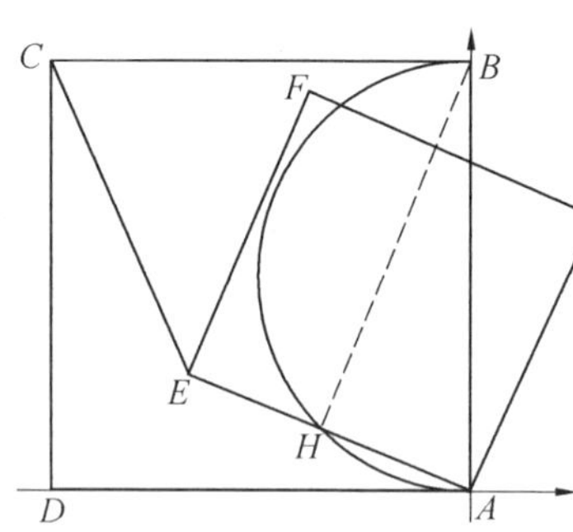

图 4.40

设点 H 在半圆上，$H(\cos\theta,\ 1+\sin\theta)$，则 $E(2\cos\theta,\ 2+2\sin\theta)$，有

$$k_{EC}=\frac{\sin\theta}{1+\cos\theta}=\tan\frac{\theta}{2}$$

$$\begin{aligned}k_{HB}&=\frac{-1+\sin\theta}{\cos\theta}\\&=-\frac{1-\cos\left(\frac{\pi}{2}-\theta\right)}{\sin\left(\frac{\pi}{2}-\theta\right)}\\&=-\tan\left(\frac{\pi}{4}-\frac{\theta}{2}\right)\end{aligned}$$

所以

$$\begin{aligned}\tan\angle CEF&=\tan\langle HB,EC\rangle\\&=\frac{k_{EC}-k_{HB}}{1+k_{EC}k_{HB}}\\&=\frac{\tan\frac{\theta}{2}+\tan\left(\frac{\pi}{4}-\frac{\theta}{2}\right)}{1-\tan\frac{\theta}{2}\tan\left(\frac{\pi}{4}-\frac{\theta}{2}\right)}\\&=\tan\frac{\pi}{4}=1\end{aligned}$$

所以 $\angle CEF=45^\circ$.

解法 3 是朴素的方法. 在计算两直线夹角时，需要三角变换，要灵活运用半角有理式公式，以及逆用两角和的公式.

尤其是解法 3 揭示了此题具有一般性，即点 H 在以 AB 为直径的圆上即可，如图 4.41.

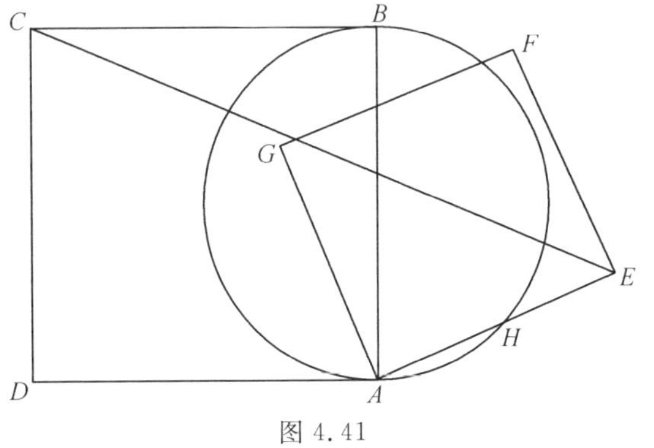

图 4.41

三种解法透着一个"灵"字，灵活，灵通，灵光，各显神威.

下面讨论另一个问题：$\triangle ABC$ 内有一点 O，$OA=a$，$OB=b$，$OC=c$，$\angle CAB=\alpha$，$\angle CBA=\beta$，求 AB.

已知三角形内任一点到三顶点距离以及三内角，解此三角形. 这类问题颇为有趣，但有一定难度. 解题时，常用一种技巧叫旋转变换，即把其中某一个三角形旋转，得到一个与原三角形全等(或相似)的三角形，从而使问题获解.

例 2 $\triangle ABC$ 中，$AC=BC$，$\angle ACB=90°$，点 O 在三角形内，$OA=1$，$OB=3$，$OC=2$，求 AB.

解 把 $\triangle CAO$ 绕点 C 顺时针旋转 $90°$，如图 4.42，得到 $\triangle CBM$，则 $CO=CM=2$，$BM=1$，在 $\triangle COM$ 中，$OM=\sqrt{CO^2+CM^2}=2\sqrt{2}$.

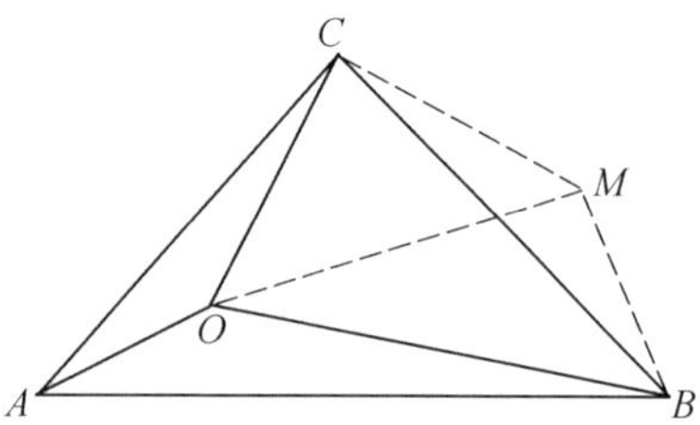

图 4.42

在 $\triangle BOM$ 中，由 $OM=2\sqrt{2}$，$BM=OA=1$，$OB=3$，可知 $\angle OMB=90°$.

在 $\triangle BCM$ 中，$\angle CMB=\angle CMO+\angle OMB=45°+90°=135°$.

在 $\triangle AOC$ 中，$\angle AOC=135°$，于是

$$AC^2=1^2+2^2-2\cdot 1\cdot 2\cos 135°=5+2\sqrt{2}$$

所以

$$AB^2=2AC^2=10+4\sqrt{2}$$

所以

$$AB=\sqrt{10+4\sqrt{2}}$$

例 3 $\triangle ABC$ 内有一点 O，$\angle CAB=60°$，$\angle ABC=75°$，$OA=\sqrt{2}$，$OB=\sqrt{3}-1$，$OC=2$，求 AB.

解 把 $\triangle AOB$ 绕点 A 顺时针旋转 $60°$ 后，得到与 $\triangle AOB$ 相似的 $\triangle AMC$，且相似比 $k=\dfrac{AC}{AB}=\dfrac{\sin 75°}{\sin 45°}=\dfrac{\sqrt{3}+1}{2}$，如图 4.43 所示，则 $AM=\sqrt{2}k$，联结 OM，在 $\triangle AOM$ 中，有

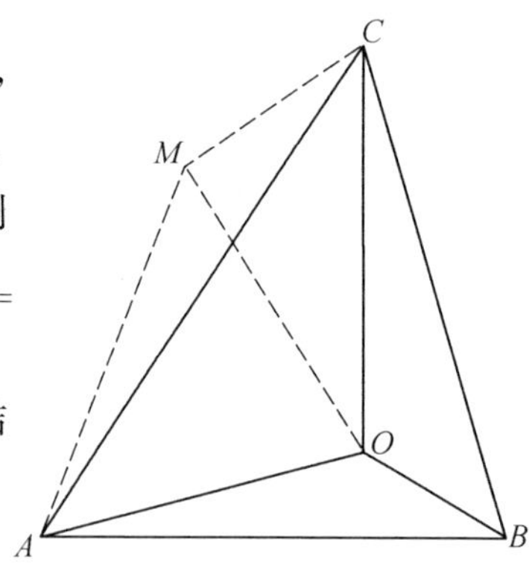

图 4.43

$$OM^2 = OA^2 + AM^2 - 2OA \cdot AM\cos 60^\circ$$
$$= (\sqrt{2})^2 + (\sqrt{2}k)^2 - 2 \cdot \sqrt{2} \cdot \sqrt{2}k \cdot \frac{1}{2}$$
$$= 2k(k-1) + 2 = 2 \cdot \frac{\sqrt{3}+1}{2} \cdot \frac{\sqrt{3}-1}{2} + 2 = 3$$

所以 $OM = \sqrt{3}$，且 $CM = k \cdot OB = (\sqrt{3}-1) \cdot \frac{\sqrt{3}+1}{2} = 1$.

在 $\triangle OMC$ 中，由 $OM = \sqrt{3}$，$CM = 1$，$OC = 2$，知 $\angle CMO = 90^\circ$，又注意到

$$\cos\angle AMO = \frac{AM^2 + OM^2 - OA^2}{2AM \cdot OM}$$
$$= \frac{(\sqrt{2}k)^2 + (\sqrt{3})^2 - (\sqrt{2})^2}{2\sqrt{2}k \cdot \sqrt{3}}$$
$$= \frac{2k^2+1}{2\sqrt{6}k}$$
$$= \frac{2\left(\frac{\sqrt{3}+1}{2}\right)^2 + 1}{2\sqrt{6} \cdot \frac{\sqrt{3}+1}{2}}$$
$$= \frac{1}{\sqrt{2}}$$

所以

$$\angle AMO = 45^\circ$$

所以

$$\angle AOB = \angle AMC = 45^\circ + 90^\circ = 135^\circ$$

在 $\triangle AOB$ 中，有

$$AB^2 = (\sqrt{2})^2 + (\sqrt{3}-1)^2 - 2\sqrt{2} \cdot (\sqrt{3}-1) \cdot \left(-\frac{1}{\sqrt{2}}\right) = 4$$

所以 $AB = 2$.

以上例 2、例 3 运用的都是旋转变换，变换中透着一个“巧”字. 通过旋转，把 OA，OB，OC 的长度巧妙地汇聚到一个新的与原三角形全等或相似的三角形内，从而获解.

常规题，通常“按套路出牌”不难解决. 但是，若进一步提高解题能力，则需要做一些“灵、巧”的题目.

“灵、巧”从何而来？唯一途径就是多思、多记. 多思，就是遇到难题不要轻易放弃，要锲而不舍. 在多思、苦思的过程中，茅塞顿开，“灵、巧”自然而来. 多记，指要把做过的“灵、巧”题及时记下来，放进“题库”，到时信手拈来.

4.20 旋转移动显灵巧

三角形内一点，它与三个顶点连线把原三角形分成了三个小的三角形，要计算其中的角度或长度，由于条件分散，需要把某个小三角形移出. 三角形的移动通常分平行移动与旋转移动两种，旋转移动显然比平行移动来得困难. 以下三例均属此种题型.

例 1 如图 4.44 所示，P 为等边 $\triangle ABC$ 内一点，$\angle APB=113^\circ$，$\angle APC=123^\circ$，试说明：以 AP，BP，CP 为边长可以构成一个三角形，并确定所构成三角形的各内角的度数.

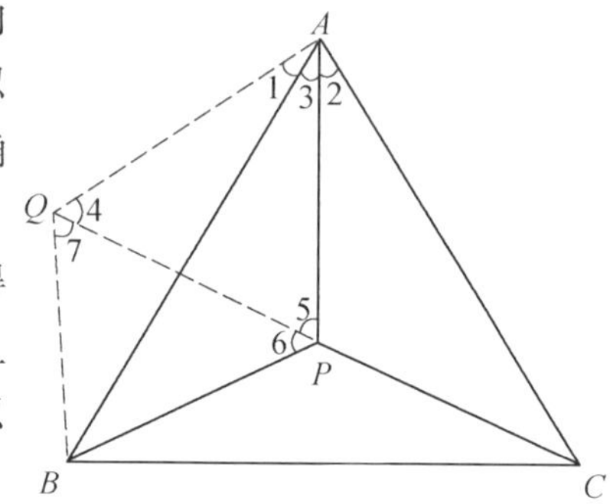

图 4.44

解 将 $\triangle APC$ 绕点 A 顺时针旋转 60° 得 $\triangle AQB$，则 $\triangle AQB\cong\triangle APC$，所以 $AQ=AP$，且 $\angle PAQ=60^\circ$，所以 $\triangle APQ$ 是等边三角形，所以 $QP=AP$.

又 $BQ=CP$，所以 $\triangle QBP$ 就是以 AP，BP，CP 为边的三角形.

因为 $\angle APB=113^\circ$，所以

$$\angle 6=\angle APB-\angle 5=113^\circ-60^\circ=53^\circ$$

因为 $\angle AQB=\angle APC=123^\circ$，所以

$$\angle 7=\angle AQB-\angle 4=123^\circ-60^\circ=63^\circ$$

所以

$$\angle QBP=180^\circ-\angle 6-\angle 7=180^\circ-53^\circ-63^\circ=64^\circ$$

所以以 AP，BP，CP 为边的三角形的三个内角的度数分别为 64°，63°，53°.

例 2 如图 4.45 所示，P 是等边 $\triangle ABC$ 中的一点，$PA=2$，$PB=2\sqrt{3}$，$PC=4$，则 BC 的边长是多少？

解 将 $\triangle BAP$ 绕点 B 按逆时针方向旋转 60° 得 $\triangle BCM$，如图 4.45 所示，则 $\triangle BCM\cong\triangle BAP$，所以 $BM=BP$，且 $\angle PBM=60^\circ$，所以 $\triangle APM$ 是等边三角形，所以

$$PM = PB = 2\sqrt{3}$$

在 $\triangle PCM$ 中，$CM = PA = 2$，$PC = 4$，因为

$$PM^2 + CM^2 = (2\sqrt{3})^2 + 2^2 = 4^2 = PC^2$$

所以

$$\angle PMC = 90^\circ$$

又因为 $PM = 2CM$，所以

$$\angle MPC = 30^\circ$$

而 $\angle BPM = 60^\circ$，所以

$$\angle BPC = 90^\circ$$

在 Rt$\triangle BCM$ 中，有

$$BC^2 = PB^2 + PC^2 = (2\sqrt{3})^2 + 4^2 = 28$$

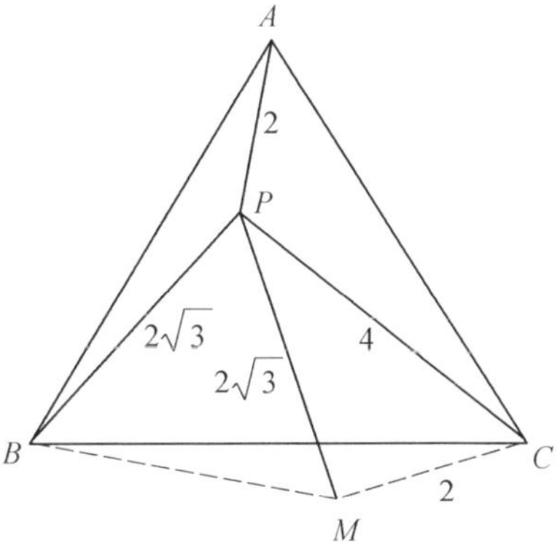

图 4.45

所以

$$BC = 2\sqrt{7}$$

即等边 $\triangle ABC$ 的边长为 $2\sqrt{7}$.

例 3　如图 4.46 所示，在等腰 Rt$\triangle ABC$ 中，$\angle A = 90^\circ$，P 是 $\triangle ABC$ 内一点，$PA = 1$，$PB = 3$，$PC = \sqrt{7}$，求 $\angle CPA$ 的大小.

解　把 $\triangle APB$ 绕点 A 按逆时针旋转 90° 到 $\triangle AQC$，如图 4.46 所示，则

$$\triangle ACQ \cong A\triangle BP$$

所以　$AP = AQ$

且　$\angle PAQ = 90^\circ$

所以 $\triangle APQ$ 是等腰直角三角形，所以

$$PQ = \sqrt{2}$$

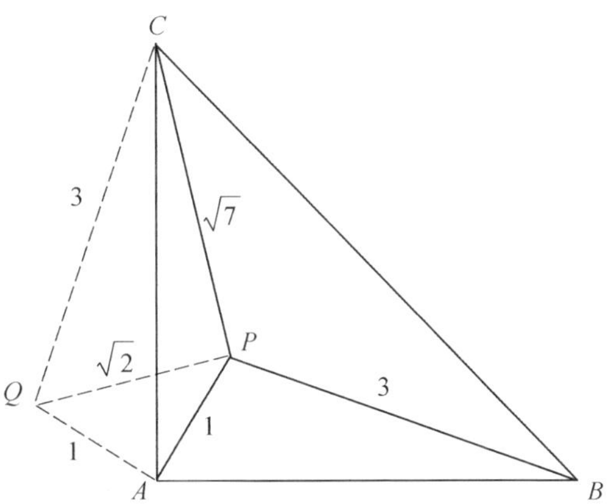

图 4.46

在 $\triangle AQC$ 中，有

$$PQ^2 + PC^2 = (\sqrt{2})^2 + (\sqrt{7})^2 = 3^2 = CQ^2$$

所以　$\angle CPQ = 90^\circ$

所以　$\angle CPA = \angle CPQ + \angle APQ = 90^\circ + 45^\circ = 135^\circ$

以上三个例子都是已知三角形内一定点到三个顶点距离再求有关角或线段

长，所用的方法都是将三角形内分成的三个小三角形中的一个绕着顶点旋转，得到另一个三角形，从而构造出新的直角三角形来，达到目的. 这里选择哪一个三角形旋转、旋转多少度都是问题的关键. 于是就有：旋转移动显灵巧，亦动亦静难化易.

4.21 点在圆上

题目 在正方形 $ABCD$ 中，P 是边 CD 上任一点，以 AB 为直径的圆 O 交 PA，PB 于点 E，F，射线 DE，CF 交于点 M，求证：点 M 在圆 O 上.

证法1 如图 4.47，联结 AC，BD 交于点 T，则 T 在圆 O 上，联结 TP，TE，TF.

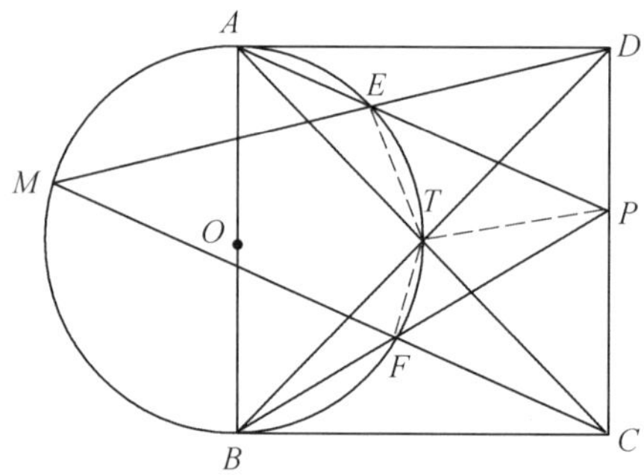

图 4.47

由 A,E,T,B 四点共圆知，外角 $\angle PET=\angle ABT=45^\circ$（内对角），而 $\angle PDT=45^\circ$，所以 D,E,T,P 四点共圆，所以

$$\angle MET=\angle DPT$$

同理 C,F,T,P 四点共圆，所以

$$\angle MFT=\angle CPT$$

所以
$$\angle MET+\angle MFT=\angle DPT+\angle CPT=180^\circ$$

所以 E,T,F,M 四点共圆，即点 M 在圆 O 上.

证法2 如图 4.48，设射线 CF 交圆 O 于点 M，联结 ME，ED，原题等价于求证：M,E,D 三点共线.

延长 AF，BE 分别交 BC，AD 于点 N，Q，以下证明 $\angle QED=\angle MEB$，即 $\angle 1=\angle 6$.

则由 $\angle QEP=\angle QDP=90^\circ$ 知，E,Q,D,P 四点共圆，知 $\angle 1=\angle 2$，同理有 $\angle 3=\angle 4$.

在 $\text{Rt}\triangle ABN$ 与 $\text{Rt}\triangle BCP$ 中，因为 $AB=BC$，且 $\angle BAN=\angle CBP$，所以

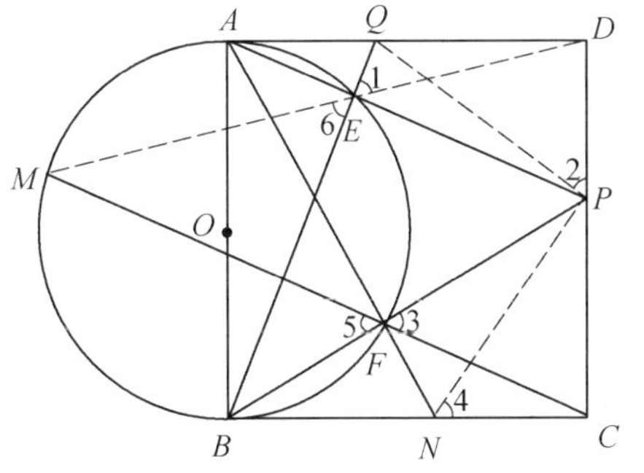

图 4.48

$$\text{Rt}\triangle ABN \cong \text{Rt}\triangle BCP$$

所以
$$BN = CP$$

所以
$$NC = BC - BN = CD - CP = PD$$

在 $\text{Rt}\triangle ADP$ 与 $\text{Rt}\triangle ABQ$ 中,因为 $AD = AB$,且 $\angle ADP = \angle ABQ$, 所以

$$\text{Rt}\triangle ADP \cong \text{Rt}\triangle BAQ$$

所以
$$DP = AQ$$

所以
$$PC = CD - DP = AB - AQ = DQ$$

所以
$$\text{Rt}\triangle NCP \cong \text{Rt}\triangle PDQ$$

所以 $\angle 1 = \angle 2 = \angle 3 = \angle 4 = \angle 5 = \angle 6$,从而获证.

证法 3　如图 4.49,延长 AF,BE 分别交 BC,AD 于点 N,Q,则由 E,Q,D,P 四点共圆知 $\angle 1 = \angle 2$,同理有 $\angle 3 = \angle 4$.

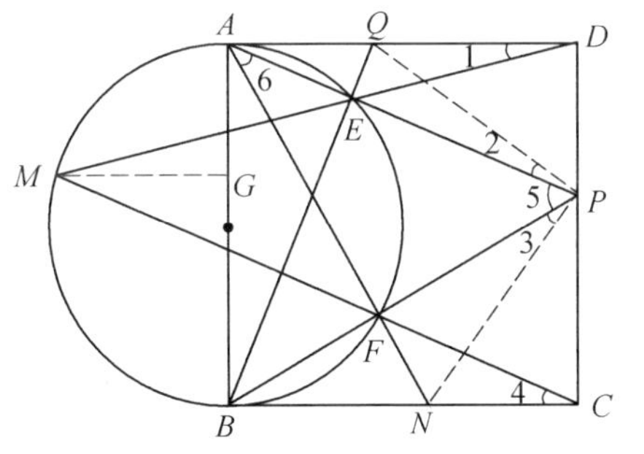

图 4.49

易知 $\text{Rt}\triangle ABN \cong \text{Rt}\triangle BCP$,所以

$$BN = CP$$

所以
$$NC = PD$$

所以 $$\mathrm{Rt}\triangle NCP \cong \mathrm{Rt}\triangle PDQ$$

所以 $$\angle DPQ + \angle CPN = 90^\circ$$

所以 $$\angle 5 + (\angle 2 + \angle 3) = 90^\circ$$

作 $MG \mathbin{/\!/} AD$,易知

$$\begin{aligned}\angle EMF &= \angle EMG + \angle FMG = \angle 1 + \angle 4\\ &= \angle 2 + \angle 3 = 90^\circ - \angle 5\end{aligned}$$

在 $\mathrm{Rt}\triangle AFP$ 中,$\angle 6 = 90^\circ - \angle 5$,即

$$\angle EAF = EMF$$

所以点 M 在圆 O 上.

4.22　三角形与内切圆

命题　如图 4.50 所示,如果小圆是全等的,那么大圆也是.

引理　$\triangle ABC$ 的内切圆半径 $r = \dfrac{h}{1+\dfrac{b+c}{a}}$,其中 h 是 a 边上的高.(证明略)

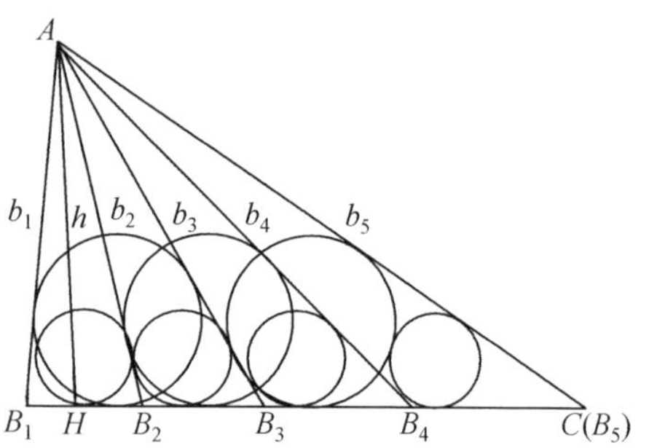

图 4.50

命题的证明　从左到右对圆编号,小圆半径为 $r_i(i=1,2,3,4)$,大圆半径为 $R_i(i=1,2,3)$,边 $AB_j=b_j$,$B_jB_{j+1}=a_j(j=1,2,3,4)$,高为 AH.

由 $r_1=r_2=r_3$,得

$$\frac{b_1+b_2}{a_1}=\frac{b_2+b_3}{a_2}=\frac{b_3+b_4}{a_3}$$

设点 H 为坐标原点,B_i 坐标为 $(x_i,0)$ $(i=1,2,3,4,5)$,则

$$b_2^2-b_1^2=x_2^2-x_1^2$$

即 $$\frac{b_2+b_1}{x_2-x_1}=\frac{x_2+x_1}{b_2-b_1}$$

同理有 $$\frac{b_4+b_3}{x_4-x_3}=\frac{x_4+x_3}{b_4-b_3}$$

所以有 $$\frac{b_1+b_2}{a_1}=\frac{b_3+b_4}{a_3}=\frac{x_2+x_1}{b_2-b_1}=\frac{x_4+x_3}{b_4-b_3}=k$$

于是有

$$b_1+b_2=ka_1 \quad ①$$

$$b_3+b_4=ka_3 \quad ②$$

$$b_2-b_1=\frac{1}{k}(x_2+x_1) \quad ③$$

$$b_4-b_3-\frac{1}{k}(x_4+x_3) \quad ④$$

①＋②＋④－③ 可得

$$\frac{b_1+b_3}{a_1+a_2}=\frac{1}{2}\left(k+\frac{1}{k}\right)$$

同理可有

$$\frac{b_2+b_4}{a_2+a_3}=\frac{1}{2}\left(k+\frac{1}{k}\right)$$

所以
$$\frac{b_1+b_3}{a_1+a_2}=\frac{b_2+b_4}{a_2+a_3}$$

由引理可知大圆半径相等.

4.23　称为定理的理由

有人提出这样一个猜想,即:

命题 1　设 D,E,F 分别是 $\triangle ABC$ 的边 BC, CA, AB 上的一点,线段 AD, BE, CF 交于一点 O,若 $\triangle BOD$ 与 $\triangle COD$ 面积相等,则 $\triangle AOF$ 与 $\triangle AOE$, $\triangle BOF$ 与 $\triangle COE$ 的面积相等,如图 4.51 所示.

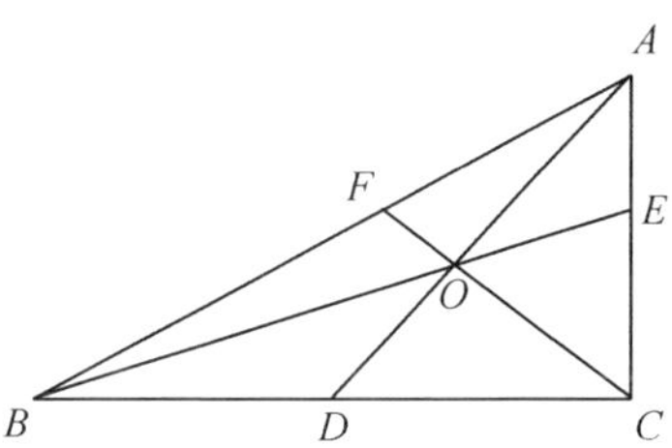

图 4.51

如果这个猜想为真,那么这“可能”是一个新的定理.

实际上,在命题1中,$\triangle BOD$ 与 $\triangle COD$ 的面积相等 ⇔ 点 D 是边 BC 的中点,$\triangle AOF$ 与 $\triangle AOE$ 的面积相等、$\triangle BOF$ 与 $\triangle COE$ 的面积相等 ⇔ 点 E,F 到 AD 的距离相等.

因此命题 1 等价于:

命题 2　在 $\triangle ABC$ 中,D 是边 BC 的中点,O 为线段 AD 上任一点,BO, CO 的延长线分别交 AB, AC 于点 E,F,则点 E,F 到直线 AD 等距.

下面给出纯平面几何的证明：

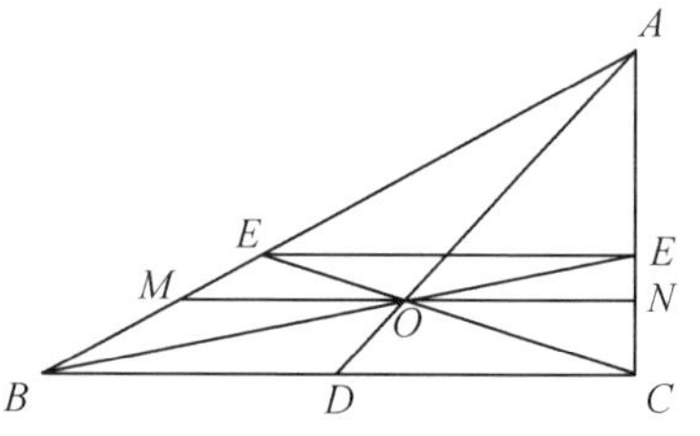

图 4.52

首先证明 $EF \parallel BC$. 过点 O 作平行于 BC 的直线 MN 分别交 AB, AC 于点 M, N，如图 4.52 所示.

由 $BD=DC$ 和 $\frac{MO}{BD}=\frac{AO}{AD}=\frac{NO}{DC}$ 知 $MO=NO$.

又由 $\frac{MO}{BC}=\frac{FO}{FC}$ 和 $\frac{NO}{BC}=\frac{EO}{EB}$ 知 $\frac{FO}{FC}=\frac{EO}{EB}$.

再由分比定理可知 $\frac{FO}{OC}=\frac{EO}{OB}$.

所以 $EF \parallel BC$ 得证.

接着设 EF 与 AD 交于点 T，作 $EG \perp AD$ 于点 G，作 $FH \perp AD$ 于点 H，如图 4.53 所示.

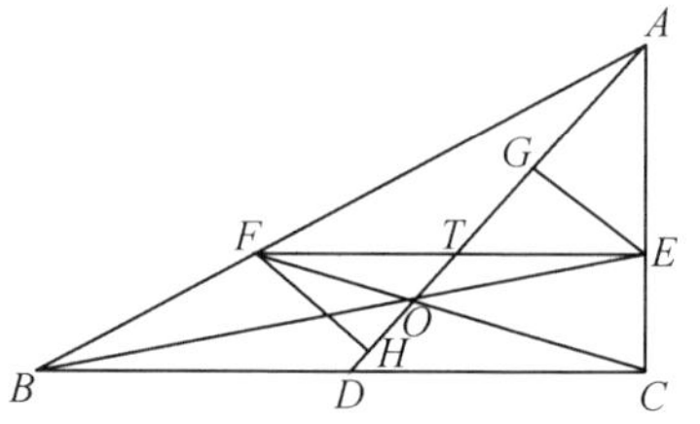

图 4.53

由 $EF \parallel BC$ 可知 $FT=TE$，易知 $\mathrm{Rt}\triangle FTH \cong \mathrm{Rt}\triangle ETG$，所以 $EG=FH$，从而命题 2 为真，即命题 1 亦为真.

以上的证明是平凡的.

有朋友说可以考虑用塞瓦定理证明 $EF \parallel BC$，我们不妨一试.

众所周知，塞瓦定理是指：设 O 是 $\triangle ABC$ 内任意一点，AO, BO, CO 分别交对边于点 D, E, F，则 $\frac{AF}{FB}\cdot\frac{BD}{DC}\cdot\frac{CE}{EA}=1$.

如图 4.54 所示，O 是 $\triangle ABC$ 内一点，AO, BO, CO 分别交边 BC, CA, AB 于点 D, E, F，由塞瓦定理得：$\frac{AF}{FB}\cdot\frac{BD}{DC}\cdot\frac{CE}{EA}=1$.

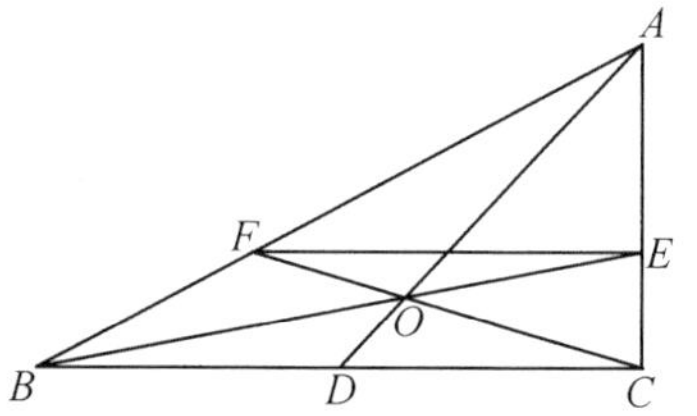

图 4.54

现已知 $BD=DC$，于是有 $\frac{AF}{FB}\cdot\frac{CE}{EA}=1$，即

$$\frac{AF}{FB}=\frac{EA}{CE}$$

所以 $EF \parallel BC$.

由以上过程显而易见，利用塞瓦定理证明命题 1，如同大炮打蚊子，看来真的不需要把简单问题复杂化.

由以上证明不难发现，命题 2 的关键是证明 $EF \parallel BC$，而这个证明是简单的. 换言之，命题 2 是一道不难的平面几何题的延伸. 因此，不应该把命题 1 或命题 2 称为“定理”.

其实,优美的结果并不是能称之为定理的充分条件(其实也不是必要条件).作为定理,它应有广泛的应用.既然用处多多,为免除屡次的劳苦,故选择“那个”作为定理.在科学研究中,定理也可看作探索路途中的标杆,指引人们的一程又一程.命题 1 和命题 2 显然不具备这些优势.

4.24 一道初中自主招生题

以下问题是 2008 年武汉外国语学校自主招生题,我因辅导学生才接触了这道题目.

题目 三个大小相同的正方形重叠地放在一个大的正方形 $ABCD$ 内,已知能看见的部分Ⅰ,Ⅱ,Ⅲ 的面积分别是 64 cm^2,38 cm^2,34 cm^2,见图4.55,则正方形 $ABCD$ 的边长是________.

评论 此题流传很广.我对此题有两点看法:

其一,网上解答均用“平移法”,抄录其主要过程如下:

“如图 4.56 所示,设出其中两条边分别为 a,b,则将图 Ⅱ 所在的小正方形向左移动到最左边,图 Ⅱ 减少的面积等于图 Ⅲ 增加的面积,图 Ⅱ 面积 + 图 Ⅲ 面积 = 38 + 34 = 72(cm^2),……”

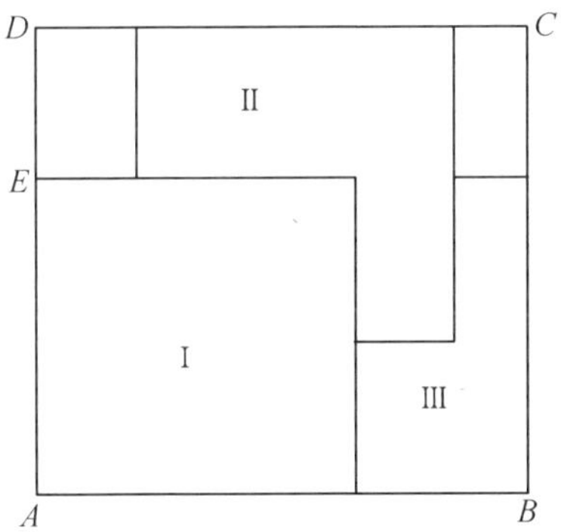

图 4.55

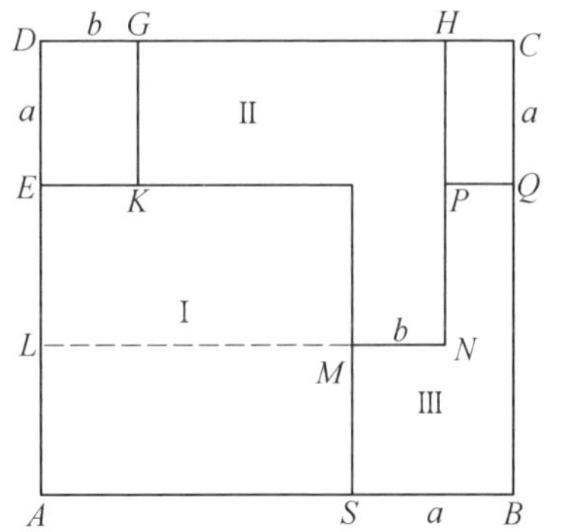

图 4.56

以上解题过程中,a,b 是哪两条边的边长?不得而知.整个解题过程由于过于简略,其效果是语焉不详.

为什么“图 Ⅱ 减少的面积等于图 Ⅲ 增加的面积”?没有理由.知者知之,不知者恒不知.

诚然,答题过程应该简练,但是并不意味着就可以省去关键理由.

事实上,本题的关键在于两处:一是 $DE = SB = a$,二是 $EK = MN = b$,由此可知矩形 $DGKE \cong$ 矩形 $CHPQ$,这才有后续的"图Ⅱ减少的面积等于图Ⅲ增加的面积"和"$2S$(矩形 $DCQE$) = 区域Ⅱ面积 + 区域Ⅲ面积".

其二,此题还有别的简捷的方法吗? 有的!

设 $DE = a$,$MN = b$,则有整个正方形面积等于(矩形 $DGKE$ + 矩形 $HCQP$ + Ⅰ + Ⅱ + Ⅲ)的面积,即

$$(a+8)^2 = ab + a(a-b) + 64 + 38 + 34$$

解得 $a = 4.5$.

所以正方形的边长为 12.5.

4.25　两道令人回味的立体几何题

有这样一种现象:有的同学不怕代数运算的烦琐,能见机行事、巧算妙解;也不怕平面几何推理的艰涩,能添加合适的辅助线,迎难而上,却偏偏在稍难的立体几何题面前败下阵来,说明空间想象能力尚有缺憾.

空间想象能力是诸多数学能力中重要的一种.在中小学教育阶段,对空间想象力的培养,一直是数学教学的主要目标之一.

想要提高空间想象能力,很重要的一环,就是深入钻研一些具有启发性和代表性的题目.

本节介绍两道这样的习题.

例 1　一个正四面体与一个正四棱锥的棱长全都相等.将正四面体的一个面与正四棱锥的一个侧面紧贴重合在一起,得到一个新的立体,它有几个面?

例 1 是美国数学学会 1982 年给出的问题.有人可能会不加思索地说:正四棱锥有 5 个面,正四面体有 4 个面,各用一面贴合,得到的立体则有 5 + 4 − 2 = 7 个面.

其实,正确答案是 5 个面.

怎么会是这样的?

如果直接"将正四面体与正四棱锥的一个侧面紧贴在一起",由于空间想象能力的不足,不容易看出其中有两个侧面实际在一个平面的情况,从而算多了.

现在,我们只是把正四棱锥平行移动,就能生动、直观地得到正四面体,从而得到正确的答案.

设正四棱锥 $P-ABCD$ 所有的棱长均为 1，把该棱锥放在平面 $ABCD$ 上，并且沿着直线 AB 的方向，平移 1 个单位，到达正四棱锥 $P'-A'B'C'D'$ 位置，且 BC 与 $A'D'$ 重合(图 4.57).

此时，点 P 移至点 P' 处，有 $PB=BP'=P'P=PC=BC=P'C=1$，可知 $P-BCP'$ 为正四面体，且由 $PP' \parallel AB$，知 P,A,B,P' 四点共面，P,D,C,P' 四点共面.

因此，依题意得到的新的几何体，实际就是一个斜三棱柱 $PAD-P'BC$，如图 4.58，显然它只有 5 个面.

本题与教材高度契合，还有一定的趣味性，所以可以拿来品味，以提高空间想象能力和良好的思维习惯.

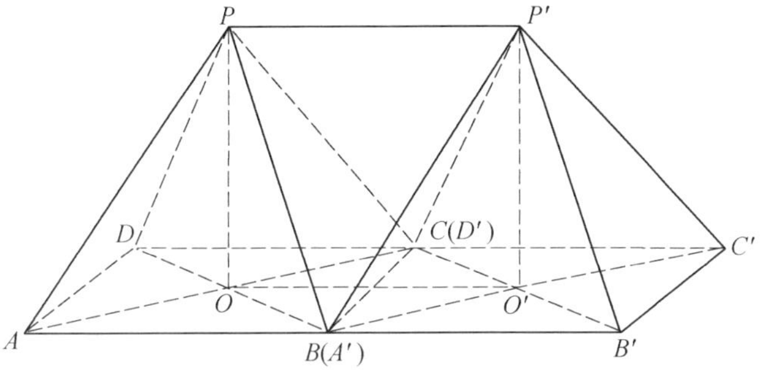

图 4.57

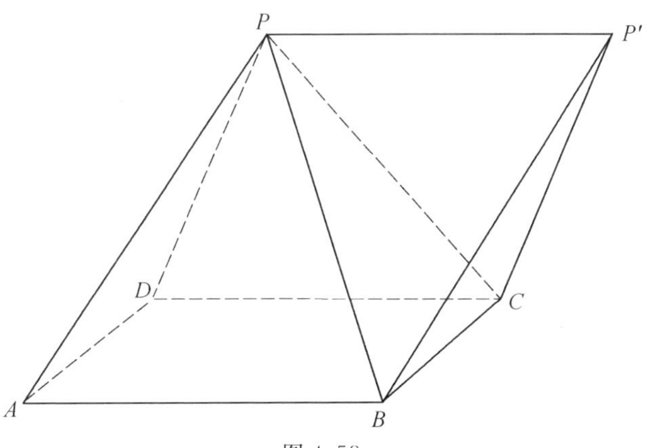

图 4.58

我把下面的问题称为“正方形内四叶花瓣的面积”问题.

例 2　如图 4.59 所示，正方形边长为 1，求阴影部分(即四叶花瓣)的面积.

解法 1　对正方形的割补法.

如图 4.60 所示，注意到正方形的面积为 1，又

$$S_1=1-2S_2-S_3$$

所以

$$\begin{aligned}S&=1-4S_1=1-4(1-2S_2-S_3)\\&=8S_2+4S_3-3=8\cdot\frac{\pi}{12}+4\cdot\frac{\sqrt{3}}{4}-3\\&=\frac{2\pi}{3}+\sqrt{3}-3\end{aligned}$$

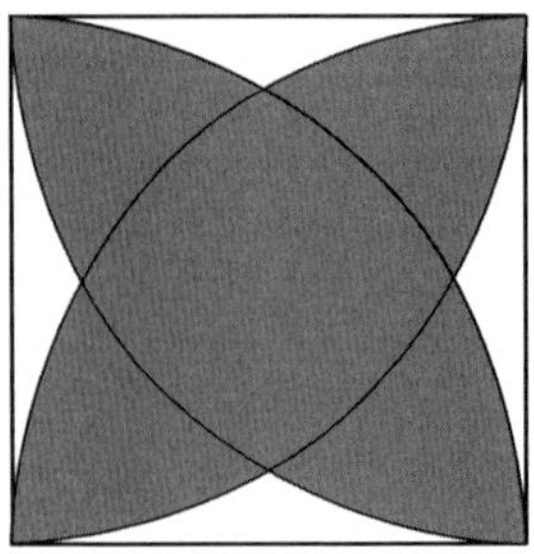

图 4.59

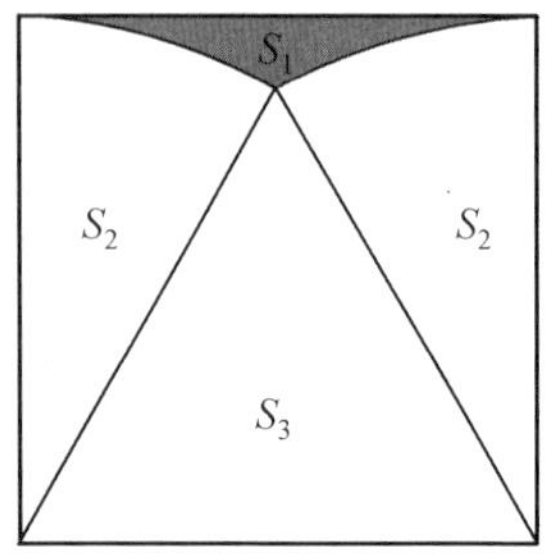

图 4.60

解法 2　对四叶花瓣的割补法.

如图 4.61 所示，$S_1=\frac{\pi}{4}-\frac{1}{2}$，如图 4.62 所示，$S_2=EF^2=2-\sqrt{3}$，如图 4.63 所示，$S_3=\frac{\pi}{12}-\frac{1}{4}$，所以

$$\begin{aligned}S&=4S_1-S_2-4S_3\\&=4\left(\frac{\pi}{4}-\frac{1}{2}\right)-(2-\sqrt{3})-4\left(\frac{\pi}{12}-\frac{1}{4}\right)\\&=\frac{2\pi}{3}+\sqrt{3}-3\end{aligned}$$

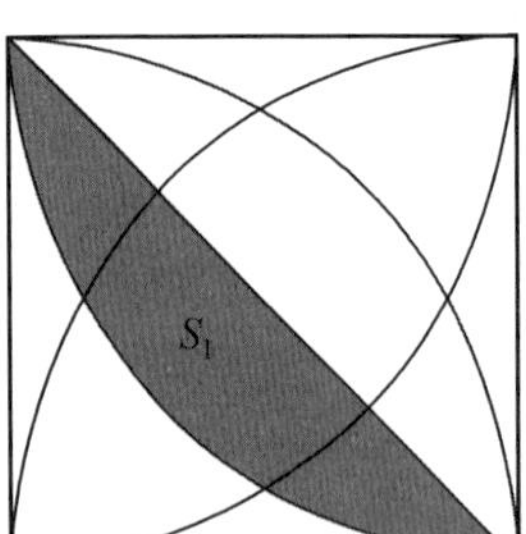

图 4.61

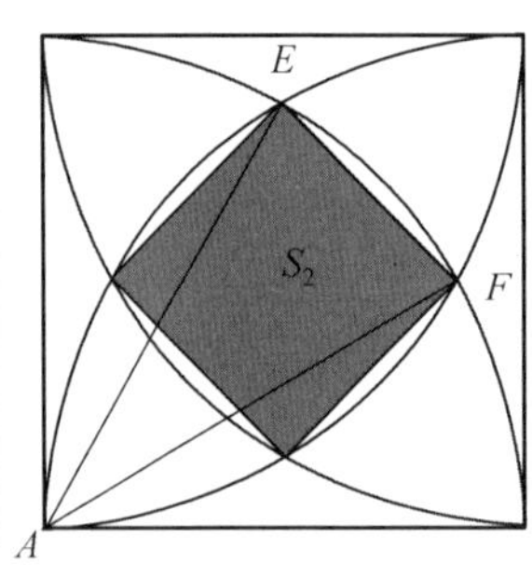

图 4.62

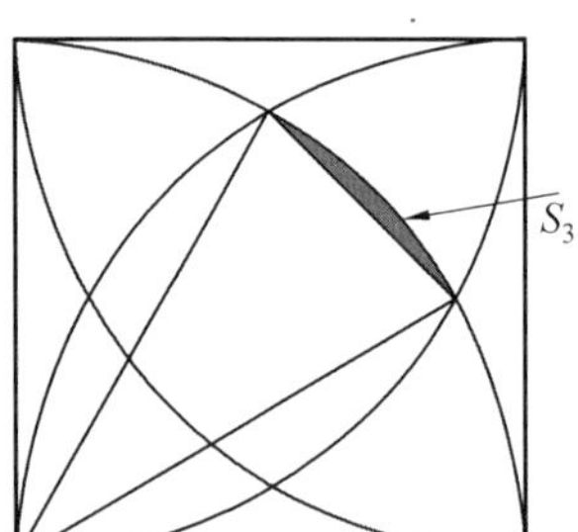

图 4.63

解法 3　列方程组法.

如图 4.64 所示,有

$$4x+y+4z=1 \quad ①$$

如图 4.65 所示,有

$$3x+y+2z=\frac{\pi}{4} \quad ②$$

如图 4.66 所示,有

$$2x+y+z=\frac{\pi}{3}-\frac{\sqrt{3}}{4} \quad ③$$

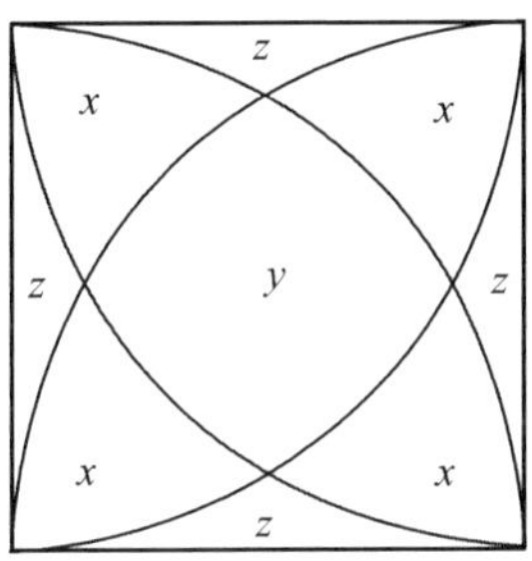

图 4.64

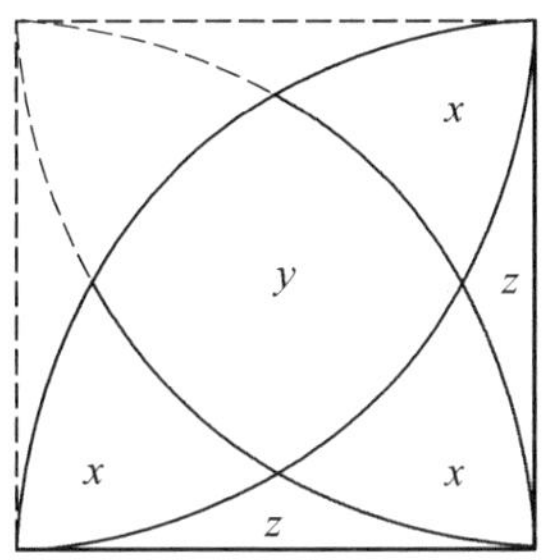

图 4.65

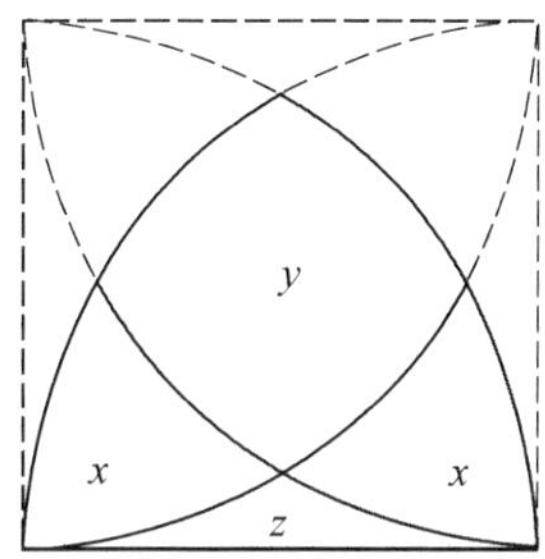

图 4.66

联立 ①②③,解得

$$z=1-\frac{\pi}{6}-\frac{\sqrt{3}}{4}$$

所以

$$\begin{aligned}S&=4x+y=1-4z\\&=1-4\left(1-\frac{\pi}{6}-\frac{\sqrt{3}}{4}\right)\\&=\frac{2\pi}{3}+\sqrt{3}-3\end{aligned}$$

以上介绍了三种解法:对正方形的割补法、对四叶花瓣的割补法和列方程组法.

有一位网友说:“面积求不了就积分”. 这一句话的前半句不对,因为面积用常规方法是求得了的,后半句有点轻率,因为用积分法实际上是“很不划算的”.

以下介绍第四种解法.

解法 4 积分法.

如图 4.67 所示,将阴影部分划分成两类图形,一类是曲边三角形(例如 BTE),计有 8 个,另一类是以 EF 为边的正方形,计 1 个.

如图 4.68 所示,建立平面直角坐标系 xOy,正方形的边 $AB=1$,EF 是形内小正方形的边,曲边三角形 BTE 的面积为 S_0,由余弦定理易知

$$EF=\sqrt{2-\sqrt{3}}=2\sin\frac{\pi}{12}$$

所以

$$A\left(0,-\sin\frac{\pi}{12}\right),E\left(\sin\frac{5\pi}{12},0\right)$$

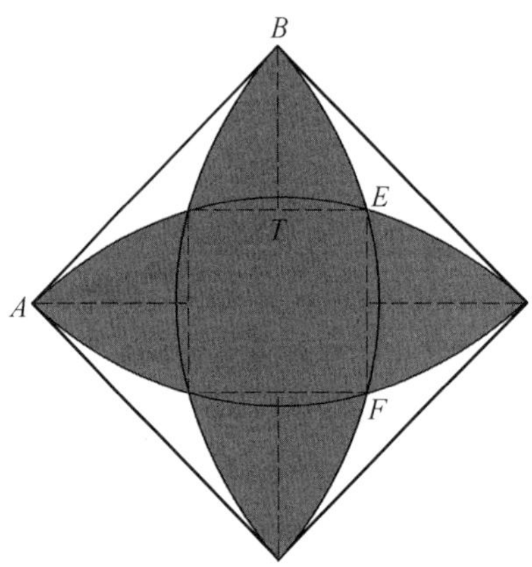

图 4.67

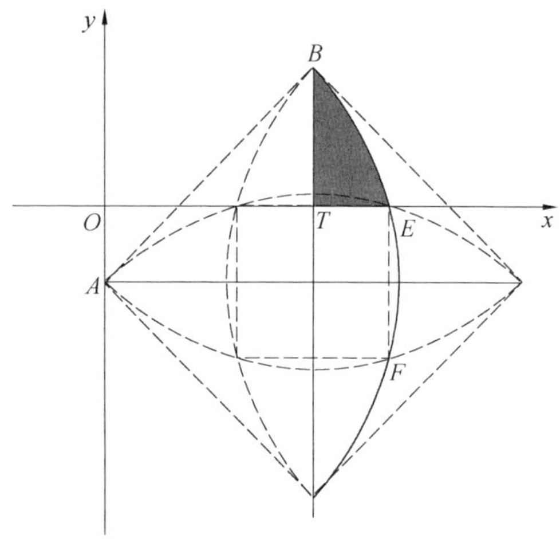

图 4.68

所以以点 A 为圆心,半径为 1 的圆的方程是

$$x^2+\left(y+\sin\frac{\pi}{12}\right)^2=1$$

所以圆弧$\overset{\frown}{BE}$ 的方程是

$$y=\sqrt{1-x^2}-\sin\frac{\pi}{12}\quad\left(\text{其中 }\sin\frac{\pi}{4}\leqslant x\leqslant\sin\frac{5\pi}{12},\text{且 }y\geqslant 0\right)$$

则

$$\int y\mathrm{d}x = \int\left(\sqrt{1-x^2}-\sin\frac{\pi}{12}\right)\mathrm{d}x$$
$$=\frac{1}{2}\arcsin x+\frac{1}{2}x\sqrt{1-x^2}-x\sin\frac{\pi}{12}+C$$

令 $a=\sin\frac{\pi}{4}, b=\sin\frac{5\pi}{12}$,则

$$S_0=\int_a^b\left(\sqrt{1-x^2}-\sin\frac{\pi}{12}\right)\mathrm{d}x$$
$$=\frac{1}{2}\arcsin x+\frac{1}{2}x\sqrt{1-x^2}-x\sin\frac{\pi}{12}\bigg|_a^b$$
$$=\frac{1}{2}\arcsin b+\frac{1}{2}b\sqrt{1-b^2}-b\sin\frac{\pi}{12}-\left(\frac{1}{2}\arcsin a+\frac{1}{2}a\sqrt{1-a^2}-a\sin\frac{\pi}{12}\right)$$
$$=\frac{5\pi}{24}+\frac{1}{8}-\frac{1}{4}-\frac{\pi}{8}-\frac{1}{4}+\frac{\sqrt{3}-1}{4}$$
$$=\frac{\pi}{12}-\frac{5-2\sqrt{3}}{8}$$

所以

$$S_{阴影}=8S_0+EF^2$$
$$=8\left(\frac{\pi}{12}-\frac{5-2\sqrt{3}}{8}\right)+2-\sqrt{3}$$
$$=\frac{2\pi}{3}-5+2\sqrt{3}+2-\sqrt{3}$$
$$=\frac{2\pi}{3}+\sqrt{3}-3$$

4.26　一个尺规作图问题的可解

众所周知,只用直尺(无刻度)、圆规画出满足要求的几何图形,叫作尺规作图.

早在 2 400 年前,古希腊人提出了“三大难题”:三等分角(将任一个给定的角三等分)、立方倍积(求作一个正方体的棱长,使其体积是已知正方体体积的二倍)、化圆为方(求作一个正方形,使其面积和已知圆的面积相等).直到公元 1837 年,法国数学家万芝尔才首先证明“三等分角”和“倍立方”用尺规作图是不可能的;在 1882 年德国数学家林德曼证明 π 是超越数后,“化圆为方”也被证明用尺规作图是不可能的.

任何能用尺规完成的作图，无论它多么复杂，都不外乎归结为三条公法的有限次的有序结合.也就是说，一个几何量能否用直尺、圆规作出，等价于它能否由已知量经过加、减、乘、除、开方运算求得.

笔者最近在网上看到一个有趣的问题："平面内任给一条直线和在直线同一侧的两个点，求作一个圆过这两点且与这条直线相切."

据说，这道题考倒了一些大学生，甚至教授.有人还说这是个无解的问题.

首先指出，平面内的这条直线与这两点所在直线是不能垂直的，否则显然无解.下面证明当这条直线与这两点所在直线不垂直时，尺规作图是可解的.

例　已知直线 l 的同侧有两点 A，B（AB 不垂直于 l），求作圆 O 过 A，B 两点，且切圆 O 于点 F.

解　设圆 O 过 A，B 两点且与直线 l 切于点 F.

（1）当直线 AB 与 l 平行时，设线段 AB 的中垂线交 AB 于点 D，直线 OD 与 l 交于点 C，易知点 C 与点 F 重合，同时直线 OD 与圆 O 交于另一点 G，联结 OB，如图 4.69 所示.

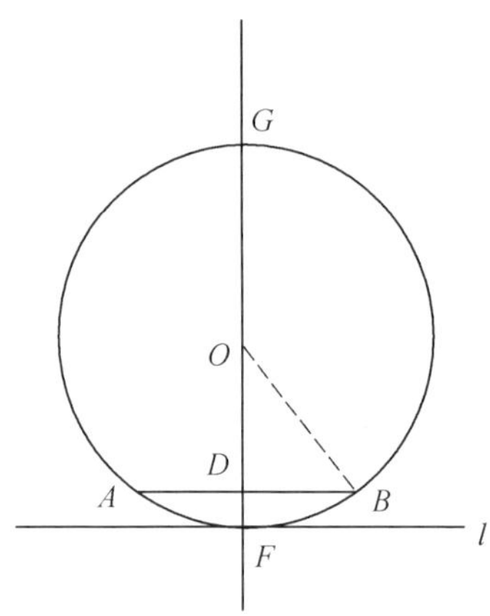

图 4.69

设 $DB=e$，$DF=c$，$OF=x$，由相交弦定理，有 $DB^2=DF\cdot DG$，又注意到 $OG=OF=OB$，有

$$e^2=c(x+\sqrt{x^2-e^2})$$

解得 $x=\dfrac{c^2+e^2}{2c}$.

因此 x 可由 e，c 经过有限次的加、乘、除求得.

(2) 当直线 AB 与 l 不平行时,设直线 AB 与 l 相交于点 E,线段 AB 的中垂线与 AB 交于点 D,直线 OD 与 l 交于点 C,联结 OB,OF,如图 4.70 所示.

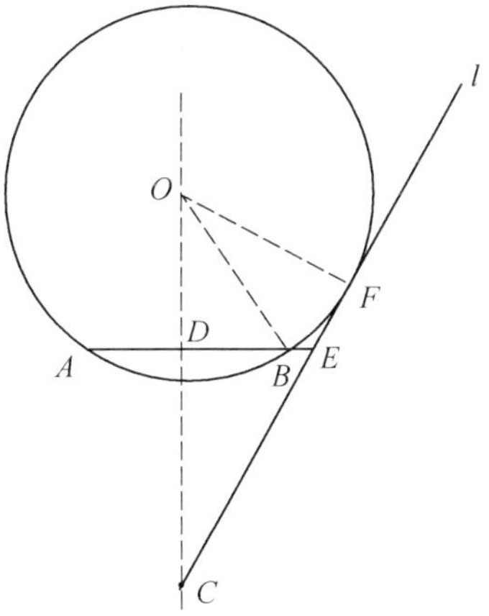

图 4.70

又设 $DB=e$,$CD=c$,$DE=d$, $OC=x$,其中 e,d,c 为定值,x 为待定值.

显然 $\triangle EDC \backsim \triangle OFC$,所以

$$\frac{DE}{FO}=\frac{CE}{CO}$$

注意到

$$FO=OB$$

所以

$$\frac{DE}{OB}=\frac{CE}{CO}$$

即

$$\frac{d}{\sqrt{(x-c)^2+e^2}}=\frac{\sqrt{c^2+d^2}}{x}$$

整理,得方程

$$c^2x^2-2c(c^2+d^2)x+(c^2+d^2)(c^2+e^2)=0$$

其判别式

$$\begin{aligned}\Delta&=4c^2(c^2+d^2)^2-4c^2(c^2+d^2)(c^2-e^2)\\&=4c^2(c^2+d^2)(d^2+e^2)>0\end{aligned}$$

此方程有解,因此 x 可由 e,d,c 经过有限次的加、减、乘、除和开平方求得,于是这个尺规作图是可解的.

4.27 算术法解“鸡兔同笼”问题

“鸡兔同笼”问题是中国古代数学名题之一. 大约在 1 500 年前,《孙子算经》一书就记载了它. 原文是:

今有雉兔同笼,上有三十五头,下有九十四只足,问雉兔各几何?

即:笼子里有若干只鸡和兔,从上面数,有 35 个头,从下面数,有 94 只脚. 鸡和兔各有几只?

解法 1 猜测法.

全部是鸡或全部是兔肯定不对. 鸡 2 只脚,兔 4 只脚,那么鸡应该比兔多. 取比中间数(35 的一半)再偏大一些的数,取鸡 20 只、兔 15 只,则共有 100 只脚,鸡少了,兔多了! 取鸡 24 只、兔 11 只,则共有 92 只脚,鸡多了,兔少了! 那么就取鸡 23 只,兔 12 只,则共有 94 只脚,正好! 说明鸡有 23 只,兔有 13 只.

解法 2 画图法.

画 35 个圆圈代表 35 只头,表示有 35 只鸡或兔.

35 个圆圈每个安上两只脚(也就是都看成鸡),共安了 70 只脚,而已知 94 只脚,现在多了 24 只脚. 把 24 只脚平均分成 12 组(每组 2 只),安到刚才画的圆圈下,不就成兔了吗! 所以有 12 只兔,有 23 只鸡.

解法 3 抬脚法.

假如让鸡抬起一只脚,兔子抬起 2 只脚,则鸡与兔的脚数只剩下一半,即有 $94 \div 2 = 47$ 只. 因为每个兔比鸡的脚数多 1,那么脚与头的总数之差 $47 - 35 = 12$,就是兔子的个数,从而可知鸡有 $35 - 12 = 23$ 只.

以上限于用算术法解决此题. 若用方程解,当然很好,只是少些趣味性.

4.28 简析一道奥数题

题目 在标号为 1,2,3,…,100 的黑色布袋中装有一些完全一样的小球,如果每次提问都允许问其中任意 15 袋中所有小球数的奇偶性,那么要确定 1 号袋中小球数的奇偶性,至少需要提问几次?

解 至少提问 3 次.

设标号为 i 的袋中小球数目为 a_i.

首先说明提问 3 次就足够了:

第一次，提问$(a_2+a_3+\cdots+a_8)+(a_{16}+a_{17}+\cdots+a_{23})$的奇偶性；

第二次，提问$(a_9+a_{10}+\cdots+a_{15})+(a_{16}+a_{17}+\cdots+a_{23})$的奇偶性；

把以上两次提问的式子相加，可得知$(a_2+a_3+\cdots+a_{15})+2(a_{16}+a_{17}+\cdots+a_{23})$的奇偶性，由于$2(a_{16}+a_{17}+\cdots+a_{23})$是偶数，因此

$(a_2+a_3+\cdots+a_{15})+2(a_{16}+a_{17}+\cdots+a_{23})$与$a_2+a_3+\cdots+a_{15}$同奇偶，从而可知$a_2+a_3+\cdots+a_{15}$的奇偶性.

第三次，提问$a_1+a_2+\cdots+a_{15}$的奇偶性.

由$a_2+a_3+\cdots+a_{15}$和$a_1+a_2+\cdots+a_{15}$的奇偶性可知a_1的奇偶性.

其次证明低于 3 次提问是不行的.

如果仅询问 1 次，无论这次有无a_1，显然无法确定a_1的奇偶性.

如果询问 2 次，若两次均不含a_1显然是不行的，故至少有 1 次含有a_1.

当 2 次中都出现a_1时，设第一次含有a_1和a_i，第二次含有a_1和a_j，若同时改变a_1,a_i,a_j的奇偶性，则两次的答案是相同的，从而不能确定a_1的奇偶性.

当 2 次中恰有 1 次出现a_1时，那么在a_1出现的这一次中，改变a_1与a_i的奇偶性，其答案仍是相同的，从而不能确定a_1的奇偶性.

综上可知，至少需要提问 3 次.

评论　很多情形下，解奥数题并不需要新的或者更多的知识点，只需巧思妙用一些简单的知识即可. 可是，其中的技巧性或者说智慧的“含金量”是相当强的，强到如不经过专门训练则会束手无策.

本题的获解，主要是利用“已知 15 个数之和的奇偶性以及去掉 1 个数后剩下 14 个数之和的奇偶性，就能知道去掉的那个数的奇偶性”“正整数加减一个偶数不改变其奇偶性”这些简单事实.

上述简单知识可谓“低”，“低”到不能再低. 然而，一般人就是想不到运用它. 这就是奥数与非奥数的区别！

4.29　三视图、直观图和效果图

立体几何里有三种图：三视图、直观图和效果图，都用来表示空间图形.

这三种图中，三视图和直观图都有明确的规定，这里不详说. 而效果图通常指能徒手画出且直观效果比较明显的图，类似于画画一样. 这一点类似于施工图与效果图. 施工图是专业人士看的，有严格的规定，以便施工. 效果图是给客户看的，让客户看得清楚，取得预期的效果.

立体几何解题中，有时效果图起关键的作用. 画得好，事半功倍. 画不好，事倍功半.

例 某棱长为2的正方体被截去部分实体后的几何体的三视图，如图4.71所示，其中四分之一圆的半径为1，则该几何体的体积为________.

此题即：已知棱长为2的正方体，以一顶点A为球心、以1为半径的球截去正方体的一部分$A-EFG$，求剩下的几何体的体积.

图4.72就是效果图，图中展现的是三段圆弧，分别在含有顶点A的三个面内，均以点A为圆心、以1为半径. 此图的正方体部分较直观，但球体部分没有体现出来.

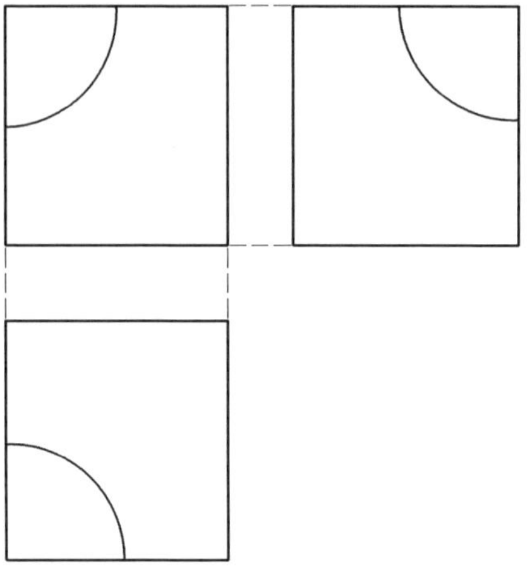

图4.71

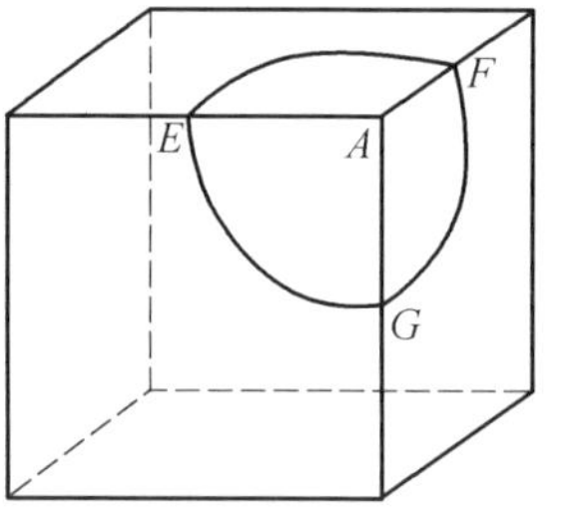

图4.72

图4.73也是效果图，在这个图里，球与正方体相交，在正方体的表面截得三段圆弧，直观效果非常明显.

由于截去的部分是$\frac{1}{8}$球体，因此剩下部分的体积为：$2^3-\frac{1}{8}\cdot\frac{4}{3}\pi=8-\frac{\pi}{6}$.

培养学生具有一定的空间想象能力，是中学数学教学的目的之一. 识图、画图是培养空间想象能力的重要途径. 高中新课标对直观图的能力要求是掌握，主要在于识图；对三视图的能力要求是熟练，主要在于通过辨识三视图能够画出相应的效果图，从而完成相关的计算. 而效果图的画出无疑是对空间想象能力的一个考验. 这些应受到数学教师的普遍重视，在适当的时机对学生加以训练.

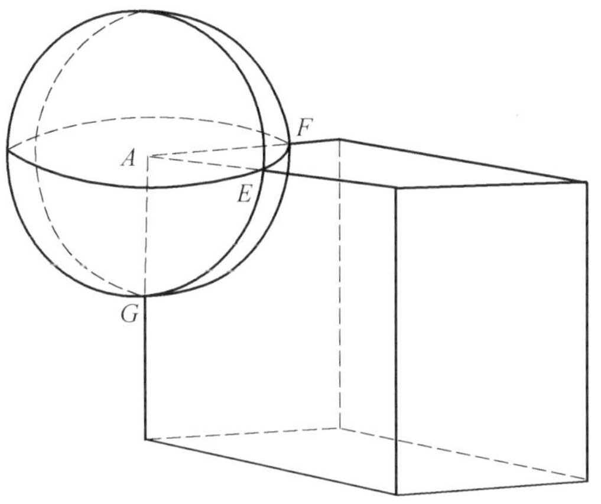

图 4.73

4.30　球截正方体一例

有一道立体几何题:正方体 $ABCD-A_1B_1C_1D_1$ 的棱长为 1,在正方体的表面上与点 A 的距离为$\frac{2\sqrt{3}}{3}$ 的点的集合形成一条曲线,求这条曲线的长度.

此题在网上有解答,多数没有给图,空对空叙述一番;个别给了略图,或错或丑,于事无补.这样的解答,懂者不看也懂,不懂者看了依然不懂.

这里做详尽的分析.

为方便理解,先给两个真命题:

命题 1　平面 α 内有一定点 A,若 α 内动点 P 到 A 的距离为定长 m,则点 P 的轨迹是以 A 为圆心、以定长 m 为半径的圆,如图 4.74 所示.

命题 2　平面 α 外有一定点 A,点 A 在 α 内的射影为 A_1,若 α 内动点 P 到 A 的距离为定长 m(m 大于 $|AA_1|$),则点 P 的轨迹是以点 A 为顶点、以 AA_1 为高线、母线长为 m 的圆锥的底面圆,如图 4.75 所示.

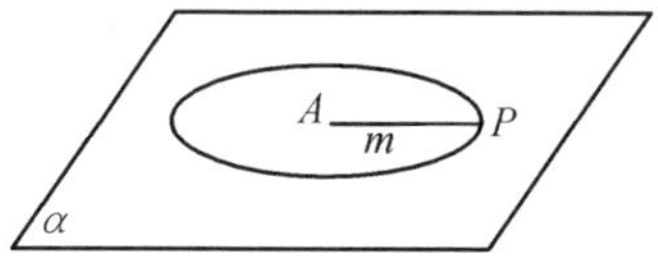

图 4.74

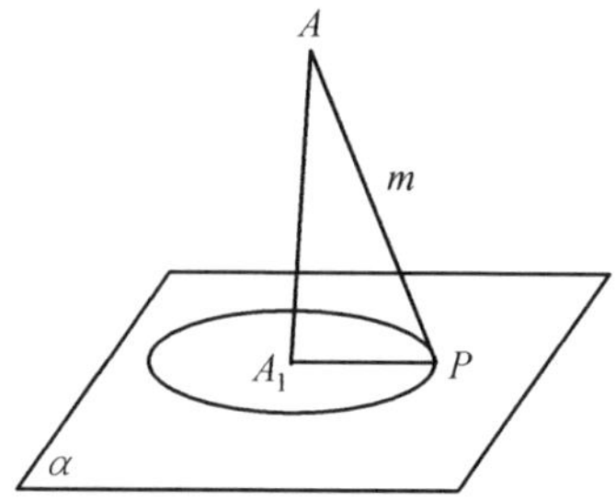

图 4.75

回到本题.

正方体有 6 个面,考察此曲线在各个面的长度,便知整条曲线的长度.点 A 是关键点.

正方体有 3 个面即 AB_1,AC,AD_1 含有顶点 A;另有三个面即 BC_1,DC_1,A_1C_1 不含顶点 A.

先看含有顶点 A 的面,以面 AB_1 为例,这属于命题 1 的情形,考虑到 $1<\frac{2\sqrt{3}}{3}<\sqrt{2}$,所以,点 A 的集合是一段圆弧$\overset{\frown}{P_1P_2}$,圆弧所在圆以点 A 为圆心、半径为$\frac{2\sqrt{3}}{3}$,见图 4.76.

易知

$$\angle A_1AP_1=\frac{\pi}{6}\Rightarrow\angle P_1AP_2=\frac{\pi}{6}$$

所以

$$\overset{\frown}{P_1P_2}=\frac{2\sqrt{3}}{3}\cdot\frac{\pi}{6}=\frac{\sqrt{3}\pi}{9}$$

再看不含顶点 A 的面,以面 A_1C_1 为例,这属于命题 2 的情形,考虑到$\frac{2\sqrt{3}}{3}>1$,在 $\text{Rt}\triangle A_1AP_1$ 中,有

$$\begin{aligned}|A_1P_1|&=\sqrt{|AP_1|^2-|AA_1|^2}\\&=\sqrt{\left(\frac{2\sqrt{3}}{3}\right)^2-1^2}=\frac{\sqrt{3}}{3}\end{aligned}$$

所以,点 A 的集合是一段圆弧$\overset{\frown}{P_6P_1}$,圆弧所在圆以点 A_1 为圆心、半径为$\frac{\sqrt{3}}{3}$,见图 4.76.

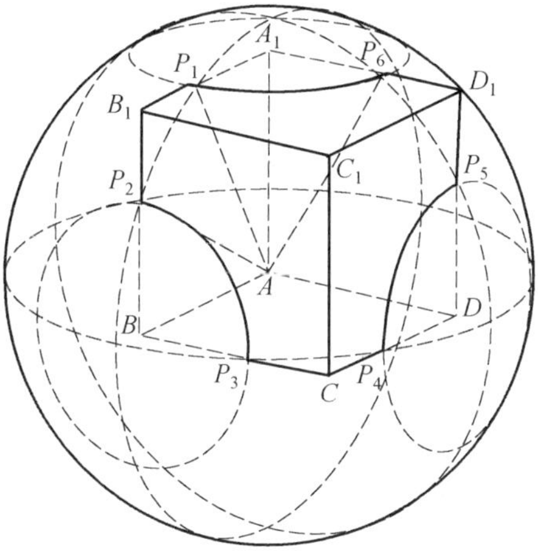

图 4.76

因为

$$\angle P_1A_1P_6=\frac{\pi}{2}$$

所以
$$\overset{\frown}{P_6P_1}=\frac{\sqrt{3}}{3}\cdot\frac{\pi}{2}=\frac{\sqrt{3}\pi}{6}$$

由对称性知,曲线在正方体六个面的集合分别是圆弧$\overset{\frown}{P_1P_2}$,$\overset{\frown}{P_2P_3}$,$\overset{\frown}{P_3P_4}$,$\overset{\frown}{P_4P_5}$,$\overset{\frown}{P_5P_6}$,$\overset{\frown}{P_6P_1}$,且$\overset{\frown}{P_1P_2}=\overset{\frown}{P_3P_4}=\overset{\frown}{P_5P_6}$,$\overset{\frown}{P_2P_3}=\overset{\frown}{P_4P_5}=\overset{\frown}{P_6P_1}$.

所以整条曲线的长度为 $3\left(\frac{\sqrt{3}\pi}{9}+\frac{\sqrt{3}\pi}{6}\right)=\frac{5\sqrt{3}\pi}{6}$.

从这道题可以看出画图的重要性.没有画图时,一头雾水,不知从哪里下手.图画好了,一目了然,问题迎刃而解.

同时我们看到,有些立体几何的图还是比较难画的.作为教师要知难而进,遇到困难的问题要多加思考,必要时要虚心求助,掌握一门画图技术在这里会派上用场.

4.31　几何趣题与莫雷定理

如图 4.77 所示,求等边三角形的边长 x.

常规解法:作 $EG\perp BC$,在 $\triangle EGC$ 中,有

$$EG^2+GC^2=EC^2$$

所以

$$\left(\frac{\sqrt{3}}{2}x-\sqrt{48}\right)^{2}+\left(\frac{x-2}{2}\right)^{2}=7^{2}$$

整理,得

$$4x(x-13)=0$$

所以 $x=13$.

巧妙解法的思路是需要充分利用正三角形的对称性.

在 $\triangle ABC$ 内取一点 D,使 $DB=DC=7$,则由 $\triangle AFE\cong\triangle BDF\cong\triangle CED$,得 $FE=ED=DF$,故 $\triangle DEF$ 为正三角形.设 $\triangle ABC$ 的中心为 O,则点 O 也是 $\triangle DEF$ 的中心,如图 4.78 所示.

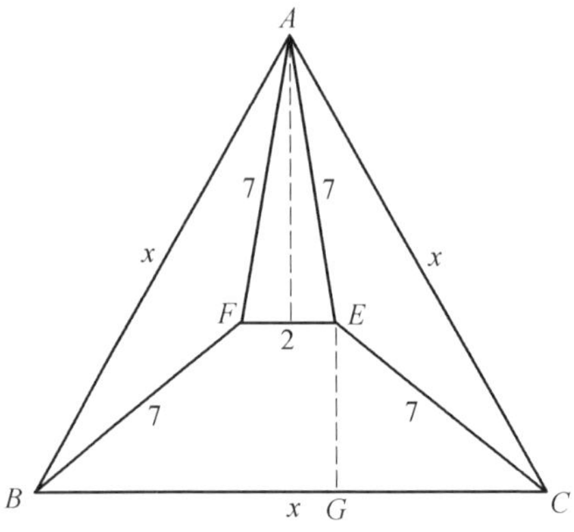

图 4.77

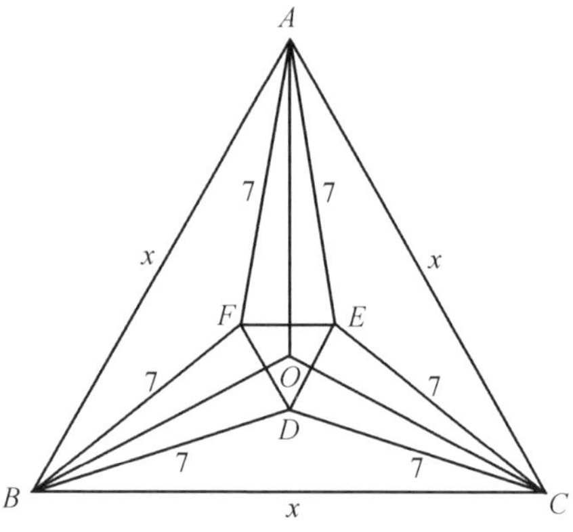

图 4.78

设 OA 交 DE 于点 M,则

$$OA=MA+MO=4\sqrt{3}+\frac{\sqrt{3}}{3}=\frac{13\sqrt{3}}{3}$$

在 $\triangle AOC$ 中,有

$$OA=OC=\frac{13\sqrt{3}}{3},\angle AOC=120^{\circ}$$

$$x=AC=\sqrt{3}\,OA=13$$

这个图形让我们不禁联想到莫雷定理.

莫雷定理是由英国数学家富兰克·莫雷(F. Morley,1860—1937)于 1904 年提出的,该定理的结论十分优美.

莫雷定理　将三角形的各角三等分,则每两个角的相邻的三等分线的交点构成一个正三角形.

已知：在 $\triangle ABC$ 中，$\angle BAF = \angle FAE = \angle EAC = \alpha$，$\angle ABF = \angle FBD = \angle DBC = \beta$，$\angle BCD = \angle DCE = \angle ECA = \gamma$.

求证：$\triangle DEF$ 为正三角形.

这个定理的证明比较难，有多种证法，下面介绍一种纯几何的方法.

证明　在 $\triangle ABC$ 中，$\angle A = 3\alpha$，$\angle B = 3\beta$，$\angle C = 3\gamma$，则 $\alpha + \beta + \gamma = 60°$，如图4.79 所示.

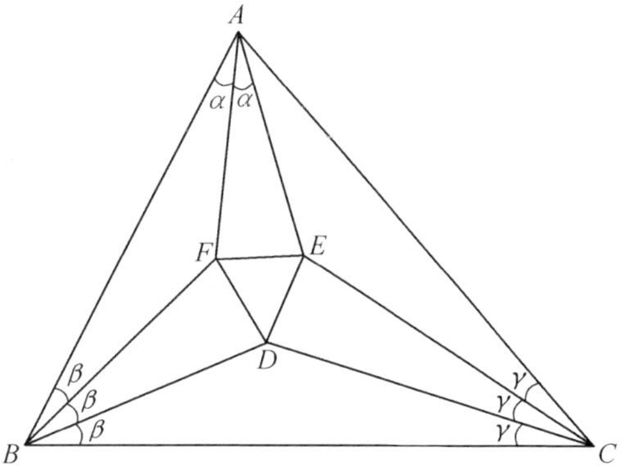

图 4.79

构造 $\triangle AFE$，使得 $\angle EAF = \alpha$，$\angle AFE = 60° + \beta$，则 $\angle AEF = 60° + \gamma$，以 EF 为边向 $\triangle AFE$ 外作正 $\triangle DEF$.

构造 $\triangle BDF$，使得 $\angle FBD = \beta$，$\angle BDF = 60° + \gamma$，则 $\angle BFD = 60° + \alpha$.

构造 $\triangle CED$，使得 $\angle DCE = \gamma$，$\angle CED = 60° + \alpha$，则 $\angle CDE = 60° + \beta$.

延长 BD，CD 分别与直线 EF 交于 N，M，联结 AB，BC，CA，MB，NC，如图4.80 所示.

在 $\triangle MDE$ 中，由外角定理知

$$\angle EMD = \angle CDE - \angle DEM = (60° + \beta) - 60° = \beta$$

所以 B，D，F，M 四点共圆，所以 $\angle MBD = \angle EFD = 60°$.

同理可证：B，D，F，M 四点共圆，所以

$$\angle NCD = \angle FED = 60°$$

所以

$$\angle MBN = \angle NCM$$

所以 B，C，N，M 四点共圆，所以

$$\angle NBC = \angle NMC = \beta，且\ \angle MCB = \angle MNB = \gamma$$

同理可证

$$\angle BAF = \angle EAC = \alpha，\angle ABF = \beta，\angle ACE = \gamma$$

从而可知 $\angle BAF = \angle FAE = \angle EAC = \alpha$，$\angle ABF = \angle FBD = \angle DBC = \beta$，$\angle BCD = \angle DCE = \angle ECA = \gamma$，且 $\triangle DEF$ 为正三角形. 证毕.

本节图 4.80，有点像莫雷定理的图形，但不属于莫雷定理所研究的对象，比起莫雷定理来它简单得多.

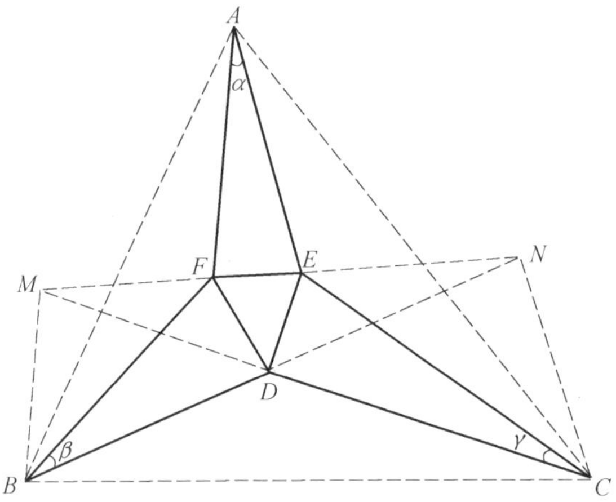

图 4.80

4.32　关于阳马个数的一道试题

以下是 2018 年上海高考试题：

题目　在《九章算术》中，称底面为矩形且有一侧棱垂直于底面的四棱锥为阳马. 设 AA_1 是正六棱柱的一条侧棱，若阳马以该正六棱柱的顶点为顶点，以 AA_1 为底面矩形的一边，则这样的阳马的个数是(　　).

A. 4　　　　B. 8　　　　C. 12　　　　D. 16

解　我们做如下分析：首先，过 AA_1 的侧面有两个：侧面 A_1ABB_1 和侧面 A_1AFF_1.

其中以侧面 A_1ABB_1 作为底面的阳马有 4 个，它们是四棱锥 $D_1-A_1ABB_1$（图 4.81），$D-A_1ABB_1$，$E_1-A_1ABB_1$，$E-A_1ABB_1$.

同理以侧面 A_1AFF_1 作为底面的阳马也有 4 个，共 8 个.

其次，过 AA_1 的对角面有两个：对角面 A_1ACC_1 和对角面 A_1AEE_1（图 4.82）.

其中以对角面 A_1ACC_1 作为底面的阳马有 4 个，它们是四棱锥 $D_1-A_1ACC_1$（图 4.83），$D-A_1ACC_1$，$F_1-A_1ACC_1$，$F-A_1ACC_1$.

同理以对角面 A_1AEE_1 作为底面的阳马也有 4 个，共 8 个.

综上所述，所有的阳马的个数为 $8+8=16$. 故选 D.

此题并非难题，请看网上提供的答案：

根据正六边形的性质，则 $D_1-A_1ABB_1$，$D_1-A_1AFF_1$ 满足题意，而 C_1，E_1，C，

D,E 和 D_1 一样，有 $2\times4=8$.

当 A_1ACC_1 为底面矩形时，有 4 个满足题意；

当 A_1AEE_1 为底面矩形时，有 4 个满足题意.

故有 $8+4+4=16$. 故选 D.

以上解答，理由不清楚，表述不严密，差强人意. 而本节的解答，以过 AA_1 的侧面和对角面为线索，分别计算阳马的个数. 这样的讨论，既不重复又不遗漏，思路清晰，条理分明.

数学表达的能力与语文的能力是有关的，希望有更多优秀的学生报考师范大学. 现任的数学老师要补语文，提高文字表达的能力.

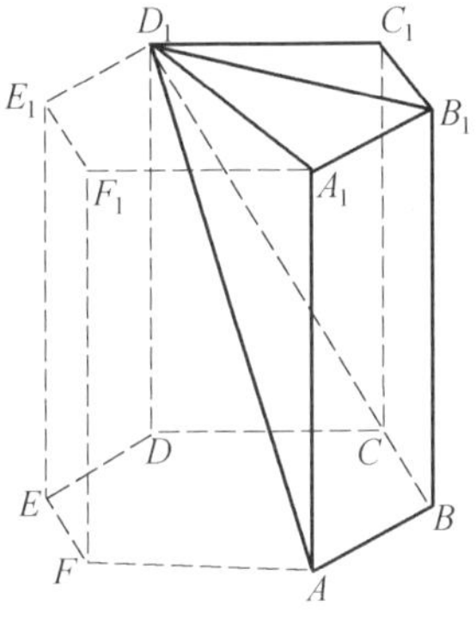

图 4.81

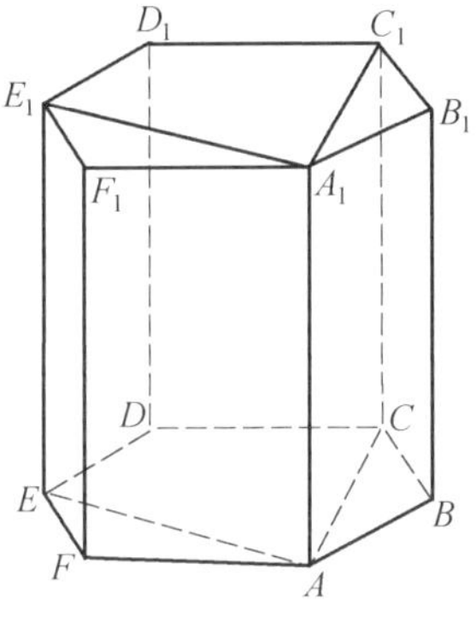

图 4.82

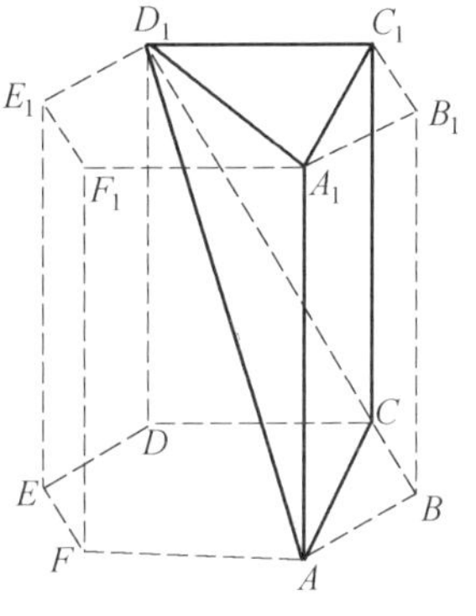

图 4.83

4.33　e^{π} 与 π^{e} 谁大谁小

比较 e^{π} 与 π^{e} 谁大谁小，有许多方法：

解法 1　利用计算器，可得 $e^{\pi}\approx23.14$，$\pi^{e}\approx22.46$，可见 $e^{\pi}>\pi^{e}$.

解法 2　如图 4.84 所示，作指数函数 $y=e^{x}$ 和幂函数 $y=x^{e}$ 的图像，描出点(π,e^{π})和(e,π^{e})，由图可知 $e^{\pi}>\pi^{e}$.

解法 3　求导法. 令 $f(x)=x-e\ln x$，则 $f'(x)=1-\dfrac{e}{x}$.

当 $x>e$ 时，$f'(x)>0$，所以函数 $f(x)$ 单调递增，所以 $f(\pi)>f(e)$. 而

$$f(\pi)=\pi-e\ln\pi,\ f(e)=e-e\ln e=0$$

所以 $\pi-e\ln\pi>0$，即 $\pi>e\ln\pi$，所以 $\pi>\ln\pi^{e}$，所以 $e^{\pi}>\pi^{e}$.

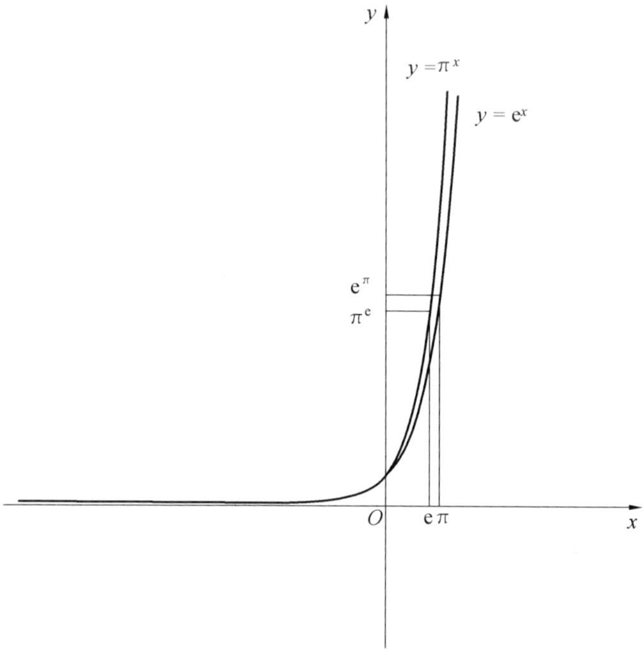

图 4.84

基于无理数 e 的定义，于是还有：

解法 4 因为

$$\lim_{t \to \infty}\left(1+\frac{1}{t}\right)^{t}=\mathrm{e}$$

所以

$$\lim_{t \to \infty}\left(1+\frac{1}{t}\right)^{t}=\lim_{\frac{t}{x} \to \infty}\left[\left(1+\frac{1}{\frac{t}{x}}\right)^{\frac{t}{x}}\right]^{x}=\mathrm{e}^{x}$$

在上式中取 $t=y$，考虑到 $g(t)=\left(1+\dfrac{1}{t}\right)^{t}$ 是严格递增函数. 所以 $\mathrm{e}^{x}>\left(1+\dfrac{x}{y}\right)^{y}$.

又令 $x=\pi-\mathrm{e}, y=\mathrm{e}$，有 $\mathrm{e}^{\pi-\mathrm{e}}>\left(1+\dfrac{\pi-\mathrm{e}}{\mathrm{e}}\right)^{\mathrm{e}}$.

所以 $\mathrm{e}^{\pi-\mathrm{e}}>\left(\dfrac{\pi}{\mathrm{e}}\right)^{\mathrm{e}}$，即 $\dfrac{\mathrm{e}^{\pi}}{\mathrm{e}^{\mathrm{e}}}>\dfrac{\pi^{\mathrm{e}}}{\mathrm{e}^{\mathrm{e}}}$.

所以 $\mathrm{e}^{\pi}>\pi^{\mathrm{e}}$.

若用更“高级”的工具，可用泰勒级数来解：

解法 5　我们知道

$$e^x = 1 + x + \frac{x^2}{2!} + \frac{x^3}{3!} + \cdots + \frac{x^n}{n!} + \cdots$$

则当 $x > 0$ 时有 $e^x > 1 + x$，取 $x = \frac{\pi}{e} - 1$，有

$$e^{\frac{\pi}{e}-1} > \frac{\pi}{e} \Rightarrow \frac{e^{\frac{\pi}{e}}}{e} > \frac{\pi}{e}$$

所以 $e^\pi > \pi^e$.

可谓：题目虽小，内藏机巧. 刨根问底，收获不少.

4.34　扇形圆心角的弧度数取值范围

一条圆弧和经过这条圆弧两端的两条半径所围成的图形叫扇形. 两条半径所成的角叫扇形的圆心角.

初中所说的扇形，其圆心角当然取正值，即 $0°$ 到 $360°$.

到了高中，学习三角知识时引入了弧度制，更重要的是把角的概念加以推广，出现了负角和绝对值大于 $360°$ 的角. 那么问题来了，圆心角的取值范围是什么？可以取负角和绝对值大于 $360°$(2π 弧度) 的角吗？

有必要性才有合理性.

若扇形的圆心角等于 $360°$，扇形成为一个圆，干脆叫圆，不需要将它归于扇形范畴.

若扇形的圆心角大于 $360°$，例如 $420°$，相当于一个圆加上一个圆心角为 $60°$ 的扇形. 一般情况下没有必要研究这样的“扇形”.

若扇形的圆心角取负值，例如 $-60°$，相当于把圆的一条半径沿顺时针方向旋转 $60°$ 得到另一条半径，从而得到这样一个扇形. 一般情况下也没有必要研究这样的图形.

因此，关于圆心角的弧度制的取值范围维持初中默认的范围，用弧度制表达就是$(0, 2\pi)$，当然不取负值.

以上关于扇形圆心角能否取负值的疑虑，主要来自于弧长公式. 有的高中数学教材把弧长公式里面的圆心角 α 加了绝对值，故弧长公式为 $l = |\alpha| \cdot r$. 这个规定可以勉强解释为：扇形的圆心角是由一条半径旋转到另一条半径的位置得到的，故有正负角之分，而弧长是正值，因此取圆心角的绝对值.

从效果看，把扇形圆心角加以推广，看成是旋转而成的，对数学知识非但无益，而且有害，把水搅混了，模糊了概念，引起了多余的烦恼.

在本节结尾，正本清源如下：扇形圆心角可以是锐角、平角和钝角.此所谓劣弧扇形、半圆和优弧扇形，再不必节外生枝了.

第5章　答疑解惑

5.1　定义是不是命题

定义不是命题.

这要从什么叫命题和定义说起.

什么叫命题？命题是可以判断真假的陈述语句. 但在初中数学教材里，把命题说成是“判断一件事情的语句”，高中数学教材则把命题说成是“可以判断真假的语句”. 这里的语句当然是指陈述语句.

什么叫定义？定义是对于一种事物的本质特征或一个概念的内涵和外延加以确切且简要说明的陈述语句. 定义是通过列出一个事物或者一个物件的基本属性来描写或者规范一个词、一个概念的意义的.

关于语句这里要略加说明，按用途和语气分类，语句一般分为陈述句、疑问句、祈使句和感叹句. 陈述句是陈述一个事实或者说话人的看法. 陈述句是句子成为命题或定义的必要条件.

虽然命题和定义都是陈述语句，在形式上是很难区别的，但是，命题的功能与定义的功能有本质区别，据此我们可以将命题与定义区别开来.

命题的陈述语句不是为了给一个事物命名，而是为了述说已经命名了的事物的一些事情. 而定义的陈述语句恰好是为了给一个事物命名，让人们能迅速准确地找到这个事物.

换言之，命题提供一个可以判断真假的事情，人们充当“法官”的角色；而定义是人为规定的事情，无须对它置疑，人们则充当“执行者”的角色.

因此我们说，定义不是命题.

顺便说明的是，在中学数学范围内，我们说的命题都是数学的命题. 下面有一个命题：

等腰三角形是白颜色的.

这个陈述句是命题，但不是数学命题，因为这个陈述句没有提供数学判断的可能性.

下面我们看一道选择题：

例 下列语句中是命题的是（ ）.

A. 代数式$\sqrt{a}$（$a \geqslant 0$）叫作二次根式　　B. 对顶角相等吗

C. 互为补角的两个角都是锐角　　D. 联结 A，B 两点

解 其中“A. 代数式$\sqrt{a}$（$a \geqslant 0$）叫作二次根式”，它给出了二次根式的定义，不是命题；

“B. 对顶角相等吗”，这是疑问句，当然不是命题；

“C. 互为补角的两个角都是锐角”，提供了一个可判断真假的陈述，是命题（假命题）；

“D. 联结 A，B 两点”，这是祈使句，当然不是命题.

因此本题的正确答案是 C.

5.2 怎样判断数或式子的属性

有老师收集了教师中普遍存在的一些疑惑问题：

（1）无理数与无理式如何判定？是看化简前，还是看化简后？

（2）单项式与多项式如何判定？是看化简前，还是看化简后？

（3）多项式的项数、次数如何判定？是看化简前，还是看化简后？

（4）$x = x + 1$ 是关于 x 的方程吗？

（5）$\frac{ax}{x} = 2$ 是分式方程吗？$\sqrt{x^2} = 2$ 是无理方程吗？

（6）①$f(x) = 2^{3x}$ 是关于 x 的指数函数吗？

②$f(x) = (2^3)^x$ 是关于 x 的指数函数吗？

③$f(x) = 2^{-x}$ 是关于 x 的指数函数吗？

④$f(x) = -2^{-x}$ 是关于 x 的指数函数吗？

⑤$f(x) = 2^{ax}$ 是关于 x 的指数函数吗？

（7）①$f(x) = 2\log_2 x$ 是关于 x 的对数函数吗？

②$f(x)=-\log_2 x$ 是关于 x 的对数函数吗？

③$f(x)=2\log_2 x^2$ 是关于 x 的对数函数吗？

④$f(x)=\log_{\sqrt{2}} x$ 是关于 x 的对数函数吗？

⑤$f(x)=\log_2 ax$ 是关于 x 的对数函数吗？

本节将回答这些问题.

1. 判断数的属性

比如：$\frac{6}{2}$ 是什么数？因为 $\frac{6}{2}=3$，所以它是整数. 反过来，说 $\frac{6}{2}$ 是分数显然是不妥的.

$\sqrt{4}$ 是什么数？因为 $\sqrt{4}=2$，所以它是有理数. 反过来，说 $\sqrt{4}$（根号 4）是无理数显然是可笑的.

判断一个数的属性，是允许恒等变形的.

不过，以上是经过“一步”运算得到的数，$\frac{6}{2}$ 是 $6\div 2$，而 $\sqrt{4}$ 是 4 的二次算术根. 对这样的经过“一步”运算得到的数，判断其属性，这样设问还是说得过去的，甚至是难以避免的. 如果对经过一步以上的运算得到的数要判断其属性，这样置问就毫无意义了. 例如，判断下列算式：$420-467+64\times 21\div 28$ 表达的数是什么数，这样设问是不是显得有点无聊了呢，不如直接说“计算”好了.

2. 判断式子的属性

例如，$x=x+1$ 是方程吗？

有两种意见：① 从形式看，含有未知数的等式叫方程，$x=x+1$ 是含有未知数的等式，所以它是方程. ② 从实质看，$x=x+1$ 化简后得 $0=1$，是矛盾的等式且不含未知数了，所以它不是方程.

这样一些似是而非的问题，在中学数学教育界普遍存在着不同的看法，也有过一些争论. 所以，我们再次讨论是非常必要的.

数学的严谨，在不同教学环境下（比如中学和大学），处理起来是有所不同的. 在中学阶段，有时严谨是第二位的，可接受性才是第一位的.

含有未知数的等式，这个定义是形式的，也就是，“一眼看去”，含有未知数的等式都叫方程. $x=x+1$ 是等式，出现未知数 x，所以它是方程，它是解集为空集的方程.

所谓"一眼看去",就是"不动手脚"的"原生态",不要化简(去括号、约分、合并同类项等),是什么就是什么.这样做不仅省力,更省心,无须考虑等价性,从而避免一些无谓的争论.但是如果用所谓的实质来定义概念,那么很可能引起麻烦,而这个麻烦是自找的,完全不必要的.

例如,我们从形式看,认定 $y=\log_2 x$ 是对数函数,而 $y=2\log_4 x$ 不是对数函数.有人站出来说话了:所谓函数,实质上是两个数集之间的映射关系.$y=\log_2 x$ 与 $y=2\log_4 x$ 实质上是同一种映射关系,所以它们都是对数函数.

好了,就按此人说法"$y=2\log_4 x$ 是对数函数",那么,试问:$y=3\log_4 x$ 是不是对数函数呢?按同样的方式推导:

因为 $y=3\log_4 x \Leftrightarrow y=\log_{\sqrt[3]{4}} x$,而 $y=\log_{\sqrt[3]{4}} x$ 是对数函数,所以 $y=3\log_4 x$ 是对数函数.

于是,一般地,形如 $y=b\log_a x$ ($b\neq 0$,$a>0$,且 $a\neq 1$)的函数是对数函数.

其他的函数,是不是也可以仿照这个办法审视一遍呢?当然可以呀!

这时我们发现,坏事了!对数函数的定义不乱套了吗?其他函数的定义不也可能乱套了吗?

争论不可避免地出现了,"公说公有理,婆说婆有理".这种乱象,对我们学习函数有帮助吗?

完全无益,毫无帮助!

那么,我们还是回归到形式吧,以形式定义方程、分式、二次根式、基本初等函数,等等.一了百了!

判断一个式子的属性,是不允许恒等变形的.

中学数学中的概念用形式加以定义,这是现行教材中的普遍做法.由此可见它确实有道理.所以我们应该遵照教材的规定,不可另行其事.这里要强调的是,不是因为我们不重视"实质",而是因为这样会带来一些不必要的争议.

按照本节的观点,如下判断都是正确的:

①3 是整数,$\frac{4}{2}$ 也是整数;

② $\frac{x^2+1}{x^2+1}$ 是分式;

③ $\sqrt{(a^2+1)^2}$ 是二次根式.

判断数与式属性的口诀如下:

看数需化简,看式原模原.

数变式不变，免得闲话添.

5.3　关于“数学归纳法”的意见

有老师提问如下：数学归纳法，可简单概括成：一验证，二假设，三传递，四综合，该法一句顶千万句，甚是厉害.但有学生提出质疑：第二步毕竟是假设，虽然验证了 n 的起始值，但验证和假设之间总感觉有点脱节，心里不踏实，真的证明了吗？是啊，该法的核心是第三步的性质传递，而此恰恰是建立在假设之上的推演，其他都是例行公事.如何解释能够让有上述担心的学生信服？

回答：数学归纳法的基本步骤：第一步，验证 n 取第一个可取值（$n=n_0$）时命题成立；第二步，证明若 n 取前一个值（$n=k, k\geqslant n_0$）时命题成立，则 n 取后一个值（$n=k_1$）时命题也成立.

概括地说就是：一验证（初始值），二证明（传递性）.而提问中说成是“一验证，二假设，三传递，四综合”，这样概括是不准确的.

“虽然验证了 n 的起始值，但验证和假设之间总感觉有点脱节，心里不踏实.”这个不踏实，源自于教师未能把数学归纳法的原理分析透彻.

虽然我们只是“假设”，但是，我们要注意到：

其一，假设的基础是牢实的，即 $n=n_0$ 时命题成立已得以验证.再具体说，假设 $n=k=n_0$ 成立，不是已经验证了吗？这好比“多米诺骨牌”的第一张牌倒下了.也就是说，“假设”是成立的.

其二，我们现在的目标不是逐一验证 n 取以后的每一个值命题成立（实际上是做不到的），而是证明对于自然数 n，命题成立具有传递性.这好比“多米诺骨牌”的前一张牌倒下了，后一张牌必倒，也就是说“假设”是必需的.

既然必须假设，又可以假设，那么对这个“假设”就不要心存疑虑了.

另外，在讲数学归纳法时不要提及“自然数的序数理论”皮亚诺公理，这是数学家追求数学严密性而创立的一套数学理论.对于高中学生，讲数学归纳法时把理论端出来，不但对理清困惑不起作用，相反还会把问题复杂化.不过，作为教师，了解这个理论是有好处的.

教学之妙，存乎一心.作为教师，我们要勤于思考，不断锤炼，要把数学问题讲得透彻明白，既要深入又要浅出.

5.4 抛物线比圆弧更“凸”吗

好的数学教师除了备课时做题之外，在日常生活中遇到了问题，也应该能从数学的角度思考一番.有微友提出了如下问题：有 l 和 m 两段弧线，虚线为对称轴(图 5.1)，已知其中一段是抛物线，另一段是圆弧，请问哪一段是抛物线，哪一段是圆弧，为什么？

这个问题实际上就是：

如图 5.1 所示，抛物线和圆如果交于 4 个不同的点，此圆圆心在抛物线对称轴上，那么抛物线的顶点是否一定在圆外？

回答是肯定的，理由如下：

不失一般性，不妨建立平面直角坐标系，并设抛物线的方程是 $x^2=2py(p>0)$，圆的方程是 $x^2+(y-b)^2=r^2$.

因为此圆与抛物线有四个交点，所以这四个交点中，有两组(每组两个点)点的纵坐标相同，纵坐标为 $y_1,y_2(0<y_1<y_2)$，把抛物线与圆的方程联立，消去 x 得

$$y^2-2(b-p)y+b^2-r^2=0$$

因为此方程的两个根均为正数，所以

$$y_1y_2=b^2-r^2>0$$

所以
$$b>r$$

即抛物线的顶点 O 在圆外，也就是说：抛物线比圆弧更“凸”，有了以上知识，就很容易知道弧线 m 是抛物线，如图 5.2 所示.

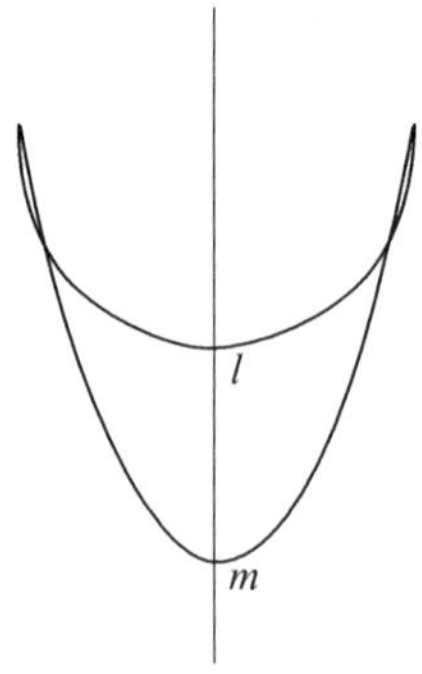

图 5.1

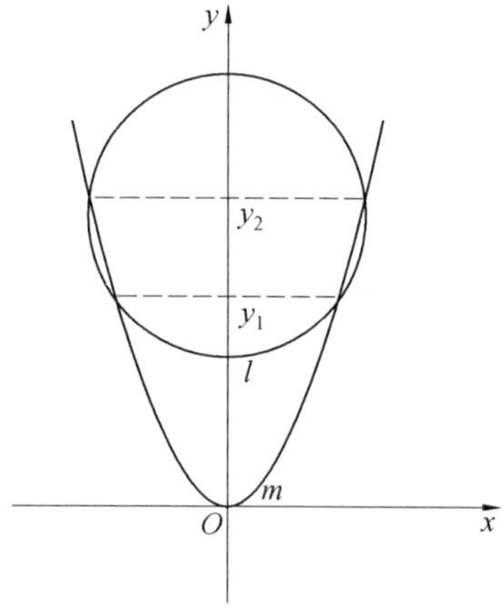

图 5.2

5.5　圆心角、扇形的中心角的范围

有网友提问:1.圆的圆心角的范围是什么?

2.扇形的中心角的范围是什么?

回答:1.圆的两条半径所成的角叫圆心角,且约定,圆心角指非优弧所对的角.所以圆心角 α 可以是锐角、直角、钝角及平角,那么它的范围是 $0° < \alpha \leqslant 180°$.

2.扇形的中心角 θ,一般不称之为圆心角.它的范围与圆心角有所不同.因为允许由优弧组成扇形,所以中心角 θ 可以大于 $180°$ 且小于 $360°$,即扇形中心角的范围是 $0° < \theta < 360°$.

进入高中以后,由于用旋转定义角,因此有负角、零角与正角之分,并且在给出圆弧长的公式时强调了圆心角的弧度数取绝对值.这是要与角的概念的推广保持一致.

但是,即使这样,对于扇形,到了高中以后,其中心角没有负角一说.因为允许有负角,会带来一些不必要的麻烦.同理,在没有特别指明的情况下,圆心角也是指正角.

5.6　斜率与坡度

有网友提问:斜率的定义受坡度的影响吗?是谁先那样定义直线斜率的?

回答:直线的倾斜角指在直角坐标系中直线向上(或向右)的方向与 x 轴正方向所成的最小非负角,它的范围是 $[0,\pi)$.

倾斜角的正切值称为斜率,通常用字母 k 表示.特别地,当直线垂直于 x 轴时,倾斜角为 $\frac{\pi}{2}$,此时直线的斜率不存在.

坡面的坡角指坡面与水平面的夹角,它的范围是 $\left[0,\frac{\pi}{2}\right)$.

坡角的正切值称为坡度,通常用字母 i 表示.

由斜率和坡度的定义可知,斜率反映一条直线相对于 x 轴的倾斜程度,而坡度反映坡面上升的陡缓程度.斜率是"纯粹"的数学概念,坡度是数学"应用"的测量概念.也可以说,斜率是代数范畴的概念,坡度是算术范畴的概念.

斜率与坡度是相近的,但两者毕竟是不同的概念,谈不上谁受谁的影响.两个概念的产生,可谓“英雄所见略同”.

不过,当直线的斜率为非负数时,斜率与坡度是一致的(如果把坡面看成直线的话);当直线的斜率为负数时,坡度与斜率是相反数.

至于是谁先定义直线斜率的,这个问题应该由数学史专家回答.这个问题,其实与数学教学毫无关系.

5.7 方程的根与解

方程的根与方程的解的意义,在教材中只是一带而过.如果我们要研究它们之间的区别,还是应遵循“约定俗成”的原则.

我们在学习一元一次方程和一元二次方程时,把使方程两边相等的未知数的值称为方程的根,也称为方程的解.这个时候方程的根与解没有区别.

我们在学习二元一次方程组时,把使两个方程的两边相等的一组未知数的值称为方程组的解.这个时候方程组的解没有用根称呼它,可见根与解是有区别的.

所谓“根”,一般是指函数的零点.而所谓“解”,一般是指问题获得解决时的那个“结果”.

例如,能使一元不等式成立的未知数的取值范围称为不等式的解,而不是根;

满足佩尔方程 $x^2-2y^2=1$ 的一组整数 $x=3, y=2$,称为这个方程的一组解,而不是根;

一阶非齐次线性微分方程 $\frac{\mathrm{d}y}{\mathrm{d}x}+P(x)=Q(x)$ 的通解是

$$y=\mathrm{e}^{-\int P(x)\mathrm{d}x}\cdot\left[C+\int Q(x)\mathrm{e}^{\int P(x)\mathrm{d}x}\mathrm{d}x\right]$$

可见,解是比根用途更为广泛的一个数学名词.根的用处往往限于一元一次、二次方程,而解的用处显然比它多得多.

5.8 画函数的图像时如何取点

有网友提问:用描点法画函数 $y=\sin x+\cos x$ $(x\in[0,2\pi])$ 的图像,依据图像讨论函数的性质.这道题是北师大版教材中学完三角函数图像变换后的复习题,还没有学习辅助角公式,学生根本不知道该函数图像是什么形状,如何取值?

回答：函数 $y=\sin x+\cos x$ 的图像出现在学习了基本正、余弦函数 $y=\sin x$，$y=\cos x$ 之后. 函数 $y=\sin x$，$y=\cos x$ 叫作基本正、余弦函数，它们的图像是“波浪形”. 学生对此的印象肯定是很深的.

但是，此时我们还没有学习辅助角公式，不知道 $y=\sin x+\cos x=\sqrt{2}\sin\left(x+\frac{\pi}{4}\right)$，如果我们要画函数 $y=\sin x+\cos x$ 的图像，那么我们完全可以大胆猜想：这个图像会不会也是波浪形呢？

题目要求在 $x\in[0,2\pi]$ 上画图，我们可以根据前面的五点作图法的经验，把 $[0,2\pi]$ 等分成五段，列表、描点、再画图，列表如下：

x	0	$\frac{\pi}{2}$	π	$\frac{3\pi}{2}$	2π
$y=\sin x+\cos x$	1	1	-1	-1	1

根据上表描五个点，发现离波浪形相去甚远. 如果图像应该是波浪形，那么问题出在哪儿呢？或者图像压根不是“波浪形”呢？

带着这个问题，我们不妨把间隔加细. 于是再列表如下：

x	0	$\frac{\pi}{4}$	$\frac{\pi}{2}$	$\frac{3\pi}{4}$	π	$\frac{5\pi}{4}$	$\frac{3\pi}{2}$	$\frac{7\pi}{4}$	2π
$y=\sin x+\cos x$	1	$\sqrt{2}$	1	0	-1	$-\sqrt{2}$	-1	0	1

果然有效！波浪形已初见轮廓(图 5.3). 如果把图像延展，比如再画 $[2\pi,4\pi]$ 和 $[-2\pi,0]$ 的图像，规律更加明显.

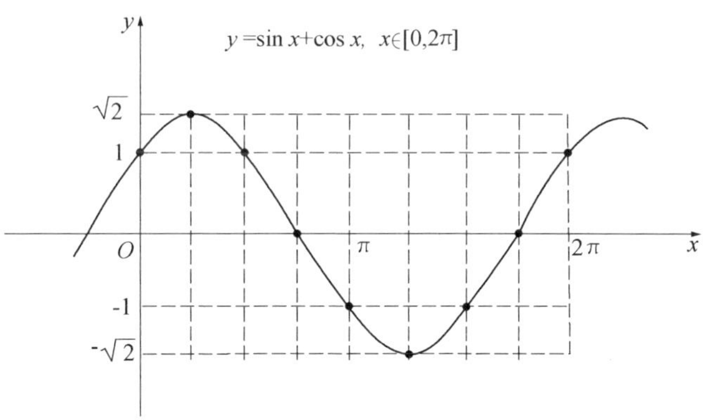

图 5.3

回顾上述授课过程，合理猜想、实践验证、修正补充，这些正是人类认识新事物的常态过程,是良好的教学方法.

5.9 统考题与竞赛题

有网友提问:我是学生家长,想咨询一下,孩子应该怎样在区统考卷子的题目和平时训练的竞赛题目的思维中随意转换呢?不出现应试考试中的失分?

回答:做数学题,无论是统考测试还是竞赛训练,不存在“思维转换”一说.因为,做任何数学题,都是从条件出发,完成题目设置的任务,会做的就会做(但不一定做对);不会做的就不会做.

如果硬是要扯上“思维转换”,那就是平时做竞赛题习惯了,以为统考题目也是竞赛题,把简单的问题看成复杂的了.这一现象与体育训练不同.比如,运动员绑着沙袋练长跑,比赛时不绑沙袋就能跑得更轻松.可是,初中奥数题与中考试题,从内容上讲相去甚远,例如奥数中的式子求值、整除、奇偶等内容,初中数学则涉及的甚少;从考查功能上讲,一个是特殊技能,一个是普通技能.奥数题对中考题并没有“居高临下”的指导作用.很多奥数题,相对于教材要求,显得偏、怪、难.

我不否定奥数训练对于数学解题能力的提高作用.学习能力强、悟性高的学生,在课内内容不在话下的前提下,通过奥数题学到一些思维方式、解题技巧,对课内学习是大有帮助的.若是勉强学奥数,做奥数题,结果很可能是“画虎成猫”“两头失踏”——奥数题做不来,课内题也不会做,或者错误百出.

建议家长要认清情势,孩子如果不是奥数选手的料,那么就不要用课余的全部时间来做奥数题,揠苗助长,往往是欲速则不达;还是应该按学校的要求,一步一步地学好数学,这才是一条康庄大道.

5.10 高中生应该学习高等数学吗

如果说初中生学一点高中数学对参加中考或许有点作用,那么我要告诉你,就一般高中生而言,学习高等数学,这对参加只考察中学数学的高考基本上没有什么作用!

毋庸置疑,高等数学对初等数学(含高中数学)有指导作用.

我们在这里讨论的是一般性的问题,即作为一般学生,能够通过听高等数学讲座来解决高中数学的具体问题,从而在高考中取得佳绩吗?

不可否认的是,确实有极少数的中学生,他们很早就接触了高等数学(或奥数)，并在高等数学(或奥数)的滋润下盛开数学之花，高考取得佳绩，有的还进了大学少年班.

高等数学需要高中数学作为基础. 高等数学的部分内容是高中数学教材内容的延伸. 高等数学所关注的，至少它着重关注的，显然不是高中数学基础知识的夯实和内容的挖掘与发散. 而这个夯实、挖掘与发散，一是由具有选拔功能的高考题来完成，二是由初等数学研究来完成，三是由数学竞赛来完成.

所以从这个意义上讲，学习高等数学对学生参加高考虽不能说完全没有作用，但"远水不能解近渴"，它不能解决高中数学中诸多的"挖地三尺"或"弯弯绕绕"的习题.

而且，高中阶段时间是很短的(两年学完课程、一年复习)，利用宝贵的一点点课余时间去学习高等数学，这肯定是得不偿失的"买卖".

对于那些非超常的普通学生，尤其是那些对高中数学基础题、中档题都做不好的学生，不去扎扎实实地学好教材内容，不切实际地好高骛远，试图通过学习高等数学(或奥数)来提高高考成绩，这种做法，虽心愿是好的，却显得颇为滑稽.

上什么山唱什么歌，高中学生不应该学习高等数学.

5.11　考砸了怎么办

以下是我写给某学生的一封信：

×××同学：

你说期末考试考砸了，现在分数没下来，情况还不明了. 即使就算你考砸了，这并不能代表什么.

因为，失败是成功之母. 而且，唯有把失败当成成功之母，才能使失败成为成功之母.

考砸了，当然不能无所谓，必须要找原因.

原因不能怪在别人身上，尤其不应怪在辅导老师身上：是不是题目讲难了？是不是没猜中考题？等等.

实际上，一个有经验的、负责任的、一直在教学第一线的老师，应该是值得信赖的老师.

肯学、会学的学生，只要有一个老师辅导就可以学好；不肯学、不会学的学生，换一个、换十个老师也未必能学好.

原因在哪里？问题出在自己身上.

从初二下学期的数学开始，难度明显增加了，方程需要精细计算，函数需要明察秋毫，四边形需要从容应对，应用题需要审时度势.

如果停留在“包一、二层糖纸”的数学题上，或者说，只会做直来直去的题，那么肯定是不符合教学要求的，是完全跟不上当今竞争的形势的.

所谓“包一、二层糖纸”的数学题，其实，准确地讲，那只能称为简单题.简单题，不能是基础题的全部，而是基础的基础.有这个“基础的基础”，在校内单元测验中或许能考70,80分，但在全面铺开的综合考查中，或在全区、全市的统考中，就一定会考砸，因为人家不会尽出些“基础的基础”题来考查学生.

中考题中简单题顶多占30％，也就是说，在满分120分的试卷中，至多占36分.倘若只会做简单题，数学那就真的考砸了！

所谓考砸，通常指临场发挥很不正常，没考出应有的较好的水平.若本来底子很薄，在有难度的综合题、统考题下，考得不好，则是真实水平的表现，不能称为“考砸了”.

怎么办？

关键还是自己，其他人帮忙都是次要的，脑袋长在自己脖子上，笔由自己握着，路就在自己脚下.

数学不像物理、化学，数学是从小学一年级就开始学习的学科，昔日欠的“债”是要偿还的.

学好数学有捷径吗？

回答是没有.俗话说：书山有路勤为径，学海无涯苦作舟.一分耕耘一分收获.没有耕耘哪来收获？

学好数学有诀窍吗？

回答是有的.但是，诀窍不是投机取巧的侥幸，不是猜中考题的奢望，不是人家都整理好了自己去背的快餐.

学习的诀窍，就是四个字：主动、钻研.

主动，是我自己要学，就是说，有希望学好的强烈的愿望.自己要学，不指通常人们的本能欲望，而是痛下决心，非学好不可的坚强决心，不怕困难、不畏艰险的勇气，百折不回、越战越勇的斗志.天下无难事，只要肯攀登，有了这种决心、勇气、斗志，何愁成绩上不去？

主动，就是要将学过的知识主动整理，使之条理化；将做过的题目主动归纳，使之规律化；将错过的问题主动集中，使之牢固化；将不会做的题目主动冥思苦想，使之明朗化.

主动，就是将数学问题与生活实际主动地联系起来，例如把一根绳子剪断，分别围成正方形，就要将两段绳长分别除以 4 作为边长，来计算面积. 数学来源于生活，千万不要把日常生活与数学两者隔离开来. 行程问题可以联想生活中的乘车经历，工程问题可联系班级活动的安排，函数问题要借助图像来解题. 做数学题，其实与人之常情也是一脉相承的. 例如，先易后难，分散难点，突破一点扩大战果，从正面、反面考虑问题等，这些都是我们日常生活中常用的策略，数学中何尝不如此呢？

钻研，就是要琢磨，琢磨数学定理和公式是怎么来的，怎样运用，应注意什么，知其然，还要知其所以然. 脑子越动越聪明，脑子不动就会越来越笨.

钻研，就是要做个有心人. 会做的典型题，要默记在心；不会做的疑难题，要今天想、明天想、后天想，直到想出来. 做完题后，要多问几个为什么？ 精诚所至，金石为开. 有心人心明眼亮，无心人浑浑噩噩.

钻研，就是自己要找题目做，除学校规定的作业外，再找一两本数学练习册，扫描式全部做完. 做题要系统，系统才能全面. 拳不离手，曲不离口. 学好数学必须多练，多练才能熟能生巧，多练才能见多识广. 如果像算盘珠子一样，老师拨一拨我就动一动，那么肯定是学不好数学的.

做到主动、钻研，先要破除“等、靠、要”的思想. 等，就是等待别人把东西整理成现成的；靠，就是靠人家灌输，我被动地接受；要，就是要最现成的解题方法，解题过程，最好是考试要考的那些题目及其答案. 在现实教学中的确有预先把考题及答案告诉学生的事，但那是极个别的违规的事例. 我们身处普通中学，是一个竞争的环境，是“侧舟侧畔千帆过”的情势.

等、靠、要，是被动挨打的学习方式，是懒人、庸人的做派，是失败的前奏曲.

数学是思维的体操，只要刻苦锻炼，人人都可以达到一定的水平. 数学内容虽多，题目千变万化，但是解题的思想、思路、方法毕竟只有那些.

然而，数学思想的建立、数学思路的产生、数学方法的运用，是别人代替不了的. 只有通过大量做题、归纳总结，才能成为自己的东西，成为自身的素养和能力. 比如游泳，教练只教你如何游泳，注意些什么，真正要游泳的那是你自己，这个比喻也不太恰当. 学好数学，比学会游泳不知要难多少倍.

我在与你共同学习的短短的一段时间内，感觉你有冰清玉洁的品质，有开朗豁达的性格，有好学上进的精神，有勤奋钻研的势头，这些都是学好数学的必备条件. 但是学好数学，需要一个过程，不是一朝一夕就能成功的，耳濡目染，需要时间；潜移默化，需要积累. 所以，我们大家要有耐心.

谋事在人，成事在天，信任和信心比什么都重要，我们不能主宰未来，但我们可以把握今天.

5.12 怎样讲“提取$\sqrt{2}$”更自然

在辅助角公式之前，我们学习了和差角的公式. 比如 $\sin(x+y)=\sin x\cos y+\cos x\sin y$，我们称右边为“散柯柯散”，并且把从左边到右边叫作“展开”，从右边到左边叫作“合拢”.

我们先展开如下式子：$\sqrt{2}\sin\left(x+\frac{\pi}{4}\right)$.

学生很容易得到正确答案

$$\sqrt{2}\sin\left(x+\frac{\pi}{4}\right)=\sqrt{2}\left(\sin x\cos\frac{\pi}{4}+\cos x\sin\frac{\pi}{4}\right)=\sin x+\cos x$$

接着提问：如何将上式右边合拢到左边呢？

学生自然会答道：首先提取$\sqrt{2}$.

为什么要提取$\sqrt{2}$ 呢？仔细看，从右边到左边，有

$$\begin{aligned}\sin x+\cos x&=\sqrt{2}\left(\frac{1}{\sqrt{2}}\sin x+\frac{1}{\sqrt{2}}\cos x\right)\\&=\sqrt{2}\left(\sin x\cos\frac{\pi}{4}+\cos x\sin\frac{\pi}{4}\right)=\sqrt{2}\sin\left(x+\frac{\pi}{4}\right)\end{aligned}$$

请问：提取$\sqrt{2}$ 起什么作用？

回答：得到前一个$\frac{1}{\sqrt{2}}$，组成一个角（不妨记为 θ）的余弦，又得到后一个$\frac{1}{\sqrt{2}}$，组成这个角 θ 的正弦，从而与已有的 $\sin x$，$\cos x$ 构成“散柯柯散”的形式，以便于合拢.

再具体地说，前一个$\frac{1}{\sqrt{2}}$ 中的 1 是含有 $45°$ 角的直角三角形的邻边长，而$\sqrt{2}$ 是斜边长；后一个$\frac{1}{\sqrt{2}}$ 中的 1 是对边长，而$\sqrt{2}$ 是斜边长，可见提取的$\sqrt{2}$ 就是这个直角三角形的斜边.

再举一个例子，合拢：$\sqrt{3}\sin x+\cos x$.

把$\sqrt{3}$ 看成一个直角三角形的锐角 θ 的邻边，把 1 看成对边，那么斜边长是多少？2.

那么，我们提取 2，得到的$\frac{\sqrt{3}}{2}$是不是哪个角的余弦，$\frac{1}{2}$是不是这个角的正弦？答：分别是 30° 角的余弦和正弦.

那么，此时 $2\left(\frac{\sqrt{3}}{2}\sin x+\frac{1}{2}\cos x\right)$ 能否合拢成功？能！

具体过程如下

$$\begin{aligned}\sqrt{3}\sin x+\cos x&=2\left(\frac{\sqrt{3}}{2}\sin x+\frac{1}{2}\cos x\right)\\&=2\left(\sin x\cos\frac{\pi}{6}+\cos x\sin\frac{\pi}{6}\right)\\&=2\sin\left(x+\frac{\pi}{6}\right)\end{aligned}$$

一般地，能合拢 $a\sin x+b\cos x$ 吗？先约定 $a>0, b>0$(以后再变通).

我们可以把正数 a,b 视为一个直角三角形的两直角边吗？可以.

那么斜边是多少？$\sqrt{a^2+b^2}$.

再请问：$\frac{a}{\sqrt{a^2+b^2}}$ 和 $\frac{b}{\sqrt{a^2+b^2}}$ 能成为某角 θ 的余弦值和正弦值吗？当然可以.

于是就有

$$\begin{aligned}a\sin x+b\cos x&=\sqrt{a^2+b^2}\,(\sin x\cos\theta+\cos x\sin\theta)\\&=\sqrt{a^2+b^2}\sin(x+\theta)\end{aligned}$$

我们又一次请问：提取$\sqrt{a^2+b^2}$ 是提取什么呢？直角三角形的斜边.

5.13　为什么把诱导公式里的角 α 视为锐角

诱导公式是将任意角的三角比转化为锐角三角比的公式. 诸多公式可用两句话概括：

奇变偶不变，符号看象限.

所谓“符号看象限”，就是在把公式中的角 α 视为锐角的前提下，看原角所在象限原三角比的符号.

有一道简单习题，学生在做的过程中出现了疑惑.

已知 $\cos(\pi-\alpha)=\frac{3}{5}$，并且 α 是第三象限角，那么 $\cot\alpha=$________.

一名学生从“α 是第三象限角”出发，这样解：

因为 α 是第三象限角，所以 $-\alpha$ 是第二象限角，所以 $\pi-\alpha$ 是第四象限角，所以由 $\cos(\pi-\alpha)=\frac{3}{5}$，得

$$\cos\alpha=\frac{3}{5}$$

又由 α 是第三象限角，知 $\sin\alpha=-\frac{4}{5}$，所以

$$\cot\alpha=\frac{\cos\alpha}{\sin\alpha}=-\frac{3}{4}$$

这道题的答案明明是$\frac{3}{4}$（α 是第三象限角，$\cot\alpha>0$），为什么误为 $-\frac{3}{4}$？

实际上，应该从已知条件 $\cos(\pi-\alpha)=\frac{3}{5}$ 出发，运用诱导公式时视 α 为锐角，则 $\pi-\alpha$ 是第二象限的角，其余弦为负值，可得

$$-\cos\alpha=\frac{3}{5}$$

所以

$$\cos\alpha=-\frac{3}{5}$$

从而直接可得 $\cot\alpha=\frac{3}{4}$.

学生之所以犯错，是因为对诱导公式中的“视 α 为锐角”不理解，特别是当出现了“α 是第三象限角”这一条件的引诱后，就从这个条件出发加以考虑了.

在诱导公式中，为什么视 α 为锐角？

第一，从公式的推导来看，我们是对任意角 α 推导其诱导公式的，没有刻意规定 α 是锐角或某象限的角，例如公式 $\cos(\pi-\alpha)=-\cos\alpha$ 中，α 是任意角，这样就具有一般性. 但是，我们在记忆诱导公式时，总把 α 视为锐角，那么选取符号就十分方便了. 也就是说，“视 α 为锐角”是为了便于记忆和使用.

第二，即使从“α 是第三象限角”出发，我们照样可以推导出正确的结果来，过程如下：

因为 α 是第三象限角，所以

$$2k\pi+\pi<\alpha<2k\pi+\frac{3\pi}{2}\ (k\in\mathbf{Z}，下同)$$

所以
$$-2k\pi-\frac{3\pi}{2}<-\alpha<-2k\pi-\pi$$

所以
$$-2k\pi-\frac{\pi}{2}<\pi-\alpha<-2k\pi$$

所以 $\pi-\alpha$ 是第四象限的角，所以

$$\cos(\pi-\alpha)>0$$

注意到 α 是第三象限角，$\cos\alpha<0$，所以

$$\cos(\pi-\alpha)=-\cos\alpha>0$$

结果是一样的！

如此折腾，何不把 α 视为锐角直接得到 $\cos(\pi-\alpha)=-\cos\alpha$ 这一结果！

以上推理说明，“视 α 为锐角”是记忆公式时运用的一种手段.

必须强调的是“视 α 为锐角”只是在运用诱导公式时才能这样的. 在其他情形下，α 是什么角(第几象限的)就是什么角，切不可因“视 α 为锐角”产生误会. 以下的问题值得研究：

已知 $\cos(75^\circ+\alpha)=\frac{1}{3}$，$\alpha$ 是第三象限角，求 $\cos(15^\circ-\alpha)+\sin(\alpha-15^\circ)$ 的值.

解　由条件 $\cos(75^\circ+\alpha)=\frac{1}{3}$，运用诱导公式可得

$$\begin{aligned}\cos(75^\circ+\alpha)&=\cos[90^\circ-(15^\circ-\alpha)]\\&=\sin(15^\circ-\alpha)\\&=\frac{1}{3}\text{（这里把 }15^\circ-\alpha\text{ 视为锐角）}\end{aligned}$$

再由 $\sin(15^\circ-\alpha)=\frac{1}{3}$，知 $15^\circ-\alpha$ 在第一、二象限.　①

因为 α 是第三象限角，所以

$$-k\times360^\circ-270^\circ<-\alpha<-k\times360^\circ-180^\circ$$

所以
$$-k\times360^\circ-255^\circ<15^\circ-\alpha<-k\times360^\circ-165^\circ$$

所以 $15^\circ-\alpha$ 在第二、三象限.　②

由 ①② 可知 $15^\circ-\alpha$ 在第二象限，所以

$$\cos(15^\circ-\alpha)+\sin(\alpha-15^\circ)=\cos(15^\circ-\alpha)-\sin(15^\circ-\alpha)=\frac{1-2\sqrt{2}}{3}$$

5.14　7 284 659 四舍五入到万位是多少

有网友提问:7 284 659 四舍五入到万位是多少? 是只看千位,还是从后全部看完? 如果从后全部看完,有这样的做法:第一次取近似值:7 284 659 约等于 7 285 千(近似到千位),然后第二次取近似值,近似到万位,约等于 729 万,所以答案为 729 万.

回答:这是错误的!

取精确到万位的近似值,我们只看千位,再四舍五入,正确答案只能是 728 万.

要告诉学生:我们规定,在一个问题中,只能求一次近似值,不能多次取近似值,否则会乱套的.例如:145 四舍五入到百位应该是 100,如果第一次四舍五入到十位得 150,第二次四舍五入到百位得到 200,显然这是不合情理的.

5.15　定义域是什么

定义域是一个范围,是由实数组成的集合.在这个范围内,式子(函数式、等式或不等式)有意义,或称有定义.

函数解析式中自变量的允许值范围就是研究问题时的全集.如果要把自变量规定在一个范围内,当然是在全集下确定的,即指定定义域是自然定义域的子集.

也就是说,一个问题有意义了,我们才能研究它,不能不管它有无意义就盲目地研究.不然的话,不管它有无意义,我强行指定一个范围,若这范围与自然允许的范围矛盾,就取公共部分(交集),这样做,肯定是违背常理的.

所以,自然定义域和指定定义域之间的包含关系是约定俗成的.

有人提问:在物理中,斜上抛运动轨迹若满足 $s=-t^2+3t-2$,t 为时间,那这个关系能不能表述为 $s=-t^2+3t-2,t\geqslant 0$?

这个式子中时间 t 的允许值范围从数学角度看为一切实数,此处要考虑物理意义,即 $t\geqslant 0$(或 $t>0$),且不必写出(默认).也就是说,写成 $s=-t^2+3t-2$,t 为时间,或写成 $s=-t^2+3t-2,t\geqslant 0$,都是可以的.

数学中的应用题,长度为正数也不必写出.

这些事例正好说明默认定义域是全集,且指定定义域不能"超过"默认定义域.

有人接着追问:你即使默认 $t\geqslant 0$,生活中它也不是定义域.

我们认为,这涉及数学建模了.生活中当然没有定义域一词,一旦化归为数学模型，就有定义域了，并且不违背真实生活.

5.16　定义域和值域算函数的性质吗

函数的定义域和值域不算函数的性质，要说清楚理由，首先弄清楚两个问题：

第一、什么叫事物的性质？一般来说，某事物所决定的事实，叫作该事物的性质. 性质是事物运动和发展中相对稳定不变的特性和本质. 函数也是一个事物，由它决定的事情叫函数的性质.

第二、函数的定义是怎样的？

初中定义：设在某变化过程中有两个变量 x，y，如果对于 x 在某一范围内的每一个确定的值，y 都有唯一确定的值与它对应，那么就称 y 是 x 的函数，x 叫作自变量.

高中定义：一般地，设 A，B 是两个非空的数集，如果按照某个确定的对应关系，使对于集合 A 中的任意一个数 x，在集合 B 中都有唯一确定的数 y 和它对应，那么就称：$f: A \to B$ 为从集合 A 到集合 B 的一个函数，记作 $y=f(x)$，$x \in A$，其中 x 叫自变量，x 的取值范围 A 叫函数的定义域，函数值的集合 $\{ f(x) \mid x \in A \}$ $(\subseteq B)$ 叫作函数的值域.

下面正式回答提问.

不难看出，函数是由函数关系、定义域和值域三部分组成的，俗称为函数三要素. 写函数时，如果没有指定定义域，则默认为存在域，即使得函数式子成立的自变量 x 的取值范围，也叫作自然定义域. 我们约定，函数的值域一般不必写出，这是因为有了函数关系和定义域，值域随之确定了，需要时求出来，不需要时不必管它.

函数由函数关系、定义域和值域组成. 换言之，函数关系、定义域和值域分别是组成函数的一部分，既然是函数的组成部分，当然不能称为函数的性质了.

有的书上把定义域和值域算函数的性质，那是错误的.

众所周知，对数函数 $y=\log_a x$ 的定义域是 $\{x \mid x>0\}$，值域是 **R**. 但是在学生初学对数时，由于学生对定义域和值域还不熟悉，因此教师把定义域和值域单独列出来，归于函数的性质，不过起的只是强调一下的作用.

5.17　概念怎样分类

有网友提问：最近有一个困惑的问题求教各位，最近读书，发现数学概念分类的方法很多，有人把数学概念分成白描、归纳、演绎三类，有人把数学概念分成属性下的概念、规则下的概念、结点下的概念，有些简单的概念在教学中做介绍即可，有些概念需要让学生经历过程，通过同化和形成方式．那么，从教学的角度来看，概念常见可以怎样分类？求教大神．

回答：任何一种分类，其目的是让大家更清楚、更明白．如果一分类就把人家分糊涂了，就不如不分类．

要做到这一点，首先要科学，不能随心所欲．例如把概念分成白描、归纳、演绎三类，这个分类就是随心所欲的、不科学的．众所周知，归纳（从特殊到一般）和演绎（从一般到特殊）就是一种完全的分类方式，从中插进一个“白描”，不但让人莫名其妙，而且具有破坏性．

其次，概念的分类要面向大众、要通俗易懂，不要怪诞生僻．比如，把概念分为属性下的概念、规则下的概念和结点下的概念，这样的分类就是怪诞、生僻，相当小众化．何谓属性下？什么规则下？哪个结点下？你知我不知，大家更不知．鲁迅曾引用古语说过：人生糊涂识字始．如此这般，真是学子糊涂分类始．

第三，概念的分类要服从于需要．如果是纯理论上的研究需要，概念的分类要更哲学化、理想化．如果是从教学角度看，概念的分类要有利于教学，便于学生掌握．

要理解数学概念的分类，还必须了解数学概念的定义方法．

第一种定义方法是属加种差的定义法．这是中学数学最常用的方法，其基本构成是：邻近的属＋种差＝被定义概念．例如，对于平行四边形这个概念来说，它邻近的属是四边形，它的种差（即区别于其他四边形的概念的属性）是“一组对边平行并且相等”，因此我们定义：一组对边平行且相等的四边形叫平行四边形．

第二种定义方法是提示外延的定义方法．数学中有些概念，不易揭示其内涵，可直接指出概念的外延作为它的概念的定义．例如，整数和分数统称为有理数，这是把有理数的外延一一列举出来，作为有理数概念的定义．又如 $a^0=1(a\neq 0)$，$0!=1$，就是用约定式方法来定义概念．

一般来说，数学概念来源于两方面：一是对客观世界中的数量关系和空间形式的直接抽象；二是在已有数学理论上的逻辑建构．

相应地，我们常把数学概念分为两类：

一类是直接抽象而成的概念，例如三角形、四边形、角、平行、相似形、向量等，这些概念是对现实对象或关系直接抽象而成的，生活中往往有客观事物与之对照，让我们产生联想，从而让我们学习起来十分亲切；

另一类是对数学对象抽象而成的概念，例如函数、方程、不等式等，这些概念是对数学中的“真实对象”的抽象，虽然生活中并没有与之对应的客观事物，但由于我们经常与这些概念打交道，耳熟能详，从而使我们学习起来同样十分亲切.

数学概念的分类，作为思维的地图，能帮助我们理解数学内容的体系，正确地理解题意，提高我们的理解、分析和解决数学问题的能力.

同时，数学概念的分类并非轻松的工作，其实它是一项复杂的工程. 概念的生成千差万别，概念的类型林林总总，需要在哲学观念和逻辑学的指导下进行. 而这些，不是我们从事中学教学的人们所要做、所能做的工作.

5.18　什么是二次三项式

有网友提问：x^2-3x+1 是二次三项式，x^2+x，x^2，x^2+1 是二次三项式吗？如果 x^2 是二次三项式，那么它必须有 3 项，即 x^2+0x+0，因此 x^2 就是多项式了. 推广一下，x^n 就是 n 次 $n+1$ 项式，当然也是多项式了. 这样称呼它们，合适吗？那么在数学里，是不是没有单项式与多项式的分类了？

回答：什么是二次三项式，应该回到最原始的概念上来，先弄清什么是代数式、整式与分式、单项式与多项式.

由数和表示数的字母经过有限次的加、减、乘、除、乘方和开方等代数运算所得的式子，称为代数式. 由数字与字母的乘积组成的且分母里不含有字母的代数式叫作单项式. 有限个单项式的和叫作多项式.

我们在区别单项式与多项式时，要遵循“原生态”的原则，也就是说不对原式作任何变形. 比如，$x^2=x\cdot x$，它是由两个表示数的字母 x 相乘所得的，当然是单项式. 如果把 x^2 写成 x^2+0x+0，误以为这是多项式(二次三项式)，这是自添烦恼、自己误导自己.

很显然，我们把系数为零的不算为一项. 这样，x^2 是二次单项式，x^2+x 是二次二项式，x^2+1 也是二次二项式.

把 0 不视为一项，也会带来一些麻烦. 不过，这些麻烦是很小的，容易克服.

比如：试问 $0+1+2+3+4$，这是几个数相加？这是小学低年级的问题. 那时，你可以说是五个数相加，因为不涉及“项”的概念. 到了中学，试问式子 $0+1+2+3+4$ 有几项？建议还是把 0 不算作一项，该式有 4 项.

又如我们做多项式的除法时，常常把系数为 0 的项补写出来，使之严格地降幂排列，比如我们把二次二项式的因式分解，放在与二次三项式的因式分解一起学习.至于解方程统称为解二次方程(无二次几项式一说了).

而且,如果允许系数为零,还可以说是三次三项式,三次项系数为0.

不必为定义而定义,定义之间要相容,不能矛盾.如"$x^2=x^2+0x+0$,左边叫单项式,右边叫二次三项式",这样的说法好像是折中,其实是和稀泥.这样的和稀泥非常坏事,它混淆视听、造成混乱,后患无穷,让人们无所适从.比较合理的处理,还是我刚才说的,规定系数为零的不能算作一项.

称谓是需要称谓的时候才有意义,或者说才有意思.我们之所以讨论二次三项式的称谓是因为需要因式分解,而且因式分解时把叫二次二项式的式子归于二次三项式的情形一并解决.而对于等式 $x^2+2x+1=(x+1)^2$ 而言,你没事找事地研究它左右两边的称谓是不是显得无聊呢?

这叫5个数相加,因为学这个的时候还是小学阶段,没必要自找尴尬.后来我们学了多项式与单项式的概念后,就不要问这样的问题了.万一钻牛角尖要问,说成是4项的和,仍然坚持0不算作一项,也未必不可.另外,我们说系数为0的不算一项,是因为如果算一项会带来诸多麻烦,因此干脆那样约定了.

称谓是需要称谓的时候才有意义,或者说才有意思.二项式与三项式的互化,当然可以,却没有必要把它"郑重地"拿出来说.有没有必须着重拿出来说的时候呢?当然有呀,比如指数式与对数式的互化,那可要大说特说呢!

5.19 多面体的分类

问题1:棱柱、棱锥的定义是什么?

回答:在空间内,把一个平面多边形沿某一方向平移,这样形成的空间几何体叫棱柱;当棱柱的一个底面收缩为一个点时,得到的空间几何体叫棱锥.

评论:首先,这样定义棱柱有别原来教材的描述性定义:有两个面互相平行,其余各面都是四边形,并且每两个相邻的四边形的公共边都互相平行,由这些面所围成的多面体叫作棱柱.而采用了运动的观点来定义棱柱.这样的定义与圆锥(旋转体)的定义统一起来了,更便于学生接受.

其次,棱锥的定义由棱柱的定义派生出来,一脉相承,一气呵成,既自然又清晰.

问题2:多面体如何分类?

回答:把多面体的各面平等地加以看待,可分为四面体、五面体、六面体…….

把多面体的各面分别看成侧面和底面,可分为棱柱、棱锥.

评论：按对多面体的面的看待方式来分类，即以“平等”看待和“不平等”看待来分类，找到了一个合理的划分方法，有它的独特性.

5.20　函数 $y=(-4)^x$ 的图像

有网友提问：为什么每次看到函数光滑的曲线什么的，我就想起来它处处可导可积啊……谁能告诉我为什么初中课本讲到的函数图像都是由光滑的曲线或者直线连接的啊？也可以不光滑啊！比如 $y=(-4)^x$ 就不是光滑的直线啊！因为它不是连续的啊！但是这种事情，怎么才能和初中生解释呢？

回答：首先，函数 $y=(-4)^x$ 不是一次函数，它的图像不可能是直线.

其次，函数 $y=(-4)^x$ 是中学阶段不予研究的函数. 在高等数学的复分析中，我们会研究这种函数. 在那里，函数写成 $y=e^{x\ln(-4)}$ 的形式，它是连续和可微的，其图像涉及四维空间，是画不出来的.

第三，什么叫连续？什么叫光滑？对中学生而言，只能从直观上加以理解. 在高等数学的微积分理论里对此有严格的定义. 若函数在某点处的极限就是它的函数值，则称函数在此点处连续. 若函数在某区间内每一点处都是连续的，则称函数在这个区间是连续的. 若函数的导函数是连续的，则称为函数是光滑的.

最后，如果说要归类，函数 $y=(-4)^x$ 应归于指数函数. 在复数范围内，形如 $y=z^x(z\neq 0$ 且 $z\neq 1)$ 称为指数函数. 但是，在中学数学里，我们对底数另作了规定，即在指数函数 $y=a^x$ 中，规定 $a>0$ 且 $a\neq 1$. 这样规定，是为避免超出中学生的认知范围. 于是，在中学阶段我们不研究函数 $y=(-4)^x$.

5.21　函数 $y=-4^x$ 的图像

函数 $y=-4^x$，$y=3^{x+1}$ 等是不是指数函数呢？ 当然不是，因为它们不符合指数函数的定义. 指数函数的定义是：形如 $y=a^x(a>0$，且 $a\neq 1)$ 的函数叫指数函数.

提出这一类问题是不是无意义的呢？回答是否定的，这是有意义的. 因为，否定它们是指数函数，也就是否定它们归属于基本初等函数之后，立刻将之归属于复合函数. 复合函数在教材中虽然没有单独定义它，但此类函数在练习题、考试题中屡见不鲜，可见是必须掌握的. 尤其是在求导函数时，复合函数的概念太重要了.

我还在教学中用“纯洁”二字来形容指数函数，学生喜闻乐见，相当认可.

你看，$y=a^x$ 中，整个式子的系数是 $+1$，指数中 x 的系数也是 $+1$，而且是 $x+$

0,多么"纯洁"啊! 掺杂了就不行了,就不是指数函数了.

$y=-4^x$ 中,整个式子的系数是 -1,不"纯洁"了,所以它不是指数函数.(到一定的时候可以告诉学生,这个函数可以看成是:$y=-u, u=4^x$,它是复合函数,下同.)

$y=3^{x+1}$ 中,指数是 $x+1$,不"纯洁"了,所以它不是指数函数.

至于函数 $y=3^{2x}$ 是不是指数函数,就不能一概而论了.它不是以 3 为底的指数函数,因为指数中 x 的系数是 2,不"纯洁"了.但它是以 9 为底的指数函数,因为 $y=3^{2x}=9^x$.

(在讲其他的基本初等函数时,也可以用"纯洁"二字,例如对数函数 $y=\log_a x$,这个式子也是"纯洁"的.)

无独有偶,我们在讲图像的平移变换时,也用到"纯洁"二字来加以形容,教学效果相当明显.

函数 $y=f(ax+b)(a,b>0)$ 的图像是由 $y=f(ax)$ 的图像向左平移 b/a 个单位而得到的,因为 $y=f(ax+b)=f\left(a\left(x+\frac{b}{a}\right)\right)$,对于"纯洁"的 x,有 $x+\frac{b}{a}$,所以是把图像向左平移 $\frac{b}{a}$ 个单位.

例如函数 $y=3\sin\left(2x+\frac{\pi}{3}\right)$ 的图像是由 $y=3\sin 2x$ 的图像向左平移 $\frac{\pi}{6}$ 个单位而得到的,因为 $\sin\left(2x+\frac{\pi}{3}\right)=\sin 2\left(x+\frac{\pi}{6}\right)$,对于"纯洁"的 x,有 $x+\frac{\pi}{6}$,所以是把图像向左平移 $\frac{\pi}{6}$ 个单位.

天真无瑕的学生是纯洁的,他们自然而然地喜欢"纯洁"二字.教师"投其所好",恰到好处地用对了地方.

5.22 关于零向量

数学上有针对某一特定对象的规定,如果将这规定上升为概念,那么需要严格加以定义,可是在数学活动中并不需要"正儿八经"地将这规定加以定义,而是采用约定俗成的方式,大家遵守照办即可.这些规定必须遵循两个原则:一是必要;二是合理.先有约定,后有俗成.

比如 $0!=1$,这是约定俗成的.

又如在推导椭圆方程中，方程中出现了 a^2-c^2，这时我们令 $a^2-c^2=b^2$，一是化简方程的必要，二是这个规定有它的合理性，即 b 为短半轴长，在画图时有明显的几何意义.

据此，我们审查关于零向量的方向的两个规定：

一是零向量的方向是任意的，它与任何非零向量平行. 这个规定对零向量与非零向量的位置关系给出了一个合理的说法，填补了一个“漏洞”（必要性），同时大家均能接受（合理性）.

二是零向量乘以任何非零向量的积为实数 0，但不等于说零向量垂直于任何非零向量. 这个规定其必要性是显然的，合理性在于逻辑学里的同一律. 同一律是形式逻辑的基本规律之一. 同一律是指在同一思维过程中，必须在同一意义上使用概念和判断，不能在不同意义上使用概念和判断. 既然我们已经规定了“零向量平行于任何非零向量”，我们就不能“出尔反尔” 再规定“零向量垂直于任何非零向量”. 于是就有这样合理的结论：若 $\boldsymbol{a}\cdot\boldsymbol{b}=0$，则当且仅当向量 $\boldsymbol{a}$，$\boldsymbol{b}$ 均为非零向量时，才能说向量 $\boldsymbol{a}\perp\boldsymbol{b}$.

数学上类似这样的例子还有不少，不可能一一加以阐述.

5.23　区间与空集

有网友提问：我们教研时谈到了两个问题：

(1) 区间的 $\cup$（并集）是否还是区间？

(2) 集合 $\{x \mid m < x < 1-2m\}$ 的这种写法，是否默认该集合不是空集？

回答：(1) 所谓区间，就是遍取从某一实数到比它大的另一实数之间的所有的实数值，可以包括或者不包括端点. 换言之，一个区间的“内部” 是不能“断开” 的.

两个区间的并集，成了新的集合. 这个新的集合可以是区间也可以不是区间. 例如 $(1,2)$ 和 $[2,3)$ 都是区间，它们的并集 $(1,2)\cup[2,3)=(1,3)$ 是区间.

又如 $(1,2)$ 和 $(2,3)$ 都是区间，它们的并集 $(1,2)\cup(2,3)$，是两个区间，不是一个区间（中间被 2 断开了）.

(2) 如何认识用描述法表示的集合 $A=\{x \mid m < x < 1-2m\}$？

我们的依据是：存在即合理.

空集是合理存在的. 对于集合 $\{x \mid m < x < 1-2m\}$，我们不能断定它不是空集. 因为当 $m \geqslant \dfrac{1}{3}$ 时，$m \geqslant 1-2m$，满足不等式 $m < x < 1-2m$ 的 x 的值是不存

在的，即集合$\{x \mid m < x < 1-2m\}$是没有元素的集合，是空集.

5.24 反证法的理论根据

请看一个例子：求证$\sqrt{2}$是无理数.

用反证法证明的大致过程是：假定$\sqrt{2}$是有理数，不妨令$\sqrt{2}=\frac{m}{n}$（m，n为互质的正整数），所以……得出矛盾，所以假设不成立，从而$\sqrt{2}$是无理数.

我们看到，在用反证法的过程中，我们依然保留了条件，即“若一个实数是$\sqrt{2}$”，否定的是结论“假设$\sqrt{2}$不是无理数，而是有理数”，从而得到矛盾，根据逻辑学里的排中律，我们获证.

什么是排中律呢？排中律是指在同一个思维过程中，两个互相矛盾的思想不能都假，必有一真，用公式表示为：“A或者非A”. 或者说，排中律是指在同一思维过程中，或者A，或者非A，二者必居其一. 违反排中律，就会在思维中犯“模棱两可”的错误.

对于实数$\sqrt{2}$来说，要么是有理数，要么是无理数，二者必居其一. 否定了它是有理数，它必定是无理数，如此而已.

保留一个命题的条件而否定命题的结论，这样得到的新命题叫命题的否定命题，简称为命题的否定. 它是否命题吗？否命题是指对原命题的条件的否定作为条件，结论的否定作为结论，所以命题的否定与否命题不是一回事.

至此反证法的理论根据清楚了，即将数学命题的结论加以否定从而得到矛盾，根据排中律从而获证的一种方法.

有人误以为反证法的理论根据是证明逆否命题，这个偏见应予以纠正.

诚然，逆否命题与原命题是同真同假的，可惜的是，反证法并不是利用这一点.

比如命题：“若$\sqrt{2}$是一个实数，则$\sqrt{2}$是无理数”，它的逆否命题是“若$\sqrt{2}$不是无理数，则$\sqrt{2}$不是实数”.

由此可见，我们用反证法证明“$\sqrt{2}$是无理数”的思维与逆否命题的思维两者是风马牛不相及的.

5.25　斜率的取值范围

有网友提问：直线斜率的范围，学生经常出错，怎么讲它？

回答：这一问题确实是难点，难点的根源是：

① 当直线垂直于 x 轴时，倾斜角 α 为 $90°$，此时直线的斜率不存在. 而“跨过”这条线，斜率经历“生”(斜率存在）与“死”（斜率不存在）的转变，这条线我们戏称为“生死门槛”.

② 当直线平行于 x 轴时，倾斜角 α 为 $0°$. 而“跨过”这条线，斜率经历负数到正数的转变，这条线我们戏称为“正负门槛”.

突破难点，就要跨好这两道“门槛”.

角的取值范围叫作角的区域. 在高中数学里，角的区域往往用由经过某圆圆心的两条相交直线所对的一段扇形阴影部分来表示，如图 5.4 所示.

建议分三种情况给学生讲授：

(1) 当角区域不含“门槛”时，例如 $k \in \left[\frac{1}{2}, 2\right]$；

(2) 当角区域只含一个“门槛”时，例如 $k \in (-\infty, -1] \cup [2, +\infty)$；

(3) 当角区域含有两个“门槛”时，例如 $k \in \left(-\infty, \frac{1}{2}\right] \cup [2, +\infty)$；

以上三种情形的解答详见图 5.4.

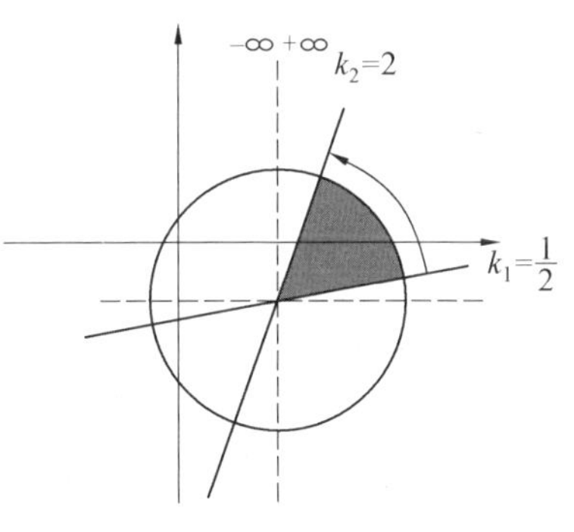

$k \in \left[\frac{1}{2}, 2\right]$

角区域不含铅直线也不含水平线，则用一个区间表达

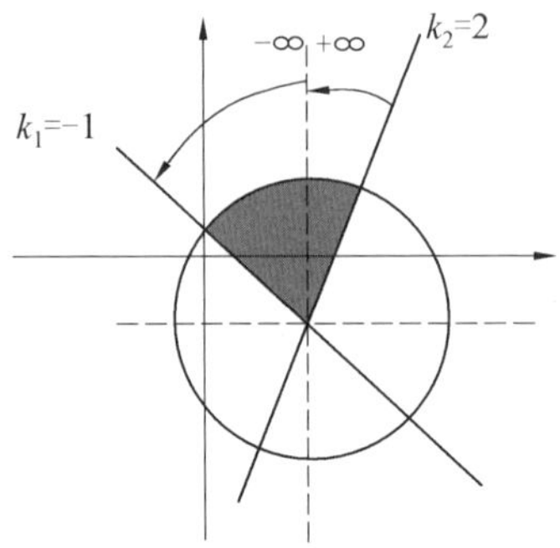

$k \in (-\infty, -1] \cup [2, +\infty)$

角区域含铅直线但不含水平线,则用两个区间表达

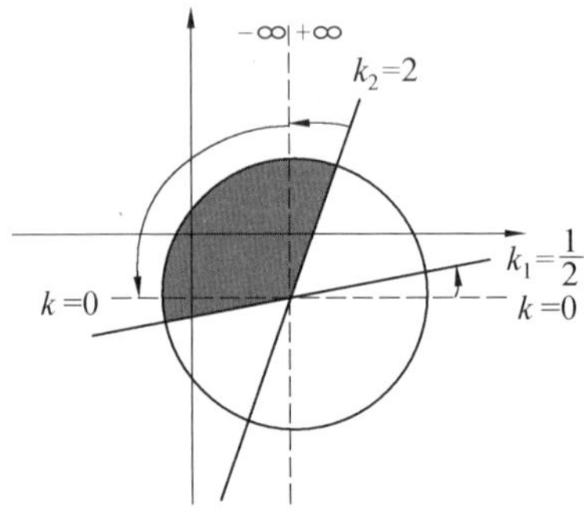

$k \in \left(-\infty, \frac{1}{2}\right] \cup [2, +\infty)$

角区域含铅直线且含水平线,则用两个区间表达

图 5.4

5.26　数学式子怎么读

数学式子的读法,是数学教学的一个内容,对学生理解数学有一定的帮助.一些老师没有意识到这一点,教学中对其有所忽视,给学生带来一些困惑.

数学式子,如果教材没有给出规范的读法,我们不能随意乱读.

以下是笔者在教学中的处理方法.

以$\log_a x$ 为例,有以下几种读法:

直读法:log,(稍作停顿),a,(稍作停顿),x.

意读法:以 a 为底 x 的对数.

全读法:log,(稍作停顿),以 a 为底 x 的对数.

略读法:log,x.

以上四种读法各有特色,恕不一一评述.

又如:$\lim\limits_{n\to\infty} a_n$,有以下几种读法:

直读法:lim,(稍作停顿),数列 $\{a_n\}$ 的极限.

意读法:数列 $\{a_n\}$ 的极限.

全读法:lim,(稍作停顿),n 趋近于 ∞(无穷大)时,(稍作停顿),数列 $\{a_n\}$ 的极限.

略读法:lim,a_n.

有人问,$-(-3)^3$ 怎么读?

直读法:负的,(稍作停顿),负 3 的 3 次方(幂).

意读法:负 3 的 3 次方的相反数.

总之,数学式子如何读,如同生活中对某人、某事应有称呼,这个问题不是数学问题,是如何达成共识的问题. 比如妈妈的妹妹称为姨妈或小姨,称呼不对也是一件不好的事情,当然与“轻形式、重实质”无关.

5.27　化归与转化的区别

有人提问:化归与转化有何区别与联系?

在解决某些数学问题时,人们不是直接解决它,而是对原问题进行等价转换,把它化归为已经解决或者容易解决的问题,从而使原问题获解,这样的方法,叫作化归法,这样的想法叫作化归思想.

化归,指把一个问题由难化易,由繁化简,由复杂化为简单的过程. 化归一般带有指向性,指向有利于人们操作的方向. 化归多用在科学领域.

转化,主要指转变、改变. 它是一个中性词,可以朝好的或坏的方向转变. 它广泛应用于日常生活中,也用于科学技术中.

化归是通过转化来实现的,转化的整个过程也是化归的过程,也可以理解为:转化是动作,化归是目标.

在数学中,化归与转化是常见的术语. 人们常把具有指向性、操作性的化归思想与具有强烈动作性的转化思想放在一起联用. 不过,鉴于这两个词是有所区别的,所以我们在不同情况下要有选择地使用化归或转化一词.

5.28 怎么算循环节

3.7÷0.66 的循环节是 60 还是 06?

循环节要"尽早"算起,循环节要尽量短.这两条虽然没有硬性规定,但大家往往执行.比如,0.333 3…,循环节只算 3,因为此时的循环节最短.又如 0.606 060…,循环节应算 60,此时尽快进入了循环状态.

5.29 1 弧度是否等于实数 1

1 弧度是不等于实数 1 的.

虽然 1 弧度是圆心角所对的弧长与所在圆的半径的比值,这个比值是实数 1,但是由于这个值指的是 1 弧度,是指角的大小,而实数 1 是一个数字,两者之间不存在相等与不相等的关系.

又如:边长为 1 cm 的正方形,其面积为 1 cm^2,而 1 cm^2 不是实数 1.这个例子与"1 弧度不等于实数 1"在道理上是相通的.

如果换一种说法:1 弧度的角的弧度数等于实数 1,这就对了,无可挑剔了.

有的文章这样说:"在此,老师要强调:弧度和角度一样,都是角的度量单位,不要以为略去单位符号之后,它等同于相应的数,比如 1 弧度不等于实数 1".这样说是正确的,是必要的提醒.

针对这一问题,还有人这样议论:

"1 个鸡蛋是不是实数 1? 显然不是."

"北京人是北京吗? 显然不是."

"1 弧度和 1 本来就是两个概念,非要混为一谈,这是语文没学好."

上述意见当然是正确的.还要指出,本节回答的问题,并不全因生活常识或语文知识引起的,而是源于对数学概念的不自信.因为这个不自信,所以不"敢"结合生活经验、不"敢"运用语文知识加以理解.

数学的自信是逐渐建立的.

深入方可浅出,见多才能识广,积累才会沉淀.

5.30　为什么不用角度制

有人提问:以角度为自变量可以建立三角函数吗? 有人说不行,因为以角度为元素的集合不是数集. 又有人说,角度带有单位,应该是常量,不是实数. 到底如何解释呢?

角度,通常指一个角的大小用度分秒制表示出来的数字.

1° 表示一个角的大小是周角的$\frac{1}{360}$,1° 当然不是实数.

但是,把 1° 中的数值 1 单独拿出来说,这个 1 是实数,这样说当然是对的.

任意给定一个角 α(正角、负角或零角),总可以用度分秒制的度数表示它的大小,这个 α 角的大小就是 n 度,再把其中的 n 单独拿出来看,n 是一个实数(这个过程实际上与用弧度制表示角时把弧度二字省略是一样的). 反之,任意给定一个实数 n,我们总可以找到一个角 α 使其度数为 n. 于是角 n 的集合与实数集 $\mathbf{R}$ 建立了一一对应的关系.

因此,我们能以角度 n 为自变量建立正弦函数等三角函数.

必须指出的是,以角度为自变量的函数,它给我们带来的麻烦不仅是不可胜数而且是无处不在的,而弧度制处处显示它的优越性.

首先是换算. 度分秒制里的数,并用着十进制和六十进制. 例如角 $\alpha=136^\circ47'21''$,其中 136,47,21 都是十进制,而度、分、秒之间是六十进制. 于是,为了找出与角 α 对应的实数 n,人工计算肯定是比较麻烦的.

其次是运算. 例如弧度制下,$\frac{\pi}{3}+1=\frac{\pi+3}{3}$,畅通无阻. 而 $60^\circ+1$ 怎么加? 难道是 $60+1=61$(度) 吗? 当然不是.

更重要的是运用. 比如,弧长公式用弧度制是 $l=\alpha r$,用角度制则是 $l=\frac{n\pi r}{180}$,麻烦不少.

又如求导公式,在弧度制下的求导公式,如用角度制,则统统要改写,比如自然对数的导数,在弧度制下非常漂亮,用角度制则是自找麻烦!

再如求定积分,$\int_{0^\circ}^{45^\circ}\sin x\mathrm{d}x=(-\cos x)\big|_{0^\circ}^{45^\circ}=-(\cos 45^\circ-\cos 0^\circ)=1-\frac{\sqrt{2}}{2}$,别别扭扭.

总之,用角度制非不行也,乃不便也,故不必也.

有人说:“其实角度制的数字是带量纲的,弧度制的数字是不带量纲的,弧度制下的三角函数问题已经抽象为纯粹的数学问题,有更为广泛的应用.”

通常认为角度是无量纲的量(与长度不同).如果坚持说它有量纲,那么它的量纲为1.量纲说到底是物理上的概念,其理论还有点复杂,故不予深究.何况回答上述问题,完全不必扯出量纲来说.

有人说:“度分秒制表示的角是有理数,不能与实数集一一对应,而弧度制能,所以用弧度制.”

从理论上讲,度数为无理数的角是存在的,如同弧度制里有无理数的角一样,其大小可用有理数去逼近.可见,这个不能成为三角函数用弧度制的角作为自变量的理由.

有人说:“这个问题教材已经讲得很清楚了,建议大家认真阅读教材,以角为自变量可以通过弧度数与实数一一对应,自然符合函数的定义呀.”

教材里只是讲清楚了为什么可以用弧底制定义三角函数,没有讲为什么不用角度制去定义三角函数.进一步说,教材不是百科全书,不可能把一切可疑的问题都讲清楚.关于用角度制定义三角函数的问题,不必要讲,也不好讲.

有人提问:函数作图,对 x,y 轴的长度单位是否要求一致?

作函数图像时,对 x,y 轴的长度单位是要求一致的,否则会因单位不一致使得图像“失真”.但是,对于实际应用题的图像,x,y 轴的长度单位可以不一致,根据情况酌定.

有人问:“角度制下能不能作出三角函数的图像?”

在角度制下,三角函数的图像是可以画出的,不过,事先要有一些约定.比如说,表示1度的实数1,在横轴上画一个单位长,90度的正弦值等于1,这个1在纵轴上同样画一个单位长,那么,这样画出来的“正弦曲线”非常扁平,看起来缺少美感,也不方便应用.

又有人说:“上述这个问题,似在嘴边,而几乎没有想到,明白了这个道理,继续学习三角,积极性提高了.”

笔者完全赞同这种说法.

这正是:

角度弧度各有长,
实数对应理成章.
函数用弧更方便,
条分缕析微积扬.

5.31　0 是不是完全平方数

有网友提问：请教一个问题，0 是不是完全平方数？0 的因数有多少个？

回答：完全平方数对这个数的范围是有约定的. 不然的话，任何复数都是完全平方数. 例如，由 $2=(\sqrt{2})^2$，$-1=\mathrm{i}^2$，得出荒谬的结论：2 和 -1 都是完全平方数.

完全平方数是在整数范围内定义的. 0 是整数，所以它是完全平方数.

同理，完全平方式是在整式范围内定义的. 例如 $(a+b)^2$ 是完全平方式，其中 $a+b$ 是整式.

0 的因数有多少个？如同零向量的方向有无穷多个，且不去追究一样，0 的因数有无穷多个，且不必追究，因为追究没有任何价值.

5.32　何谓表面积

有人提问：何谓表面积？

表面积显然是个数学名词，表面积就是表面的面积，何谓表面呢？

物体的表面是一个物理学名词. 就固体而言，所谓表面是指固体表层一个或数个原子层的区域. 还有一种说法是，固体表面是指气－固两相的界面，相当专业的术语！

在现代汉语里，表面是一个词语，是指人或事物的外表、最外层.

那么，在数学里，表面指什么呢？数学的对象是抽象的，空间几何体也是抽象的. 因此有：

定义：表面就是围成空间几何体的边界面，表面积就是边界面的面积.

现在澄清两种说法：表面积是能摸到的物体表面面积的总和；表面积是物体与外界接触面面积的总和. 这两种说法，把数学里的空间几何体混同于日常生活中的物体. 抽象的数学对象（空间几何体）不存在“摸得到”“与外界接触”的情况，所以我们摒弃上述说法，避免因歧义造成的争议.

如图 5.5 所示，半径为 R 的半圆内的阴影部分以直径 AB 所在直线为轴，旋转一周得到一个几何体，求该几何体的表面积及其体积（其中 $\angle BAC=30°$）.

该旋转体的表面积到底算不算内部两锥的侧面积？根据本节的定义，当然算.

其实，该题本意也是要算内部的，以训练学生的空间想象能力和计算能力，这种训练很有价值. 倘若不算内部，其训练作用就不大了.

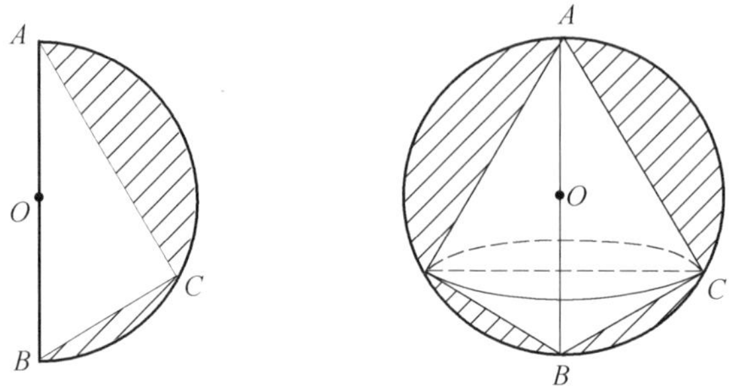

图 5.5

5.33 常数与常量

有网友提问:北师大版教材中幂函数的指数是常量,其他版本教材中幂函数的指数是一个常数,这是不是教材的一个错误?

回答:常数,顾名思义就是固定不变的数值,例如圆周率 π,自然对数的底数 e. 我们所说的常数是指数学上的常数.

常量,指在某一过程中数值恒定不变的量,也称为恒量. 常量的使用范围很广泛,在物理学中、C 语言(编程语言)中等都有常量概念.

在数学中,常量与变量是反映事物在运动中相对静止和相对变化的量,它们是相互依存的. 人们在使用中,常量亦称为“常数”,变量亦称为“变数”.

因此,北师大版教材里称幂函数的指数是常量,这一提法是没有错误的. 其他版本教材把幂函数的指数称为常数,也是正确的.

有人说,因为常量是带有单位的,所以对幂函数的指数不可以称之为常量. 其实,数学里的量(变量或常量)都是抽象出来的量,已经剔除了其实际意义,都是不带有单位的. 由此可见,这个“常量带有单位”的说法是错误的.

5.34 假命题岂能弄假成真

有人提问:命题 p:方程 $(x-1)(x-2)=0$ 的解为 $x=1$;

命题 q:方程 $(x-1)(x-2)=0$ 的解为 $x=2$;

请问:p 或 q 是真命题还是假命题?

如果把“p 或 q”叙述为:“方程 $(x-1)(x-2)=0$ 的解为 $x=1$,或方程 $(x-1)\cdot$

$(x-2)=0$ 的解为 $x=2$”,我觉得好像又是真的.到底是真是假,我有点不清楚了.

回答:你的问题实际上是两个小问题.

第一个小问题:“命题 p 和 q 都是假命题,则 p 或 q 是真命题还是假命题?”

答案是显然的,因为命题 p 和 q 都是假命题,由真值表知,所以命题“p 或 q”是假命题.

第二个小问题:“p 或 q 叙述为:方程 $(x-1)(x-2)=0$ 的解为 $x=1$,或方程 $(x-1)(x-2)=0$ 的解为 $x=2$”,这样改叙是不是正确的?

把“p 或 q”叙述为“方程 $(x-1)(x-2)=0$ 的解为 $x=1$,或方程 $(x-1)(x-2)=0$ 的解为 $x=2$”,后者是前者的具体化,两者是等价的,故同真或同假,实际上同为假命题.

可是,把命题“方程 $(x-1)(x-2)=0$ 的解为 $x=1$,或方程 $(x-1)(x-2)=0$ 的解为 $x=2$”理解成命题“方程 $(x-1)(x-2)=0$ 的解为 $x=1$,或 $x=2$”,这就错了,错在两者是不同的命题,前者为假,后者为真.你在这里偷换了命题,因此引起“好像又是真的,有点不清楚”的感觉.

进一步分析,以上发生了两件不同的事:

(1) 第一件事是把某一命题改叙或换成另一种说法.

换了说法,只要前后是等价的,就不会改变原命题的真假,这个操作是允许的.

例如把 $\theta=2k\pi+\alpha(k\in\mathbf{Z})$ 和 $\theta=(2k+1)\pi+\alpha(k\in\mathbf{Z})$ 合并,缩写成 $\theta=n\pi+\alpha(n\in\mathbf{Z})$,因为两者等价,所以不影响结果的正确性.

(2) 另一件事是对命题如何加以理解.

这里先介绍一下什么叫“或命题”.

在高中数学里,把不含逻辑联结词“或”“且”“非”的命题称为简单命题.由两个简单命题用逻辑联结词构成的命题称为复合命题,上述“p 或 q”就是复合命题.用“或”联结而成的复合命题称为“或命题”.

关于“或命题”的真与假,请看真值表:

p	q	p 或 q
真	真	真
真	假	真
假	真	真
假	假	假

与本节提问类似的例子是:

因为命题 A:"4 的平方根是 2"是假命题,命题 B:"4 的平方根是 -2"是假命题,所以命题 A 或 B:"4 的平方根是 2"或"4 的平方根是 -2"也是假命题.

现在我们给出一个命题 C:"4 的平方根是 2 或 -2",显然,C 是真命题,且 C 不等价于"A 或 B".

总之,两个假命题组成的"或命题",是不能成为真命题的.所谓"好像是真的",其实是把"或命题"(假命题)与另一个真命题混淆了.

假的就是假的,假命题岂能弄假成真!

5.35　$9\div 3(1+2)$

在中学范围内,关于运算符号的省略,除了代数和可以省略加号外,对于乘法:

(1) 两个代表数的字母相乘时,乘号可以省略,即 $a\times b$ 可以写成 ab;

(2) 数字或字母乘以括号时,乘号可以省略,即 $3\times(1+2)$ 可以写成 $3(1+2)$.

由此可见 $9\div 3(1+2)$ 的表达是规范的,它表示 $9\div 3\times(1+2)$.

我们把代数运算分为三级:加、减为一级运算,乘、除为二级运算,乘方、开方为三级运算.

关于运算顺序,有如下约定俗成:

(1) 在同级运算中按顺序;

(2) 在不同级运算中先高级后低级;

(3) 有括号则括号优先,先小括号,再中括号,然后再大括号.

由此可见,$9\div 3(1+2)=9\div 3\times(1+2)=3\times 3=9$,这里除括号外除和乘都是同级运算,按次序进行.

至于如果想表达 3 乘以 $1+2$ 要优先进行,那么就应该添加括号,即写成

$$9\div[3(1+2)]=1$$

因此,把 $9\div 3(1+2)$ 理解成 $9\div[3(1+2)]$,不是前者"不规范",而是错误,必须纠正.

有人建议用分数线来代替除号,写成 $\frac{9}{3}\times(1+2)=9$,这个当然是正确的,也是很好的.

还必须指出:分数线也有括号的作用.(比号":"也能起除号的作用.)

可是,在小学低年级还没有学分数时,或者刚学分数还不懂得分数线可以当除号用时,这时还是要用乘除号写成式子.

而且，从对学生的基本要求来看，不用分数线的四则混合运算是必须掌握的.

综上所述，把 $9\div3(1+2)=9$ 弄清楚是必要的.

数学也是一种游戏，玩游戏当然要遵守游戏规则.

5.36　为什么强调是封闭图形

有人提问：多边形定义中为什么强调是封闭图形？

什么是多边形？由 $n(n\geqslant3)$ 条线段首尾顺次连接所组成的平面图形叫作多边形.

既然是首尾顺次连接，那么肯定是封闭图形了. 因此说“封闭”二字谈不上“强调”.

研究几何图形，主要是研究各元素的长度、角度、面积等. 若不封闭，研究它们就几乎失去了意义.

关于封闭性，在其他学科里也许另有原因加以强调，例如在 CAD（计算机辅助设计）画图时，而回到数学里，封闭性则名正言顺.

后　　记

这是一本关于教学随笔的书，其中的教学论与一些数学名家关于学习数学的文章大不相同．在他们写的相关文章中，经常联系个人经历来谈如何学好数学，谈的是一名数学优异的学生如何学习数学，是比较“高级”的数学，这些属于阳春白雪．

而我在该书中，从一名高中数学教师的角度，总结个人的教学经验，从学生实际出发，围绕着如何把课讲好，谈的是普通学生尤其是数学学的一般的学生如何学好中学数学，这些属于下里巴人．

这本书应该算是一部力作，是笔者精心完成的作品，是倾其毕生教学经验写成的作品，是在别人著作中抄不来的作品，是经过实践证明有用的作品．

笔者最近收到学生家长的一封来信，说：“2020 年即将过去，在这一年里，我们看到孙一申从一个从小讨厌数学，转变到现在能主动刷题并取得一定成绩的孩子，为此而感到非常高兴．我们深深地体会到，是王老师您给她带来的这种变化，是您的循循善诱让她对数学有了兴趣，是您的谆谆教导让她对数学有了自信．在您的传授下，孙一申对数学的认知能力、理解能力、逻辑能力、推理能力，都有了极大的提高．我们感谢您，认识您是我们的幸运和骄傲．”

以上来信在我的“揽数习文群”发表以后，有的群友问：

“怎么做到的？”

“可写成文章，让大家学习，能拯救更多的孩子．”

我回答说：“一言难尽！写成一本书了，修订稿即将告罄．”

“好的，买了！”

此书虽并未囊括笔者在教学中所有使用过的“雕虫小技”，但可以明显感受到其用心良苦、匠心独妙.

最后还是要感谢阅读此书的朋友，愿诚如前述，此书对您多少有所启发！

王方汉

2022 年 2 月 25 日

于上海

刘培杰数学工作室
已出版(即将出版)图书目录——初等数学

书　　名	出版时间	定　价	编号
新编中学数学解题方法全书(高中版)上卷(第2版)	2018－08	58.00	951
新编中学数学解题方法全书(高中版)中卷(第2版)	2018－08	68.00	952
新编中学数学解题方法全书(高中版)下卷(一)(第2版)	2018－08	58.00	953
新编中学数学解题方法全书(高中版)下卷(二)(第2版)	2018－08	58.00	954
新编中学数学解题方法全书(高中版)下卷(三)(第2版)	2018－08	68.00	955
新编中学数学解题方法全书(初中版)上卷	2008－01	28.00	29
新编中学数学解题方法全书(初中版)中卷	2010－07	38.00	75
新编中学数学解题方法全书(高考复习卷)	2010－01	48.00	67
新编中学数学解题方法全书(高考真题卷)	2010－01	38.00	62
新编中学数学解题方法全书(高考精华卷)	2011－03	68.00	118
新编平面解析几何解题方法全书(专题讲座卷)	2010－01	18.00	61
新编中学数学解题方法全书(自主招生卷)	2013－08	88.00	261
数学奥林匹克与数学文化(第一辑)	2006－05	48.00	4
数学奥林匹克与数学文化(第二辑)(竞赛卷)	2008－01	48.00	19
数学奥林匹克与数学文化(第二辑)(文化卷)	2008－07	58.00	36′
数学奥林匹克与数学文化(第三辑)(竞赛卷)	2010－01	48.00	59
数学奥林匹克与数学文化(第四辑)(竞赛卷)	2011－08	58.00	87
数学奥林匹克与数学文化(第五辑)	2015－06	98.00	370
世界著名平面几何经典著作钩沉——几何作图专题卷(共3卷)	2022－01	198.00	1460
世界著名平面几何经典著作钩沉(民国平面几何老课本)	2011－03	38.00	113
世界著名平面几何经典著作钩沉(建国初期平面三角老课本)	2015－08	38.00	507
世界著名解析几何经典著作钩沉——平面解析几何卷	2014－01	38.00	264
世界著名数论经典著作钩沉(算术卷)	2012－01	28.00	125
世界著名数学经典著作钩沉——立体几何卷	2011－02	28.00	88
世界著名三角学经典著作钩沉(平面三角卷Ⅰ)	2010－06	28.00	69
世界著名三角学经典著作钩沉(平面三角卷Ⅱ)	2011－01	38.00	78
世界著名初等数论经典著作钩沉(理论和实用算术卷)	2011－07	38.00	126
发展你的空间想象力(第3版)	2021－01	98.00	1464
空间想象力进阶	2019－05	68.00	1062
走向国际数学奥林匹克的平面几何试题诠释.第1卷	2019－07	88.00	1043
走向国际数学奥林匹克的平面几何试题诠释.第2卷	2019－09	78.00	1044
走向国际数学奥林匹克的平面几何试题诠释.第3卷	2019－03	78.00	1045
走向国际数学奥林匹克的平面几何试题诠释.第4卷	2019－09	98.00	1046
平面几何证明方法全书	2007－08	35.00	1
平面几何证明方法全书习题解答(第2版)	2006－12	18.00	10
平面几何天天练上卷·基础篇(直线型)	2013－01	58.00	208
平面几何天天练中卷·基础篇(涉及圆)	2013－01	28.00	234
平面几何天天练下卷·提高篇	2013－01	58.00	237
平面几何专题研究	2013－07	98.00	258
几何学习题集	2020－10	48.00	1217
通过解题学习代数几何	2021－04	88.00	1301

刘培杰数学工作室
已出版(即将出版)图书目录——初等数学

书　　名	出版时间	定　价	编号
最新世界各国数学奥林匹克中的平面几何试题	2007—09	38.00	14
数学竞赛平面几何典型题及新颖解	2010—07	48.00	74
初等数学复习及研究(平面几何)	2008—09	68.00	38
初等数学复习及研究(立体几何)	2010—06	38.00	71
初等数学复习及研究(平面几何)习题解答	2009—01	58.00	42
几何学教程(平面几何卷)	2011—03	68.00	90
几何学教程(立体几何卷)	2011—07	68.00	130
几何变换与几何证题	2010—06	88.00	70
计算方法与几何证题	2011—06	28.00	129
立体几何技巧与方法	2014—04	88.00	293
几何瑰宝——平面几何 500 名题暨 1500 条定理(上、下)	2021—07	168.00	1358
三角形的解法与应用	2012—07	18.00	183
近代的三角形几何学	2012—07	48.00	184
一般折线几何学	2015—08	48.00	503
三角形的五心	2009—06	28.00	51
三角形的六心及其应用	2015—10	68.00	542
三角形趣谈	2012—08	28.00	212
解三角形	2014—01	28.00	265
探秘三角形:一次数学旅行	2021—10	68.00	1387
三角学专门教程	2014—09	28.00	387
图天下几何新题试卷.初中(第 2 版)	2017—11	58.00	855
圆锥曲线习题集(上册)	2013—06	68.00	255
圆锥曲线习题集(中册)	2015—01	78.00	434
圆锥曲线习题集(下册·第 1 卷)	2016—10	78.00	683
圆锥曲线习题集(下册·第 2 卷)	2018—01	98.00	853
圆锥曲线习题集(下册·第 3 卷)	2019—10	128.00	1113
圆锥曲线的思想方法	2021—08	48.00	1379
圆锥曲线的八个主要问题	2021—10	48.00	1415
论九点圆	2015—05	88.00	645
近代欧氏几何学	2012—03	48.00	162
罗巴切夫斯基几何学及几何基础概要	2012—07	28.00	188
罗巴切夫斯基几何学初步	2015—06	28.00	474
用三角、解析几何、复数、向量计算解数学竞赛几何题	2015—03	48.00	455
美国中学几何教程	2015—04	88.00	458
三线坐标与三角形特征点	2015—04	98.00	460
坐标几何学基础.第 1 卷,笛卡儿坐标	2021—08	48.00	1398
坐标几何学基础.第 2 卷,三线坐标	2021—09	28.00	1399
平面解析几何方法与研究(第 1 卷)	2015—05	18.00	471
平面解析几何方法与研究(第 2 卷)	2015—06	18.00	472
平面解析几何方法与研究(第 3 卷)	2015—07	18.00	473
解析几何研究	2015—01	38.00	425
解析几何学教程.上	2016—01	38.00	574
解析几何学教程.下	2016—01	38.00	575
几何学基础	2016—01	58.00	581
初等几何研究	2015—02	58.00	444
十九和二十世纪欧氏几何学中的片段	2017—01	58.00	696
平面几何中考.高考.奥数一本通	2017—07	28.00	820
几何学简史	2017—08	28.00	833
四面体	2018—01	48.00	880
平面几何证明方法思路	2018—12	68.00	913

刘培杰数学工作室
已出版(即将出版)图书目录——初等数学

书　　名	出版时间	定　价	编号
平面几何图形特性新析.上篇	2019—01	68.00	911
平面几何图形特性新析.下篇	2018—06	88.00	912
平面几何范例多解探究.上篇	2018—04	48.00	910
平面几何范例多解探究.下篇	2018—12	68.00	914
从分析解题过程学解题:竞赛中的几何问题研究	2018—07	68.00	946
从分析解题过程学解题:竞赛中的向量几何与不等式研究(全2册)	2019—06	138.00	1090
从分析解题过程学解题:竞赛中的不等式问题	2021—01	48.00	1249
二维、三维欧氏几何的对偶原理	2018—12	38.00	990
星形大观及闭折线论	2019—03	68.00	1020
立体几何的问题和方法	2019—11	58.00	1127
三角代换论	2021—05	58.00	1313
俄罗斯平面几何问题集	2009—08	88.00	55
俄罗斯立体几何问题集	2014—03	58.00	283
俄罗斯几何大师——沙雷金论数学及其他	2014—01	48.00	271
来自俄罗斯的5000道几何习题及解答	2011—03	58.00	89
俄罗斯初等数学问题集	2012—05	38.00	177
俄罗斯函数问题集	2011—03	38.00	103
俄罗斯组合分析问题集	2011—01	48.00	79
俄罗斯初等数学万题选——三角卷	2012—11	38.00	222
俄罗斯初等数学万题选——代数卷	2013—08	68.00	225
俄罗斯初等数学万题选——几何卷	2014—01	68.00	226
俄罗斯《量子》杂志数学征解问题100题选	2018—08	48.00	969
俄罗斯《量子》杂志数学征解问题又100题选	2018—08	48.00	970
俄罗斯《量子》杂志数学征解问题	2020—05	48.00	1138
463个俄罗斯几何老问题	2012—01	28.00	152
《量子》数学短文精粹	2018—09	38.00	972
用三角、解析几何等计算解来自俄罗斯的几何题	2019—11	88.00	1119
基谢廖夫平面几何	2022—01	48.00	1461
数学:代数、数学分析和几何(10—11年级)	2021—01	48.00	1250
立体几何.10—11年级	2022—01	58.00	1472
谈谈素数	2011—03	18.00	91
平方和	2011—03	18.00	92
整数论	2011—05	38.00	120
从整数谈起	2015—10	28.00	538
数与多项式	2016—01	38.00	558
谈谈不定方程	2011—05	28.00	119
解析不等式新论	2009—06	68.00	48
建立不等式的方法	2011—03	98.00	104
数学奥林匹克不等式研究(第2版)	2020—07	68.00	1181
不等式研究(第二辑)	2012—02	68.00	153
不等式的秘密(第一卷)(第2版)	2014—02	38.00	286
不等式的秘密(第二卷)	2014—01	38.00	268
初等不等式的证明方法	2010—06	38.00	123
初等不等式的证明方法(第二版)	2014—11	38.00	407
不等式·理论·方法(基础卷)	2015—07	38.00	496
不等式·理论·方法(经典不等式卷)	2015—07	38.00	497
不等式·理论·方法(特殊类型不等式卷)	2015—07	48.00	498
不等式探究	2016—03	38.00	582
不等式探秘	2017—01	88.00	689
四面体不等式	2017—01	68.00	715
数学奥林匹克中常见重要不等式	2017—09	38.00	845

刘培杰数学工作室
已出版(即将出版)图书目录——初等数学

书　名	出版时间	定　价	编号
三正弦不等式	2018－09	98.00	974
函数方程与不等式:解法与稳定性结果	2019－04	68.00	1058
数学不等式.第1卷,对称多项式不等式	2022－01	78.00	1455
数学不等式.第2卷,对称有理不等式与对称无理不等式	2022－01	88.00	1456
数学不等式.第3卷,循环不等式与非循环不等式	2022－01	88.00	1457
数学不等式.第4卷,Jensen不等式的扩展与加细	即将出版	88.00	1458
数学不等式.第5卷,创建不等式与解不等式的其他方法	即将出版	88.00	1459
同余理论	2012－05	38.00	163
[x]与{x}	2015－04	48.00	476
极值与最值.上卷	2015－06	28.00	486
极值与最值.中卷	2015－06	38.00	487
极值与最值.下卷	2015－06	28.00	488
整数的性质	2012－11	38.00	192
完全平方数及其应用	2015－08	78.00	506
多项式理论	2015－10	88.00	541
奇数、偶数、奇偶分析法	2018－01	98.00	876
不定方程及其应用.上	2018－12	58.00	992
不定方程及其应用.中	2019－01	78.00	993
不定方程及其应用.下	2019－02	98.00	994
历届美国中学生数学竞赛试题及解答(第一卷)1950－1954	2014－07	18.00	277
历届美国中学生数学竞赛试题及解答(第二卷)1955－1959	2014－04	18.00	278
历届美国中学生数学竞赛试题及解答(第三卷)1960－1964	2014－06	18.00	279
历届美国中学生数学竞赛试题及解答(第四卷)1965－1969	2014－04	28.00	280
历届美国中学生数学竞赛试题及解答(第五卷)1970－1972	2014－06	18.00	281
历届美国中学生数学竞赛试题及解答(第六卷)1973－1980	2017－07	18.00	768
历届美国中学生数学竞赛试题及解答(第七卷)1981－1986	2015－01	18.00	424
历届美国中学生数学竞赛试题及解答(第八卷)1987－1990	2017－05	18.00	769
历届中国数学奥林匹克试题集(第3版)	2021－10	58.00	1440
历届加拿大数学奥林匹克试题集	2012－08	38.00	215
历届美国数学奥林匹克试题集:1972～2019	2020－04	88.00	1135
历届波兰数学竞赛试题集.第1卷,1949～1963	2015－03	18.00	453
历届波兰数学竞赛试题集.第2卷,1964～1976	2015－03	18.00	454
历届巴尔干数学奥林匹克试题集	2015－05	38.00	466
保加利亚数学奥林匹克	2014－10	38.00	393
圣彼得堡数学奥林匹克试题集	2015－01	38.00	429
匈牙利奥林匹克数学竞赛题解.第1卷	2016－05	28.00	593
匈牙利奥林匹克数学竞赛题解.第2卷	2016－05	28.00	594
历届美国数学邀请赛试题集(第2版)	2017－10	78.00	851
普林斯顿大学数学竞赛	2016－06	38.00	669
亚太地区数学奥林匹克竞赛题	2015－07	18.00	492
日本历届(初级)广中杯数学竞赛试题及解答.第1卷(2000～2007)	2016－05	28.00	641
日本历届(初级)广中杯数学竞赛试题及解答.第2卷(2008～2015)	2016－05	38.00	642
越南数学奥林匹克题选:1962－2009	2021－07	48.00	1370
360个数学竞赛问题	2016－08	58.00	677
奥数最佳实战题.上卷	2017－06	38.00	760
奥数最佳实战题.下卷	2017－05	58.00	761
哈尔滨市早期中学数学竞赛试题汇编	2016－07	28.00	672
全国高中数学联赛试题及解答:1981—2019(第4版)	2020－07	138.00	1176
2021年全国高中数学联合竞赛模拟题集	2021－04	30.00	1302
20世纪50年代全国部分城市数学竞赛试题汇编	2017－07	28.00	797

刘培杰数学工作室
已出版(即将出版)图书目录——初等数学

书　　名	出版时间	定　价	编号
国内外数学竞赛题及精解:2018～2019	2020－08	45.00	1192
国内外数学竞赛题及精解:2019～2020	2021－11	58.00	1439
许康华竞赛优学精选集.第一辑	2018－08	68.00	949
天问叶班数学问题征解 100 题.Ⅰ,2016－2018	2019－05	88.00	1075
天问叶班数学问题征解 100 题.Ⅱ,2017－2019	2020－07	98.00	1177
美国初中数学竞赛:AMC8 准备(共 6 卷)	2019－07	138.00	1089
美国高中数学竞赛:AMC10 准备(共 6 卷)	2019－08	158.00	1105
王连笑教你怎样学数学:高考选择题解题策略与客观题实用训练	2014－01	48.00	262
王连笑教你怎样学数学:高考数学高层次讲座	2015－02	48.00	432
高考数学的理论与实践	2009－08	38.00	53
高考数学核心题型解题方法与技巧	2010－01	28.00	86
高考思维新平台	2014－03	38.00	259
高考数学压轴题解题诀窍(上)(第 2 版)	2018－01	58.00	874
高考数学压轴题解题诀窍(下)(第 2 版)	2018－01	48.00	875
北京市五区文科数学三年高考模拟题详解:2013～2015	2015－08	48.00	500
北京市五区理科数学三年高考模拟题详解:2013～2015	2015－09	68.00	505
向量法巧解数学高考题	2009－08	28.00	54
高中数学课堂教学的实践与反思	2021－11	48.00	791
数学高考参考	2016－01	78.00	589
新课程标准高考数学解答题各种题型解法指导	2020－08	78.00	1196
全国及各省市高考数学试题审题要津与解法研究	2015－02	48.00	450
高中数学章节起始课的教学研究与案例设计	2019－05	28.00	1064
新课标高考数学——五年试题分章详解(2007～2011)(上、下)	2011－10	78.00	140,141
全国中考数学压轴题审题要津与解法研究	2013－04	78.00	248
新编全国及各省市中考数学压轴题审题要津与解法研究	2014－05	58.00	342
全国及各省市 5 年中考数学压轴题审题要津与解法研究(2015 版)	2015－04	58.00	462
中考数学专题总复习	2007－04	28.00	6
中考数学较难题常考题型解题方法与技巧	2016－09	48.00	681
中考数学难题常考题型解题方法与技巧	2016－09	48.00	682
中考数学中档题常考题型解题方法与技巧	2017－08	68.00	835
中考数学选择填空压轴好题妙解 365	2017－05	38.00	759
中考数学:三类重点考题的解法例析与习题	2020－04	48.00	1140
中小学数学的历史文化	2019－11	48.00	1124
初中平面几何百题多思创新解	2020－01	58.00	1125
初中数学中考备考	2020－01	58.00	1126
高考数学之九章演义	2019－08	68.00	1044
化学可以这样学:高中化学知识方法智慧感悟疑难辨析	2019－07	58.00	1103
如何成为学习高手	2019－09	58.00	1107
高考数学:经典真题分类解析	2020－04	78.00	1134
高考数学解答题破解策略	2020－11	58.00	1221
从分析解题过程学解题:高考压轴题与竞赛题之关系探究	2020－08	88.00	1179
教学新思考:单元整体视角下的初中数学教学设计	2021－03	58.00	1278
思维再拓展:2020 年经典几何题的多解探究与思考	即将出版		1279
中考数学小压轴汇编初讲	2017－07	48.00	788
中考数学大压轴专题微言	2017－09	48.00	846
怎么解中考平面几何探索题	2019－06	48.00	1093
北京中考数学压轴题解题方法突破(第 7 版)	2021－11	68.00	1442
助你高考成功的数学解题智慧:知识是智慧的基础	2016－01	58.00	596
助你高考成功的数学解题智慧:错误是智慧的试金石	2016－04	58.00	643
助你高考成功的数学解题智慧:方法是智慧的推手	2016－04	68.00	657
高考数学奇思妙解	2016－04	38.00	610
高考数学解题策略	2016－05	48.00	670
数学解题泄天机(第 2 版)	2017－10	48.00	850

刘培杰数学工作室
已出版(即将出版)图书目录——初等数学

书　　名	出版时间	定　价	编号
高考物理压轴题全解	2017－04	58.00	746
高中物理经典问题 25 讲	2017－05	28.00	764
高中物理教学讲义	2018－01	48.00	871
高中物理答疑解惑 65 篇	2021－11	48.00	1462
中学物理基础问题解析	2020－08	48.00	1183
2016 年高考文科数学真题研究	2017－04	58.00	754
2016 年高考理科数学真题研究	2017－04	78.00	755
2017 年高考理科数学真题研究	2018－01	58.00	867
2017 年高考文科数学真题研究	2018－01	48.00	868
初中数学、高中数学脱节知识补缺教材	2017－06	48.00	766
高考数学小题抢分必练	2017－10	48.00	834
高考数学核心素养解读	2017－09	38.00	839
高考数学客观题解题方法和技巧	2017－10	38.00	847
十年高考数学精品试题审题要津与解法研究	2021－10	98.00	1427
中国历届高考数学试题及解答.1949－1979	2018－01	38.00	877
历届中国高考数学试题及解答.第二卷,1980—1989	2018－10	28.00	975
历届中国高考数学试题及解答.第三卷,1990—1999	2018－10	48.00	976
数学文化与高考研究	2018－03	48.00	882
跟我学解高中数学题	2018－07	58.00	926
中学数学研究的方法及案例	2018－05	58.00	869
高考数学抢分技能	2018－07	68.00	934
高一新生常用数学方法和重要数学思想提升教材	2018－06	38.00	921
2018 年高考数学真题研究	2019－01	68.00	1000
2019 年高考数学真题研究	2020－05	88.00	1137
高考数学全国卷六道解答题常考题型解题诀窍:理科(全 2 册)	2019－07	78.00	1101
高考数学全国卷 16 道选择、填空题常考题型解题诀窍.理科	2018－09	88.00	971
高考数学全国卷 16 道选择、填空题常考题型解题诀窍.文科	2020－01	88.00	1123
新课程标准高中数学各种题型解法大全.必修一分册	2021－06	58.00	1315
高中数学一题多解	2019－06	58.00	1087
历届中国高考数学试题及解答:1917－1999	2021－08	98.00	1371
突破高原:高中数学解题思维探究	2021－08	48.00	1375
高考数学中的"取值范围"	2021－10	48.00	1429
新课程标准高中数学各种题型解法大全.必修二分册	2022－01	68.00	1471
新编 640 个世界著名数学智力趣题	2014－01	88.00	242
500 个最新世界著名数学智力趣题	2008－06	48.00	3
400 个最新世界著名数学最值问题	2008－09	48.00	36
500 个世界著名数学征解问题	2009－06	48.00	52
400 个中国最佳初等数学征解老问题	2010－01	48.00	60
500 个俄罗斯数学经典老题	2011－01	28.00	81
1000 个国外中学物理好题	2012－04	48.00	174
300 个日本高考数学题	2012－05	38.00	142
700 个早期日本高考数学试题	2017－02	88.00	752
500 个前苏联早期高考数学试题及解答	2012－05	28.00	185
546 个早期俄罗斯大学生数学竞赛题	2014－03	38.00	285
548 个来自美苏的数学好问题	2014－11	28.00	396
20 所苏联著名大学早期入学试题	2015－02	18.00	452
161 道德国工科大学生必做的微分方程习题	2015－05	28.00	469
500 个德国工科大学生必做的高数习题	2015－06	28.00	478
360 个数学竞赛问题	2016－08	58.00	677
200 个趣味数学故事	2018－02	48.00	857
470 个数学奥林匹克中的最值问题	2018－10	88.00	985
德国讲义日本考题.微积分卷	2015－04	48.00	456
德国讲义日本考题.微分方程卷	2015－04	38.00	457
二十世纪中叶中、英、美、日、法、俄高考数学试题精选	2017－06	38.00	783

刘培杰数学工作室
已出版(即将出版)图书目录——初等数学

书　名	出版时间	定　价	编号
中国初等数学研究　2009 卷(第 1 辑)	2009－05	20.00	45
中国初等数学研究　2010 卷(第 2 辑)	2010－05	30.00	68
中国初等数学研究　2011 卷(第 3 辑)	2011－07	60.00	127
中国初等数学研究　2012 卷(第 4 辑)	2012－07	48.00	190
中国初等数学研究　2014 卷(第 5 辑)	2014－02	48.00	288
中国初等数学研究　2015 卷(第 6 辑)	2015－06	68.00	493
中国初等数学研究　2016 卷(第 7 辑)	2016－04	68.00	609
中国初等数学研究　2017 卷(第 8 辑)	2017－01	98.00	712
初等数学研究在中国. 第 1 辑	2019－03	158.00	1024
初等数学研究在中国. 第 2 辑	2019－10	158.00	1116
初等数学研究在中国. 第 3 辑	2021－05	158.00	1306
几何变换(Ⅰ)	2014－07	28.00	353
几何变换(Ⅱ)	2015－06	28.00	354
几何变换(Ⅲ)	2015－01	38.00	355
几何变换(Ⅳ)	2015－12	38.00	356
初等数论难题集(第一卷)	2009－05	68.00	44
初等数论难题集(第二卷)(上、下)	2011－02	128.00	82,83
数论概貌	2011－03	18.00	93
代数数论(第二版)	2013－08	58.00	94
代数多项式	2014－06	38.00	289
初等数论的知识与问题	2011－02	28.00	95
超越数论基础	2011－03	28.00	96
数论初等教程	2011－03	28.00	97
数论基础	2011－03	18.00	98
数论基础与维诺格拉多夫	2014－03	18.00	292
解析数论基础	2012－08	28.00	216
解析数论基础(第二版)	2014－01	48.00	287
解析数论问题集(第二版)(原版引进)	2014－05	88.00	343
解析数论问题集(第二版)(中译本)	2016－04	88.00	607
解析数论基础(潘承洞,潘承彪著)	2016－07	98.00	673
解析数论导引	2016－07	58.00	674
数论入门	2011－03	38.00	99
代数数论入门	2015－03	38.00	448
数论开篇	2012－07	28.00	194
解析数论引论	2011－03	48.00	100
Barban Davenport Halberstam 均值和	2009－01	40.00	33
基础数论	2011－03	28.00	101
初等数论 100 例	2011－05	18.00	122
初等数论经典例题	2012－07	18.00	204
最新世界各国数学奥林匹克中的初等数论试题(上、下)	2012－01	138.00	144,145
初等数论(Ⅰ)	2012－01	18.00	156
初等数论(Ⅱ)	2012－01	18.00	157
初等数论(Ⅲ)	2012－01	28.00	158

刘培杰数学工作室
已出版(即将出版)图书目录——初等数学

书　　名	出版时间	定　价	编号
平面几何与数论中未解决的新老问题	2013－01	68.00	229
代数数论简史	2014－11	28.00	408
代数数论	2015－09	88.00	532
代数、数论及分析习题集	2016－11	98.00	695
数论导引提要及习题解答	2016－01	48.00	559
素数定理的初等证明. 第 2 版	2016－09	48.00	686
数论中的模函数与狄利克雷级数(第二版)	2017－11	78.00	837
数论:数学导引	2018－01	68.00	849
范氏大代数	2019－02	98.00	1016
解析数学讲义. 第一卷,导来式及微分、积分、级数	2019－04	88.00	1021
解析数学讲义. 第二卷,关于几何的应用	2019－04	68.00	1022
解析数学讲义. 第三卷,解析函数论	2019－04	78.00	1023
分析・组合・数论纵横谈	2019－04	58.00	1039
Hall 代数:民国时期的中学数学课本:英文	2019－08	88.00	1106
数学精神巡礼	2019－01	58.00	731
数学眼光透视(第 2 版)	2017－06	78.00	732
数学思想领悟(第 2 版)	2018－01	68.00	733
数学方法溯源(第 2 版)	2018－08	68.00	734
数学解题引论	2017－05	58.00	735
数学史话览胜(第 2 版)	2017－01	48.00	736
数学应用展观(第 2 版)	2017－08	68.00	737
数学建模尝试	2018－04	48.00	738
数学竞赛采风	2018－01	68.00	739
数学测评探营	2019－05	58.00	740
数学技能操握	2018－03	48.00	741
数学欣赏拾趣	2018－02	48.00	742
从毕达哥拉斯到怀尔斯	2007－10	48.00	9
从迪利克雷到维斯卡尔迪	2008－01	48.00	21
从哥德巴赫到陈景润	2008－05	98.00	35
从庞加莱到佩雷尔曼	2011－08	138.00	136
博弈论精粹	2008－03	58.00	30
博弈论精粹. 第二版(精装)	2015－01	88.00	461
数学 我爱你	2008－01	28.00	20
精神的圣徒　别样的人生——60 位中国数学家成长的历程	2008－09	48.00	39
数学史概论	2009－06	78.00	50
数学史概论(精装)	2013－03	158.00	272
数学史选讲	2016－01	48.00	544
斐波那契数列	2010－02	28.00	65
数学拼盘和斐波那契魔方	2010－07	38.00	72
斐波那契数列欣赏(第 2 版)	2018－08	58.00	948
Fibonacci 数列中的明珠	2018－06	58.00	928
数学的创造	2011－02	48.00	85
数学美与创造力	2016－01	48.00	595
数海拾贝	2016－01	48.00	590
数学中的美(第 2 版)	2019－04	68.00	1057
数论中的美学	2014－12	38.00	351

刘培杰数学工作室
已出版(即将出版)图书目录——初等数学

书　　名	出版时间	定　价	编号
数学王者　科学巨人——高斯	2015—01	28.00	428
振兴祖国数学的圆梦之旅:中国初等数学研究史话	2015—06	98.00	490
二十世纪中国数学史料研究	2015—10	48.00	536
数字谜、数阵图与棋盘覆盖	2016—01	58.00	298
时间的形状	2016—01	38.00	556
数学发现的艺术:数学探索中的合情推理	2016—07	58.00	671
活跃在数学中的参数	2016—07	48.00	675
数海趣史	2021—05	98.00	1314
数学解题——靠数学思想给力(上)	2011—07	38.00	131
数学解题——靠数学思想给力(中)	2011—07	48.00	132
数学解题——靠数学思想给力(下)	2011—07	38.00	133
我怎样解题	2013—01	48.00	227
数学解题中的物理方法	2011—06	28.00	114
数学解题的特殊方法	2011—06	48.00	115
中学数学计算技巧(第2版)	2020—10	48.00	1220
中学数学证明方法	2012—01	58.00	117
数学趣题巧解	2012—03	28.00	128
高中数学教学通鉴	2015—05	58.00	479
和高中生漫谈:数学与哲学的故事	2014—08	28.00	369
算术问题集	2017—03	38.00	789
张教授讲数学	2018—07	38.00	933
陈永明实话实说数学教学	2020—04	68.00	1132
中学数学学科知识与教学能力	2020—06	58.00	1155
自主招生考试中的参数方程问题	2015—01	28.00	435
自主招生考试中的极坐标问题	2015—04	28.00	463
近年全国重点大学自主招生数学试题全解及研究.华约卷	2015—02	38.00	441
近年全国重点大学自主招生数学试题全解及研究.北约卷	2016—05	38.00	619
自主招生数学解证宝典	2015—09	48.00	535
格点和面积	2012—07	18.00	191
射影几何趣谈	2012—04	28.00	175
斯潘纳尔引理——从一道加拿大数学奥林匹克试题谈起	2014—01	28.00	228
李普希兹条件——从几道近年高考数学试题谈起	2012—10	18.00	221
拉格朗日中值定理——从一道北京高考试题的解法谈起	2015—10	18.00	197
闵科夫斯基定理——从一道清华大学自主招生试题谈起	2014—01	28.00	198
哈尔测度——从一道冬令营试题的背景谈起	2012—08	28.00	202
切比雪夫逼近问题——从一道中国台北数学奥林匹克试题谈起	2013—04	38.00	238
伯恩斯坦多项式与贝齐尔曲面——从一道全国高中数学联赛试题谈起	2013—03	38.00	236
卡塔兰猜想——从一道普特南竞赛试题谈起	2013—06	18.00	256
麦卡锡函数和阿克曼函数——从一道前南斯拉夫数学奥林匹克试题谈起	2012—08	18.00	201
贝蒂定理与拉姆贝克莫斯尔定理——从一个拣石子游戏谈起	2012—08	18.00	217
皮亚诺曲线和豪斯道夫分球定理——从无限集谈起	2012—08	18.00	211
平面凸图形与凸多面体	2012—10	28.00	218
斯坦因豪斯问题——从一道二十五省市自治区中学数学竞赛试题谈起	2012—07	18.00	196

刘培杰数学工作室
已出版(即将出版)图书目录——初等数学

书　　名	出版时间	定　价	编号
纽结理论中的亚历山大多项式与琼斯多项式——从一道北京市高一数学竞赛试题谈起	2012－07	28.00	195
原则与策略——从波利亚"解题表"谈起	2013－04	38.00	244
转化与化归——从三大尺规作图不能问题谈起	2012－08	28.00	214
代数几何中的贝祖定理(第一版)——从一道 IMO 试题的解法谈起	2013－08	18.00	193
成功连贯理论与约当块理论——从一道比利时数学竞赛试题谈起	2012－04	18.00	180
素数判定与大数分解	2014－08	18.00	199
置换多项式及其应用	2012－10	18.00	220
椭圆函数与模函数——从一道美国加州大学洛杉矶分校(UCLA)博士资格考题谈起	2012－10	28.00	219
差分方程的拉格朗日方法——从一道 2011 年全国高考理科试题的解法谈起	2012－08	28.00	200
力学在几何中的一些应用	2013－01	38.00	240
从根式解到伽罗华理论	2020－01	48.00	1121
康托洛维奇不等式——从一道全国高中联赛试题谈起	2013－03	28.00	337
西格尔引理——从一道第 18 届 IMO 试题的解法谈起	即将出版		
罗斯定理——从一道前苏联数学竞赛试题谈起	即将出版		
拉克斯定理和阿廷定理——从一道 IMO 试题的解法谈起	2014－01	58.00	246
毕卡大定理——从一道美国大学数学竞赛试题谈起	2014－07	18.00	350
贝齐尔曲线——从一道全国高中联赛试题谈起	即将出版		
拉格朗日乘子定理——从一道 2005 年全国高中联赛试题的高等数学解法谈起	2015－05	28.00	480
雅可比定理——从一道日本数学奥林匹克试题谈起	2013－04	48.00	249
李天岩－约克定理——从一道波兰数学竞赛试题谈起	2014－06	28.00	349
整系数多项式因式分解的一般方法——从克朗耐克算法谈起	即将出版		
布劳维不动点定理——从一道前苏联数学奥林匹克试题谈起	2014－01	38.00	273
伯恩赛德定理——从一道英国数学奥林匹克试题谈起	即将出版		
布查特－莫斯特定理——从一道上海市初中竞赛试题谈起	即将出版		
数论中的同余数问题——从一道普特南竞赛试题谈起	即将出版		
范·德蒙行列式——从一道美国数学奥林匹克试题谈起	即将出版		
中国剩余定理:总数法构建中国历史年表	2015－01	28.00	430
牛顿程序与方程求根——从一道全国高考试题解法谈起	即将出版		
库默尔定理——从一道 IMO 预选试题谈起	即将出版		
卢丁定理——从一道冬令营试题的解法谈起	即将出版		
沃斯滕霍姆定理——从一道 IMO 预选试题谈起	即将出版		
卡尔松不等式——从一道莫斯科数学奥林匹克试题谈起	即将出版		
信息论中的香农熵——从一道近年高考压轴题谈起	即将出版		
约当不等式——从一道希望杯竞赛试题谈起	即将出版		
拉比诺维奇定理	即将出版		
刘维尔定理——从一道《美国数学月刊》征解问题的解法谈起	即将出版		
卡塔兰恒等式与级数求和——从一道 IMO 试题的解法谈起	即将出版		
勒让德猜想与素数分布——从一道爱尔兰竞赛试题谈起	即将出版		
天平称重与信息论——从一道基辅市数学奥林匹克试题谈起	即将出版		
哈密尔顿－凯莱定理:从一道高中数学联赛试题的解法谈起	2014－09	18.00	376
艾思特曼定理——从一道 CMO 试题的解法谈起	即将出版		

刘培杰数学工作室
已出版(即将出版)图书目录——初等数学

书名	出版时间	定价	编号
阿贝尔恒等式与经典不等式及应用	2018－06	98.00	923
迪利克雷除数问题	2018－07	48.00	930
幻方、幻立方与拉丁方	2019－08	48.00	1092
帕斯卡三角形	2014－03	18.00	294
蒲丰投针问题——从2009年清华大学的一道自主招生试题谈起	2014－01	38.00	295
斯图姆定理——从一道“华约”自主招生试题的解法谈起	2014－01	18.00	296
许瓦兹引理——从一道加利福尼亚大学伯克利分校数学系博士生试题谈起	2014－08	18.00	297
拉姆塞定理——从王诗宬院士的一个问题谈起	2016－04	48.00	299
坐标法	2013－12	28.00	332
数论三角形	2014－04	38.00	341
毕克定理	2014－07	18.00	352
数林掠影	2014－09	48.00	389
我们周围的概率	2014－10	38.00	390
凸函数最值定理:从一道华约自主招生题的解法谈起	2014－10	28.00	391
易学与数学奥林匹克	2014－10	38.00	392
生物数学趣谈	2015－01	18.00	409
反演	2015－01	28.00	420
因式分解与圆锥曲线	2015－01	18.00	426
轨迹	2015－01	28.00	427
面积原理:从常庚哲命的一道CMO试题的积分解法谈起	2015－01	48.00	431
形形色色的不动点定理:从一道28届IMO试题谈起	2015－01	38.00	439
柯西函数方程:从一道上海交大自主招生的试题谈起	2015－02	28.00	440
三角恒等式	2015－02	28.00	442
无理性判定:从一道2014年“北约”自主招生试题谈起	2015－01	38.00	443
数学归纳法	2015－03	18.00	451
极端原理与解题	2015－04	28.00	464
法雷级数	2014－08	18.00	367
摆线族	2015－01	38.00	438
函数方程及其解法	2015－05	38.00	470
含参数的方程和不等式	2012－09	28.00	213
希尔伯特第十问题	2016－01	38.00	543
无穷小量的求和	2016－01	28.00	545
切比雪夫多项式:从一道清华大学金秋营试题谈起	2016－01	38.00	583
泽肯多夫定理	2016－03	38.00	599
代数等式证题法	2016－01	28.00	600
三角等式证题法	2016－01	28.00	601
吴大任教授藏书中的一个因式分解公式:从一道美国数学邀请赛试题的解法谈起	2016－06	28.00	656
易卦——类万物的数学模型	2017－08	68.00	838
“不可思议”的数与数系可持续发展	2018－01	38.00	878
最短线	2018－01	38.00	879

书名	出版时间	定价	编号
幻方和魔方(第一卷)	2012－05	68.00	173
尘封的经典——初等数学经典文献选读(第一卷)	2012－07	48.00	205
尘封的经典——初等数学经典文献选读(第二卷)	2012－07	38.00	206

书名	出版时间	定价	编号
初级方程式论	2011－03	28.00	106
初等数学研究(Ⅰ)	2008－09	68.00	37
初等数学研究(Ⅱ)(上、下)	2009－05	118.00	46,47

刘培杰数学工作室
已出版(即将出版)图书目录——初等数学

书　　名	出版时间	定　价	编号
趣味初等方程妙题集锦	2014－09	48.00	388
趣味初等数论选美与欣赏	2015－02	48.00	445
耕读笔记(上卷):一位农民数学爱好者的初数探索	2015－04	28.00	459
耕读笔记(中卷):一位农民数学爱好者的初数探索	2015－05	28.00	483
耕读笔记(下卷):一位农民数学爱好者的初数探索	2015－05	28.00	484
几何不等式研究与欣赏. 上卷	2016－01	88.00	547
几何不等式研究与欣赏. 下卷	2016－01	48.00	552
初等数列研究与欣赏・上	2016－01	48.00	570
初等数列研究与欣赏・下	2016－01	48.00	571
趣味初等函数研究与欣赏. 上	2016－09	48.00	684
趣味初等函数研究与欣赏. 下	2018－09	48.00	685
三角不等式研究与欣赏	2020－10	68.00	1197
新编平面解析几何解题方法研究与欣赏	2021－10	78.00	1426
火柴游戏	2016－05	38.00	612
智力解谜. 第 1 卷	2017－07	38.00	613
智力解谜. 第 2 卷	2017－07	38.00	614
故事智力	2016－07	48.00	615
名人们喜欢的智力问题	2020－01	48.00	616
数学大师的发现、创造与失误	2018－01	48.00	617
异曲同工	2018－09	48.00	618
数学的味道	2018－01	58.00	798
数学千字文	2018－10	68.00	977
数贝偶拾——高考数学题研究	2014－04	28.00	274
数贝偶拾——初等数学研究	2014－04	38.00	275
数贝偶拾——奥数题研究	2014－04	48.00	276
钱昌本教你快乐学数学(上)	2011－12	48.00	155
钱昌本教你快乐学数学(下)	2012－03	58.00	171
集合、函数与方程	2014－01	28.00	300
数列与不等式	2014－01	38.00	301
三角与平面向量	2014－01	28.00	302
平面解析几何	2014－01	38.00	303
立体几何与组合	2014－01	28.00	304
极限与导数、数学归纳法	2014－01	38.00	305
趣味数学	2014－03	28.00	306
教材教法	2014－04	68.00	307
自主招生	2014－05	58.00	308
高考压轴题(上)	2015－01	48.00	309
高考压轴题(下)	2014－10	68.00	310
从费马到怀尔斯——费马大定理的历史	2013－10	198.00	Ⅰ
从庞加莱到佩雷尔曼——庞加莱猜想的历史	2013－10	298.00	Ⅱ
从切比雪夫到爱尔特希(上)——素数定理的初等证明	2013－07	48.00	Ⅲ
从切比雪夫到爱尔特希(下)——素数定理 100 年	2012－12	98.00	Ⅲ
从高斯到盖尔方特——二次域的高斯猜想	2013－10	198.00	Ⅳ
从库默尔到朗兰兹——朗兰兹猜想的历史	2014－01	98.00	Ⅴ
从比勃巴赫到德布朗斯——比勃巴赫猜想的历史	2014－02	298.00	Ⅵ
从麦比乌斯到陈省身——麦比乌斯变换与麦比乌斯带	2014－02	298.00	Ⅶ
从布尔到豪斯道夫——布尔方程与格论漫谈	2013－10	198.00	Ⅷ
从开普勒到阿诺德——三体问题的历史	2014－05	298.00	Ⅸ
从华林到华罗庚——华林问题的历史	2013－10	298.00	Ⅹ

刘培杰数学工作室
已出版(即将出版)图书目录——初等数学

书　　名	出版时间	定　价	编号
美国高中数学竞赛五十讲. 第 1 卷(英文)	2014－08	28.00	357
美国高中数学竞赛五十讲. 第 2 卷(英文)	2014－08	28.00	358
美国高中数学竞赛五十讲. 第 3 卷(英文)	2014－09	28.00	359
美国高中数学竞赛五十讲. 第 4 卷(英文)	2014－09	28.00	360
美国高中数学竞赛五十讲. 第 5 卷(英文)	2014－10	28.00	361
美国高中数学竞赛五十讲. 第 6 卷(英文)	2014－11	28.00	362
美国高中数学竞赛五十讲. 第 7 卷(英文)	2014－12	28.00	363
美国高中数学竞赛五十讲. 第 8 卷(英文)	2015－01	28.00	364
美国高中数学竞赛五十讲. 第 9 卷(英文)	2015－01	28.00	365
美国高中数学竞赛五十讲. 第 10 卷(英文)	2015－02	38.00	366
三角函数(第 2 版)	2017－04	38.00	626
不等式	2014－01	38.00	312
数列	2014－01	38.00	313
方程(第 2 版)	2017－04	38.00	624
排列和组合	2014－01	28.00	315
极限与导数(第 2 版)	2016－04	38.00	635
向量(第 2 版)	2018－08	58.00	627
复数及其应用	2014－08	28.00	318
函数	2014－01	38.00	319
集合	2020－01	48.00	320
直线与平面	2014－01	28.00	321
立体几何(第 2 版)	2016－04	38.00	629
解三角形	即将出版		323
直线与圆(第 2 版)	2016－11	38.00	631
圆锥曲线(第 2 版)	2016－09	48.00	632
解题通法(一)	2014－07	38.00	326
解题通法(二)	2014－07	38.00	327
解题通法(三)	2014－05	38.00	328
概率与统计	2014－01	28.00	329
信息迁移与算法	即将出版		330
IMO 50 年. 第 1 卷(1959－1963)	2014－11	28.00	377
IMO 50 年. 第 2 卷(1964－1968)	2014－11	28.00	378
IMO 50 年. 第 3 卷(1969－1973)	2014－09	28.00	379
IMO 50 年. 第 4 卷(1974－1978)	2016－04	38.00	380
IMO 50 年. 第 5 卷(1979－1984)	2015－04	38.00	381
IMO 50 年. 第 6 卷(1985－1989)	2015－04	58.00	382
IMO 50 年. 第 7 卷(1990－1994)	2016－01	48.00	383
IMO 50 年. 第 8 卷(1995－1999)	2016－06	38.00	384
IMO 50 年. 第 9 卷(2000－2004)	2015－04	58.00	385
IMO 50 年. 第 10 卷(2005－2009)	2016－01	48.00	386
IMO 50 年. 第 11 卷(2010－2015)	2017－03	48.00	646

刘培杰数学工作室
已出版(即将出版)图书目录——初等数学

书　　名	出版时间	定　价	编号
数学反思(2006—2007)	2020－09	88.00	915
数学反思(2008—2009)	2019－01	68.00	917
数学反思(2010—2011)	2018－05	58.00	916
数学反思(2012—2013)	2019－01	58.00	918
数学反思(2014—2015)	2019－03	78.00	919
数学反思(2016—2017)	2021－03	58.00	1286
历届美国大学生数学竞赛试题集.第一卷(1938—1949)	2015－01	28.00	397
历届美国大学生数学竞赛试题集.第二卷(1950—1959)	2015－01	28.00	398
历届美国大学生数学竞赛试题集.第三卷(1960—1969)	2015－01	28.00	399
历届美国大学生数学竞赛试题集.第四卷(1970—1979)	2015－01	18.00	400
历届美国大学生数学竞赛试题集.第五卷(1980—1989)	2015－01	28.00	401
历届美国大学生数学竞赛试题集.第六卷(1990—1999)	2015－01	28.00	402
历届美国大学生数学竞赛试题集.第七卷(2000—2009)	2015－08	18.00	403
历届美国大学生数学竞赛试题集.第八卷(2010—2012)	2015－01	18.00	404
新课标高考数学创新题解题诀窍:总论	2014－09	28.00	372
新课标高考数学创新题解题诀窍:必修1～5分册	2014－08	38.00	373
新课标高考数学创新题解题诀窍:选修2－1,2－2,1－1,1－2分册	2014－09	38.00	374
新课标高考数学创新题解题诀窍:选修2－3,4－4,4－5分册	2014－09	18.00	375
全国重点大学自主招生英文数学试题全攻略:词汇卷	2015－07	48.00	410
全国重点大学自主招生英文数学试题全攻略:概念卷	2015－01	28.00	411
全国重点大学自主招生英文数学试题全攻略:文章选读卷(上)	2016－09	38.00	412
全国重点大学自主招生英文数学试题全攻略:文章选读卷(下)	2017－01	58.00	413
全国重点大学自主招生英文数学试题全攻略:试题卷	2015－07	38.00	414
全国重点大学自主招生英文数学试题全攻略:名著欣赏卷	2017－03	48.00	415
劳埃德数学趣题大全.题目卷.1:英文	2016－01	18.00	516
劳埃德数学趣题大全.题目卷.2:英文	2016－01	18.00	517
劳埃德数学趣题大全.题目卷.3:英文	2016－01	18.00	518
劳埃德数学趣题大全.题目卷.4:英文	2016－01	18.00	519
劳埃德数学趣题大全.题目卷.5:英文	2016－01	18.00	520
劳埃德数学趣题大全.答案卷:英文	2016－01	18.00	521
李成章教练奥数笔记.第1卷	2016－01	48.00	522
李成章教练奥数笔记.第2卷	2016－01	48.00	523
李成章教练奥数笔记.第3卷	2016－01	38.00	524
李成章教练奥数笔记.第4卷	2016－01	38.00	525
李成章教练奥数笔记.第5卷	2016－01	38.00	526
李成章教练奥数笔记.第6卷	2016－01	38.00	527
李成章教练奥数笔记.第7卷	2016－01	38.00	528
李成章教练奥数笔记.第8卷	2016－01	48.00	529
李成章教练奥数笔记.第9卷	2016－01	28.00	530

刘培杰数学工作室
已出版(即将出版)图书目录——初等数学

书　名	出版时间	定　价	编号
第19～23届"希望杯"全国数学邀请赛试题审题要津详细评注(初一版)	2014－03	28.00	333
第19～23届"希望杯"全国数学邀请赛试题审题要津详细评注(初二、初三版)	2014－03	38.00	334
第19～23届"希望杯"全国数学邀请赛试题审题要津详细评注(高一版)	2014－03	28.00	335
第19～23届"希望杯"全国数学邀请赛试题审题要津详细评注(高二版)	2014－03	38.00	336
第19～25届"希望杯"全国数学邀请赛试题审题要津详细评注(初一版)	2015－01	38.00	416
第19～25届"希望杯"全国数学邀请赛试题审题要津详细评注(初二、初三版)	2015－01	58.00	417
第19～25届"希望杯"全国数学邀请赛试题审题要津详细评注(高一版)	2015－01	48.00	418
第19～25届"希望杯"全国数学邀请赛试题审题要津详细评注(高二版)	2015－01	48.00	419
物理奥林匹克竞赛大题典——力学卷	2014－11	48.00	405
物理奥林匹克竞赛大题典——热学卷	2014－04	28.00	339
物理奥林匹克竞赛大题典——电磁学卷	2015－07	48.00	406
物理奥林匹克竞赛大题典——光学与近代物理卷	2014－06	28.00	345
历届中国东南地区数学奥林匹克试题集(2004～2012)	2014－06	18.00	346
历届中国西部地区数学奥林匹克试题集(2001～2012)	2014－07	18.00	347
历届中国女子数学奥林匹克试题集(2002～2012)	2014－08	18.00	348
数学奥林匹克在中国	2014－06	98.00	344
数学奥林匹克问题集	2014－01	38.00	267
数学奥林匹克不等式散论	2010－06	38.00	124
数学奥林匹克不等式欣赏	2011－09	38.00	138
数学奥林匹克超级题库(初中卷上)	2010－01	58.00	66
数学奥林匹克不等式证明方法和技巧(上、下)	2011－08	158.00	134,135
他们学什么:原民主德国中学数学课本	2016－09	38.00	658
他们学什么:英国中学数学课本	2016－09	38.00	659
他们学什么:法国中学数学课本.1	2016－09	38.00	660
他们学什么:法国中学数学课本.2	2016－09	28.00	661
他们学什么:法国中学数学课本.3	2016－09	38.00	662
他们学什么:苏联中学数学课本	2016－09	28.00	679
高中数学题典——集合与简易逻辑·函数	2016－07	48.00	647
高中数学题典——导数	2016－07	48.00	648
高中数学题典——三角函数·平面向量	2016－07	48.00	649
高中数学题典——数列	2016－07	58.00	650
高中数学题典——不等式·推理与证明	2016－07	38.00	651
高中数学题典——立体几何	2016－07	48.00	652
高中数学题典——平面解析几何	2016－07	78.00	653
高中数学题典——计数原理·统计·概率·复数	2016－07	48.00	654
高中数学题典——算法·平面几何·初等数论·组合数学·其他	2016－07	68.00	655

刘培杰数学工作室
已出版(即将出版)图书目录——初等数学

书　　名	出版时间	定　价	编号
台湾地区奥林匹克数学竞赛试题.小学一年级	2017－03	38.00	722
台湾地区奥林匹克数学竞赛试题.小学二年级	2017－03	38.00	723
台湾地区奥林匹克数学竞赛试题.小学三年级	2017－03	38.00	724
台湾地区奥林匹克数学竞赛试题.小学四年级	2017－03	38.00	725
台湾地区奥林匹克数学竞赛试题.小学五年级	2017－03	38.00	726
台湾地区奥林匹克数学竞赛试题.小学六年级	2017－03	38.00	727
台湾地区奥林匹克数学竞赛试题.初中一年级	2017－03	38.00	728
台湾地区奥林匹克数学竞赛试题.初中二年级	2017－03	38.00	729
台湾地区奥林匹克数学竞赛试题.初中三年级	2017－03	28.00	730
不等式证题法	2017－04	28.00	747
平面几何培优教程	2019－08	88.00	748
奥数鼎级培优教程.高一分册	2018－09	88.00	749
奥数鼎级培优教程.高二分册.上	2018－04	68.00	750
奥数鼎级培优教程.高二分册.下	2018－04	68.00	751
高中数学竞赛冲刺宝典	2019－04	68.00	883
初中尖子生数学超级题典.实数	2017－07	58.00	792
初中尖子生数学超级题典.式、方程与不等式	2017－08	58.00	793
初中尖子生数学超级题典.圆、面积	2017－08	38.00	794
初中尖子生数学超级题典.函数、逻辑推理	2017－08	48.00	795
初中尖子生数学超级题典.角、线段、三角形与多边形	2017－07	58.00	796
数学王子——高斯	2018－01	48.00	858
坎坷奇星——阿贝尔	2018－01	48.00	859
闪烁奇星——伽罗瓦	2018－01	58.00	860
无穷统帅——康托尔	2018－01	48.00	861
科学公主——柯瓦列夫斯卡娅	2018－01	48.00	862
抽象代数之母——埃米·诺特	2018－01	48.00	863
电脑先驱——图灵	2018－01	58.00	864
昔日神童——维纳	2018－01	48.00	865
数坛怪侠——爱尔特希	2018－01	68.00	866
传奇数学家徐利治	2019－09	88.00	1110
当代世界中的数学.数学思想与数学基础	2019－01	38.00	892
当代世界中的数学.数学问题	2019－01	38.00	893
当代世界中的数学.应用数学与数学应用	2019－01	38.00	894
当代世界中的数学.数学王国的新疆域(一)	2019－01	38.00	895
当代世界中的数学.数学王国的新疆域(二)	2019－01	38.00	896
当代世界中的数学.数林撷英(一)	2019－01	38.00	897
当代世界中的数学.数林撷英(二)	2019－01	48.00	898
当代世界中的数学.数学之路	2019－01	38.00	899

刘培杰数学工作室
已出版(即将出版)图书目录——初等数学

书　　名	出版时间	定　价	编号
105 个代数问题:来自 AwesomeMath 夏季课程	2019—02	58.00	956
106 个几何问题:来自 AwesomeMath 夏季课程	2020—07	58.00	957
107 个几何问题:来自 AwesomeMath 全年课程	2020—07	58.00	958
108 个代数问题:来自 AwesomeMath 全年课程	2019—01	68.00	959
109 个不等式:来自 AwesomeMath 夏季课程	2019—04	58.00	960
国际数学奥林匹克中的 110 个几何问题	即将出版		961
111 个代数和数论问题	2019—05	58.00	962
112 个组合问题:来自 AwesomeMath 夏季课程	2019—05	58.00	963
113 个几何不等式:来自 AwesomeMath 夏季课程	2020—08	58.00	964
114 个指数和对数问题:来自 AwesomeMath 夏季课程	2019—09	48.00	965
115 个三角问题:来自 AwesomeMath 夏季课程	2019—09	58.00	966
116 个代数不等式:来自 AwesomeMath 全年课程	2019—04	58.00	967
117 个多项式问题:来自 AwesomeMath 夏季课程	2021—09	58.00	1409
紫色彗星国际数学竞赛试题	2019—02	58.00	999
数学竞赛中的数学:为数学爱好者、父母、教师和教练准备的丰富资源.第一部	2020—04	58.00	1141
数学竞赛中的数学:为数学爱好者、父母、教师和教练准备的丰富资源.第二部	2020—07	48.00	1142
和与积	2020—10	38.00	1219
数论:概念和问题	2020—12	68.00	1257
初等数学问题研究	2021—03	48.00	1270
数学奥林匹克中的欧几里得几何	2021—10	68.00	1413
数学奥林匹克题解新编	2022—01	58.00	1430
澳大利亚中学数学竞赛试题及解答(初级卷)1978～1984	2019—02	28.00	1002
澳大利亚中学数学竞赛试题及解答(初级卷)1985～1991	2019—02	28.00	1003
澳大利亚中学数学竞赛试题及解答(初级卷)1992～1998	2019—02	28.00	1004
澳大利亚中学数学竞赛试题及解答(初级卷)1999～2005	2019—02	28.00	1005
澳大利亚中学数学竞赛试题及解答(中级卷)1978～1984	2019—03	28.00	1006
澳大利亚中学数学竞赛试题及解答(中级卷)1985～1991	2019—03	28.00	1007
澳大利亚中学数学竞赛试题及解答(中级卷)1992～1998	2019—03	28.00	1008
澳大利亚中学数学竞赛试题及解答(中级卷)1999～2005	2019—03	28.00	1009
澳大利亚中学数学竞赛试题及解答(高级卷)1978～1984	2019—05	28.00	1010
澳大利亚中学数学竞赛试题及解答(高级卷)1985～1991	2019—05	28.00	1011
澳大利亚中学数学竞赛试题及解答(高级卷)1992～1998	2019—05	28.00	1012
澳大利亚中学数学竞赛试题及解答(高级卷)1999～2005	2019—05	28.00	1013
天才中小学生智力测验题.第一卷	2019—03	38.00	1026
天才中小学生智力测验题.第二卷	2019—03	38.00	1027
天才中小学生智力测验题.第三卷	2019—03	38.00	1028
天才中小学生智力测验题.第四卷	2019—03	38.00	1029
天才中小学生智力测验题.第五卷	2019—03	38.00	1030
天才中小学生智力测验题.第六卷	2019—03	38.00	1031
天才中小学生智力测验题.第七卷	2019—03	38.00	1032
天才中小学生智力测验题.第八卷	2019—03	38.00	1033
天才中小学生智力测验题.第九卷	2019—03	38.00	1034
天才中小学生智力测验题.第十卷	2019—03	38.00	1035
天才中小学生智力测验题.第十一卷	2019—03	38.00	1036
天才中小学生智力测验题.第十二卷	2019—03	38.00	1037
天才中小学生智力测验题.第十三卷	2019—03	38.00	1038

刘培杰数学工作室
已出版(即将出版)图书目录——初等数学

书　　名	出版时间	定　价	编号
重点大学自主招生数学备考全书:函数	2020—05	48.00	1047
重点大学自主招生数学备考全书:导数	2020—08	48.00	1048
重点大学自主招生数学备考全书:数列与不等式	2019—10	78.00	1049
重点大学自主招生数学备考全书:三角函数与平面向量	2020—08	68.00	1050
重点大学自主招生数学备考全书:平面解析几何	2020—07	58.00	1051
重点大学自主招生数学备考全书:立体几何与平面几何	2019—08	48.00	1052
重点大学自主招生数学备考全书:排列组合·概率统计·复数	2019—09	48.00	1053
重点大学自主招生数学备考全书:初等数论与组合数学	2019—08	48.00	1054
重点大学自主招生数学备考全书:重点大学自主招生真题.上	2019—04	68.00	1055
重点大学自主招生数学备考全书:重点大学自主招生真题.下	2019—04	58.00	1056
高中数学竞赛培训教程:平面几何问题的求解方法与策略.上	2018—05	68.00	906
高中数学竞赛培训教程:平面几何问题的求解方法与策略.下	2018—06	78.00	907
高中数学竞赛培训教程:整除与同余以及不定方程	2018—01	88.00	908
高中数学竞赛培训教程:组合计数与组合极值	2018—04	48.00	909
高中数学竞赛培训教程:初等代数	2019—04	78.00	1042
高中数学讲座:数学竞赛基础教程(第一册)	2019—06	48.00	1094
高中数学讲座:数学竞赛基础教程(第二册)	即将出版		1095
高中数学讲座:数学竞赛基础教程(第三册)	即将出版		1096
高中数学讲座:数学竞赛基础教程(第四册)	即将出版		1097
新编中学数学解题方法 1000 招丛书.实数(初中版)	即将出版		1291
新编中学数学解题方法 1000 招丛书.式(初中版)	即将出版		1292
新编中学数学解题方法 1000 招丛书.方程与不等式(初中版)	2021—04	58.00	1293
新编中学数学解题方法 1000 招丛书.函数(初中版)	即将出版		1294
新编中学数学解题方法 1000 招丛书.角(初中版)	即将出版		1295
新编中学数学解题方法 1000 招丛书.线段(初中版)	即将出版		1296
新编中学数学解题方法 1000 招丛书.三角形与多边形(初中版)	2021—04	48.00	1297
新编中学数学解题方法 1000 招丛书.圆(初中版)	即将出版		1298
新编中学数学解题方法 1000 招丛书.面积(初中版)	2021—07	28.00	1299
高中数学题典精编.第一辑.函数	2022—01	58.00	1444
高中数学题典精编.第一辑.导数	2022—01	68.00	1445
高中数学题典精编.第一辑.三角函数·平面向量	2022—01	68.00	1446
高中数学题典精编.第一辑.数列	2022—01	58.00	1447
高中数学题典精编.第一辑.不等式·推理与证明	2022—01	58.00	1448
高中数学题典精编.第一辑.立体几何	2022—01	58.00	1449
高中数学题典精编.第一辑.平面解析几何	2022—01	68.00	1450
高中数学题典精编.第一辑.统计·概率·平面几何	2022—01	58.00	1451
高中数学题典精编.第一辑.初等数论·组合数学·数学文化·解题方法	2022—01	58.00	1452

联系地址:哈尔滨市南岗区复华四道街 10 号　哈尔滨工业大学出版社刘培杰数学工作室

网　　址:http://lpj.hit.edu.cn/

邮　　编:150006

联系电话:0451—86281378　　13904613167

E-mail:lpj1378@163.com